社会科学定量研究

原理、方法与应用

陈 健 著

东南大学出版社
SOUTHEAST UNIVERSITY PRESS
·南京·

图书在版编目(CIP)数据

社会科学定量研究:原理、方法与应用 / 陈健著.
—南京:东南大学出版社，2018.8
ISBN 978-7-5641-7596-2

Ⅰ.①社…　Ⅱ.①陈…　Ⅲ.①社会科学—定量方法
Ⅳ.①C3

中国版本图书馆 CIP 数据核字(2017)第 323901 号

社会科学定量研究:原理、方法与应用
SheHui KeXue DingLiang YanJiu: YuanLi、FangFa Yu YingYong

著　　者	陈　健
出版发行	东南大学出版社
社　　址	南京市四牌楼 2 号　邮编:210096
出 版 人	江建中
网　　址	http://www.seupress.com
电子邮箱	press@seupress.com
经　　销	全国各地新华书店
印　　刷	南京玉河印刷厂
版　　次	2018 年 8 月第 1 版
印　　次	2018 年 8 月第 1 次印刷
开　　本	850 mm×1 168 mm　1/32
印　　张	7.875
字　　数	227 千字
书　　号	ISBN　978-7-5641-7596-2
定　　价	38.00 元

本社图书若有印装质量问题，请直接与营销部联系。电话(传真):025-83791830

前言

贝利(1986)曾这样评述韦伯(Max Weber, 1864—1920)的方法论:社会科学“使用自然科学所遵循的科学方法……是合理的,但仅此是不够的”;社会科学家与他研究的现象之间的关系,为直接理解或投入理解(verstehen)开辟了可能性,这“在自然科学中是不可能的”。韦伯的这些主张无疑是深刻而富于启发意义的,换句话说,社会科学要有(可以有)比自然科学“更多的东西”。如果我们考察社会科学不得不面对的个体“异质性”(heterogeneity),这种“更多的东西”立刻就是必不可少的。谢宇(2006)曾以两个简单而深刻的例子说明了个体“同质性”(homogeneity)假定在自然科学中是允许的(事实上是必要的),但在社会科学中则未必成立:研究温度对灯泡寿命的影响,只要研究两个不同温度下的灯泡即可,因为假定灯泡都是一样的没有问题,但研究读大学对收入的影响,假定所有人(个体)都是没有差异的(差异仅在读不读大学),毫无疑问是不成立的。——社会科学中差异是本质,这就是“变异性原理”(variability principle)。因此对于社会科学来说,要得到一般结论(例如即使是对于一个特定的总体),仅研究个体无济于事。“相同的”的灯泡任取两个,在控制其他条件不变的情况下观察处于不同温度的两个灯泡的寿命,并根据观察结果检验温度如何影响灯泡寿命的有关“理论”(命题或假设),是受控实验的一个最为简单的例子。查尔默斯(Chalmers, 1999)在一本关于科学性质的入门书中曾仔细论证了实验的性质以及实验在科学中的作用。他指出："如果有构成科学基础的事实，那么那些事实表现为实验结果"（查尔默斯，2002）[51]——但是对社会科学来说就不是这么回事了，因为受控实验对于社会科学来说远不是那么现实。

定量社会科学也遵从某种"科学程序"（人们把它称为定量范式[①]），以便根据观察结果来检验理论（假设）——这些"观察"主要基于调查（survey）。社会科学家广泛使用调查数据（也被称为观察数据或观测数据）来检验理论，这在本质上与自然科学（指古典科学）不同，这种"检验"是概率意义上的，它借助于统计分析技术。（定量）社会科学在什么意义上是科学？本书不能讨论此类社会科学的科学性质问题（这属于另一门学问），但从这点出发，我们关注调查数据的"客观"性质和概率性质，关注分析调查数据的统计逻辑。和自然科学中实验需要"实践上的努力"（practical struggle）（查尔默斯，2002）[53]一样，社会科学中作为观察的调查（survey），也是一种实践上的努力，本书尝试描述并讨论社会科学家的这种努力（它们遵循定量范式）：如何设计（定义）变量的测量以得到测量工具（问卷），如何设计概率抽样以得到随机样本，如何设计数据收集模式以测量样本单位——有了样本数据之后——如何进行统计分析以检验研究假设。本书上篇中，"变量测量"解决"用什么测量"的问题，这部分的讨论基于人类交流本质对测量"客观"性质的影响。"概率抽样"要解决的是"测量谁"的问题，基本概率抽样方法的讨论主要基于样本概率性质的保持。"数据收集"解决"怎么去测量"的问题，数据收集模式的比较讨论，基于"测量过程"对调查数据的影响。本书下篇的目的是讨论经典统计分析技术中最为

① 在库恩（Kuhn，1970）"范式"（paradigms）概念的意义上，定量范式这个说法描述了定量社会科学在方法上的一个侧面："基于一定主张的一套社会科学家共同遵循的做法"，它们为社会科学家群体的研究活动提供规则和指导。范式还意味着，需要在其中学习、从事研究活动，方得门径。

基础的回归分析,依本书作者看来,回归分析最直截了当地表明了“概率意义上的检验”。回归分析“其他条件不变”的解释,还有利于将统计控制与受控实验的实验控制相对照。讨论回归分析,“绕不开”数学推导,但本书不假定读者已经具备概率论、数理统计学、线性代数等知识,而只需有些初等集合论和微积分的基本知识。本书下篇中“概率基础”“统计推断”“简单回归”和“多元回归”是循序渐进的,这样安排与本书阐述定量研究方法原理的“最小系统”这一目的相一致。这样做还带来一个额外好处,就是它对没有这些数学基础的读者是有益的。出于这个目的,本书也不基于线性代数阐述回归分析方法,这个做法得益于J. M. 伍德里奇(伍德里奇,2010)。

有关“数学推导”,对没有数学基础的读者(例如初学者、感兴趣于或希望转到定量研究的文科背景的研究者等)还要说上几句:必要的数学推导是不应避免的,因为在本书作者看来,没有什么语言比数学语言更严格、更清晰明了的,例如不用数学,“概率分布”就说不清;不推导抽样方差公式,要搞清“同方差假定”就十分困难。“数学推导”经常给人造成这些数学很难的“错觉”,因而“望而生畏”,但实情或许是:所需要的数学“不是很难而是较多”。如果确实如此,我希望本书下篇的处理(解决了“数学太多”)有助于解决这个问题。

我要感谢多年来我教过的学生们,当我和他们一起把教学要求推进到“做一项定量研究”时,他们的“定量概念”很快让我明白传统课程教学的弊端:上了不少定量研究相关课程,但知识的“零碎”积累对规范地做一项研究帮助不大。这是促使我写这本书的最初起因。在写作本书的最后一年,我越来越明白我应该对社会科学定量研究方法原理的“最小系统”加以阐明,这就是现在呈现在读者面前的这本书。我希望它至少能服务于以下三个目的:1)作为从没学过(或学过一些)定量研究相关课程的本科生或研究生的教材或自学用的参考书。2)为想要了解、学习定量研究方法的读者,尤其是文科背景的研究者提供一本高效率的入门书。3)为想要掌握更多定量研究技术(如跟随最新调查方法的进展,复杂抽样设计,更高深统计分析技术,甚至哲学上的方法论背景,等等)的读者提供一个有用的较易接近的起点。

如把本书用作教材,则它尤适用于那些以学生自主学习和综合运用为主导的课程安排,如小组讨论课(seminar)、案例讨论课等。如以讲授为主导,则本书也适用于开设一门定量研究相关课程(如"社会科学定量研究""社会科学研究方法""调查研究方法"等),上、下篇的内容均可增删,取决于学生基础和教学计划的要求。

出于篇幅和结构上的考虑,本书省去了若干需要很多篇幅的那些推导,但都指明了参阅书目。本书还省去了按惯例作为附录的随机数字表和统计分布表,它们容易从互联网上下载到,统计分布表还可以用统计软件来生成。

最后,感谢东南大学出版社责任编辑张丽萍专业而辛勤的工作,也感谢负责审校的所有编辑,书稿完成后尽管我仔细通读校对了许多遍,但严格的审校流程还是帮助我减少了不少我自己没能发现的疏漏。

目　　录

上篇　收集数据

第 1 章　研究设计 ······ 2
1.1　研究问题 ······ 3
1.2　变量测量 ······ 6
1.3　抽样设计 ······ 10
1.4　数据收集 ······ 12
1.5　统计方法 ······ 15
1.6　数据性质 ······ 17

第 2 章　变量测量 ······ 23
2.1　概念是什么 ······ 23
2.2　概念的测量 ······ 26
2.3　测量的性质 ······ 27
2.4　复合测量 ······ 29
2.5　测量尺度 ······ 33
2.6　测量工具:问卷 ······ 35

第 3 章　概率抽样 ······ 43
3.1　基本术语 ······ 43

3.2 非概率抽样及其问题 …… 46
3.3 简单随机抽样 …… 49
3.4 等距抽样 …… 54
3.5 分层抽样 …… 58
3.6 整群抽样 …… 64
3.7 多段抽样 …… 68
3.8 PPS 抽样 …… 71

第 4 章 数据收集 …… 78
4.1 无回答误差和测量误差 …… 79
4.2 数据收集方法及其比较 …… 84

下篇 分析数据

第 5 章 概率基础 …… 94
5.1 概率是什么 …… 94
5.2 概率公理化 …… 98
5.3 随机变量 …… 106
5.4 数学期望 …… 118

第 6 章 统计推断 …… 130
6.1 总体与样本 …… 130
6.2 统计量与抽样分布 …… 135
6.3 点估计 …… 143
6.4 点估计的优良性准则 …… 150
6.5 区间估计 …… 156
6.6 假设检验 …… 160

第 7 章　简单回归 …… 170
7.1　回归分析是什么 …… 170
7.2　简单回归模型 …… 176
7.3　简单回归模型的参数估计 …… 178
7.4　最小二乘估计的代数性质 …… 184
7.5　简单回归模型的基本假定 …… 187
7.6　最小二乘估计的统计性质 …… 193

第 8 章　多元回归 …… 204
8.1　多元回归模型 …… 204
8.2　多元回归模型的基本假定 …… 209
8.3　多元回归模型的参数估计 …… 216
8.4　最小二乘估计的统计性质 …… 224
8.5　多元回归模型的假设检验 …… 229

参考文献 …… 239

上　篇

·收集数据·

第 1 章　研究设计

简要地说，研究就是提出问题，解决问题。因此，研究设计要解决的两大问题，其一是研究什么（以及为什么），其二是如何研究。“研究什么”，是对研究问题的清晰阐述。“为什么研究”，则是论证一项研究为什么是值得的。在一个研究领域提出某个值得做的研究问题，需要长期的学术训练，更需要问题意识。学术研究是学术共同体的共同事业——在这个意义上讲，研究问题的提出，不是任意的，不是研究者“个人的”（或者“随意的”），而是“公共的”。“如何研究”，是考虑一项研究的全盘计划。计划的一个要义在于：它是依此可执行的东西，是可以“照此办理”的文本。研究计划的设计是结构性的，也就是说，一项具体的研究的各个部分是有机结构在一起的。一项具体的研究的各个部分一般包括研究问题的提出及其意义的论证、变量测量、问卷设计、概率抽样设计、数据收集模式和统计分析方法的选择运用，还包括研究经费预算以及研究进度安排。这里结构一词的含义意味着各个部分是相互影响，甚至相互决定的，任何一个部分在研究中的失败，也将导致全部研究的失败。因此，研究设计是一项需要极其小心谨慎，并且尽力在各个部分之间找寻适当平衡的工作。通常研究所需经费与时间（合称为研究成本），是各个部分选择时的一个硬约束。

本章大体从各项结构要素的日常见解开始，对每个结构部分，以概要的方式加以阐明，同时从“一项具体的研究”这个角度，并在强调“计划是可执行的”这个意义上，尝试论述各部分的设计要点。在本章最后的部分，在整体的意义上讨论“研究中的数据”，意在说明要做什么样的研究，就需要什么样的数据，或者倒过来，有什么样的数据，才能做什么样的研究。有关各部分的更加深入、更为全面的讨论，可详见之后的相应章节。

1.1 研究问题

前面已经提到研究问题，也提到问题意识。问题意识可能最易理解但也最难以捉摸。简单来说，能够提出有意义的、有价值的研究问题的能力或意识，可称之为问题意识，这看起来相对无章可循，而且我们需要首先搞清楚什么叫研究问题。

研究问题，不是泛泛的“关于什么”，而是明确且具体的设问，是提出有待数据加以检验的一个或一组命题的适当概括。例如，我们经常可以见到一些“消费情况调查研究”。这些研究是“关于消费”，并没有提出研究关于消费的什么问题，或者这类研究中，可能涉及诸多问题方面，如消费水平、消费倾向、消费心理、消费行为等等。把这些若干问题方面概括成“消费情况”，不是一种“适当概括”，同行或读者并不能知晓研究者要研究关于消费的“什么情况”。“情况”，通常是一种无意义的概括（过大的概括），因为这一概括并没有提供任何信息。此外，还应强调，即使是这些若干问题方面，在某种程度上，也还是某种“关于什么”。可以注意到，上述所列四个问题方面，在信息量的提供上大致是递减的，换句话说，在“清晰性”或“具体性”（clarity or specificity）（Frankfort-Nachmias et al.，2000）上是递减的。“消费水平”最接近于一个“具体性”问题，但比如“消费水平研究”，基本上还只是一项研究的题目（标题，而且不够好），研究者需要进一步明确提出研究“消费水平”的“什么（问题）”，比如可以是消费水平的差异，或者消费水平的影响因素，或者收入与消费水平的关系。这三者，我们称其为定量研究中的研究问题,从这三者,很容易得到一组研究假设。例如,如果研究的分析单位是高校大学生,则从"消费水平的差异"可以提出以下假设:消费水平男女有别,或者不同年级的大学生消费水平不同,等等。这就是典型的"组间差异"研究,值得一提的是,如果研究"消费水平的性别差异",这里并非只要有"消费水平"和"性别"这两个变量就足够了,而是需要考虑其他的一组控制变量,比如年级、专业、地区以及家庭收入等等,这样才可以在其他条件不变的情况下,检验消费水平的性别差异。事实上,这就可以建立一个多元线性回归模型。可见,在研究问题提出时,就有必要同时考虑所用的统计方法,称之为选题阶段的"统计先行"。

其次,研究问题并不是随意提出的,而是要符合"学理"。这就意味着,作为一项科学研究工作,自当符合科学事业的范式。一项具体的研究工作,应当是整个科学事业的一部分,尽管它可能极其微不足道。在这个前提下,研究者自当清晰阐述并严格论证,一项研究的研究问题是什么,以及为什么它是值得研究的。这种论证过程,往往同时也是研究问题的厘清过程。例如,在一个问题领域中,哪些问题是本项研究要研究的,为什么研究这个,而不是另外一个,已有的研究研究了哪些,用了哪些方法来研究,有什么样的研究结果,等等。由此,还有什么问题尚未得到关注,或者尚未有更好的方法加以研究,或者已有的研究结果存在怎样可质疑或可商榷的部分,等等。这一过程涉及大量已有的文献,这就是为什么学术上常常有这样的说法——做研究即是掌握文献。因为这一过程保证了一个研究问题的最终提出,同时也给出了研究问题本身及其价值的一个有力的论证,即现在研究者提出的这个研究问题(要做的这项研究),或多或少是重要的或有价值的——这就是通常所说的"选题及其意义的论证"。这里,还值得另外一提的是,不时可以看到一些研究(尤其研究新手的研究)在论证时的两种倾向:其一是"自称必要",其二是"论证不相干"。"自称必要"是指,无论是否经过一番怎样的讨论(论证),最后必明确声称若干结论性的断言,比如"本项研究有其理论意义和现实意义",或者"本项研究有一定的理论意义和现实意义",如此等等。尽管第二种说法意识到了"谦逊"之必要,但还是或多或少地属于"越俎代庖"。一个研究问题的提出,一项研究者打算着手的研究——有无价值——是由同行,由读者来评价,而不必由研究者"自称"。研究者的工作是提供足够有用的证据,以及在证据基础上的逻辑论证。"论证不相干"是指,不能充分论证或不能论证"这项研究为什么有价值"(注意着重号)。这经常表现为只谈"研究背景",不及其他。例如在上述"大学生消费研究"中,只谈"消费"(消费这个事情,或消费这个问题)是如何重要——"消费"或"消费问题"是如此重要,因而这项研究是重要的,这经常被看成是不成问题的推理(论证),但这里混淆了"事情""问题"与"研究问题"(清晰的、具体的),也混淆了"研究问题本身重要"与"研究这个研究问题(研究者做这项研究)重要"。还可以注意到,两种情形中前者对于后者来说,都是必要的,但不是充分的,因此在逻辑上推不出:"研究问题"或"研究者要做的这项研究"是重要的。可以证明的不过是:"事情"或"问题"不重要,则研究问题不重要;研究问题不重要,则做这项研究不重要(无论用多好的方法)。这个例子中"不能论证"还可包括论据(前提)不成立,例如只谈"大学生如何是一个特殊群体""这个特殊群体有怎样的重要性",等等。然而,什么叫做"特殊群体"?这个词是在什么意义上使用的?一个群体相比其他群体的"特殊性"因而"重要性"本身,怎么论证?!一系列的问题都还不甚了了。以上是两个简单的例子,总之,需要十分清楚的是,"选题及其意义的论证",那么论题是一项"研究者要做的研究"的意义或价值——很明显这需要首先明确提出研究问题。因此,只谈研究背景(不及其他),首先意味着尚未明确提出研究问题,其次意味着在论证上(逻辑上)有误:用错推理规则,论据不足,或者偷换论题——论题被偷换成了与这项研究有关的问题领域(甚至“事情”),或者与这项研究有关的分析单位(分析单位的讨论详见1.6节)。

综上所述,什么叫研究问题,取决于所陈述的命题(假设)的精确性,或者它所能提供信息的程度。我们在这里主张的一个要点是,在定量研究中,研究问题应当可以通过明确定义的变量来陈述。

1.2　变量测量

一项研究的研究问题的厘清并提出的过程,也是研究者搞清楚这项研究所涉及的全部变量,尤其是主要或关键变量如何测量的过程。如前所述,所谓研究问题的厘清,不过就是恰当地提出一个或一组有待检验的命题(即假设)。这里,命题的含义是,由确定的陈述来表达的概念间的关系。现在这些概念被我们看作变量,相应地,有待检验的命题(假设)被看作由确定陈述来表达的变量关系。“概念即变量”,这是主张概念应当并且可以被测量。显然,这一测量在相当程度上,应保有其客观基础。从逻辑上来看,这一主张,是(定量)社会科学研究得以展开,并且能够作为科学事业的某种范式的一个方法论前提。事实上,在定量社会科学研究中,概念与变量这两个术语,常常作为同义语而交替使用。变量测量的结果——数据——用来检验所提出的假设(对于抽样数据来说,即是统计推断)。毫无疑问,测量是定量社会科学研究的基础和关键,也常常是一项研究最为困难的部分。相当多的研究之所以有价值,常常在于对于研究的主要变量的测量有所学术贡献。

变量这一术语的含义,除了上述“概念测量主张”,或也可称为“概念可测性”主张,还在于在某种意义上,概念实际上多少是可以测量的,这样就可获得用于计算(统计)的数据。然而,与自然科学中的测量不同,例如使用称重的秤这样的测量工具——社会科学研究中,概念的测量,其所使用的测量工具主要地是“问卷”,即通过询问被访者,以便通过被访者的回答,得到有关变量的信息(数据)。

例如,教育程度是一个变量,那么通过询问“您的最高学历是什么”,可以按小学及以下、中学、大学本科、硕士研究生以及博士研究生,编码为1到5,代表由低到高不同的教育程度。再如,收入变量的测量,是通过询问类似“您上个月的薪水”这样的问题,得到收入数据。这只是两个简单的例子(尽管实际上并不简单),测量这两个变量,可能是由于研究者打算进行某项“教育回报”的研究,当然,值得一提的是,还有其他很多的因素影响收入,例如行业或职业、工作经历,以及能力等,都是这项研究需要测量的变量,以便可以在这些“其他条件不变”的情况下,检验教育对收入的影响。

如果研究者打算做一项有关同情心的研究,例如同情心是否男女有别,或者研究人们的事业成功究竟是否取决于毕业于一所好学校,那么,“同情心”“事业成功”是这些研究中的关键变量。这样的变量,其测量如何可能——如果,尤其当我们尚不十分清楚这两个概念究竟是什么,简单地询问被访者类似“您的同情心可以打几分?”以及“您觉得您的事业成功吗?”——可能是相当误导的。因为,首先这样的询问所测量的,其实都是被访者对于同情心或者事业成功的自我评价,而这是与所测变量不同的另外两个变量,换句话说,这样的询问并没有真正测量人们的同情心或者事业成功这两个概念。其次,即使作为同情心或事业成功的自我评价的测量,那么上述询问事实上也并不能算作一个好的测量。对于前者来说,存在由所谓的“社会期许”(social desirability bias)(Bradburn et al., 2004)而导致的答案修饰,即倾向于高报同情心分值,因为谁都不太愿意被认为没有同情心或者不太有同情心。对于后者来说,不同的人对于“事业成功”如果理解不同,那么他们就是在以不同的尺度提供回答,那么,这样的“事业成功”的测量值,就没有什么测量意义。

一项具体的研究涉及一组变量,其中每一个变量的测量,都需要精心设计。或者反过来说,设计问卷就是设计一组测量工具,其目的在于测量研究中所涉及的全部变量。因此,问卷应当被看作一个测量工具集。然而,许多日常情形似乎表明,问卷设计常被认为是一件相当容易的事,似乎人人都能提起笔来,写个问卷。确实,如果仅把问卷理解为一份问题的询问表,而不是把它作为一项研究的测量工具,那么一份问卷似乎不过是把想要问的问题(加上备选答案)汇总起来,然后打印出来,即可“上街发问卷”,或者把问卷贴上网页,就等不知何人,前来“投票”。无需费力,须臾完成之后,即可把所问问题的百分比“统计”出来,把长条图或饼图画出来。这是到处可见的“社会调查”所做的基本上类似的事情,可以称之为“日常调查”。我们不打算在此评论任何一个此类日常调查,此处提及日常调查的目的,仅在于提出,日常调查的问卷为什么基本称不上一种测量工具,一个表面而直接的理由是——它太容易了。

为了说明“称得上测量工具”这件事为什么十分不容易,可以举一个人人熟知的例子,这就是日常使用中作为测量工具的称重的秤。重量,作为日常生活中广泛使用的概念,其实是指质量(重量在物理学中是指重力,这个概念在科学用语中已经弃用),质量是物质的量的度量,是物理学中的一个基本量纲,其基本单位是千克(kg),一千克的定义是国际千克原器(International Prototype Kilogram)的质量。这个千克原器保存在位于巴黎西南塞夫勒(sèvres)市的国际计量局,是一个用铂(90%)铱(10%)合金制成的圆柱体,封存在外层抽成半真空的三层玻璃罩中。尽管保存得十分仔细,但是120多年来千克原器的质量还是减少了。据报道2018年科学家将以普朗克常数为基础,重新定义千克,届时最后一个以实物定义的国际单位将被取代。我们看到,定义质量不算困难,定义一千克的质量却相当困难,科学家们事实上从 20 世纪 70 年代就开始着手重新定义千克的工作了。再回到“用秤称重”的例子,质量的基本测量工具是天平——一类杠杆类的测量器具,日常使用的秤同属此类。人们可能还了解,上市使用的秤必须依法定期由计量局检定,这是由计量法所规定的。通过本例(看似不相干?),我们似乎多少可以理解什么是测量,什么是测量工具——以及社会科学中,问卷作为测量工具的测量性质(第 2 章将更详细讨论它)。

与日常调查中“随意”提问的“问卷”大大不同,社会科学研究中的问卷是测量工具——一种用于收集一手数据的主要的测量工具,社会科学家通过询问被访者,来收集有关变量的数据。因此,问卷设计的第一要义是“测量变量”,也就是说,问卷中的每一个或几个问题,都测量了研究中的一个变量。每一变量在统计时可以如何处理,有何用处,在问卷设计时必须十分明确。问卷设计的第二要义是,它是“与人打交道”的一个交互界面。因此,在设计问卷时,研究者实际上需要在两种角色之间不停地切换,一种角色是作为研究者,另一种角色是作为被访者。研究者角色考虑变量如何测量,而被访者角色则需要站在被访者的立场上,设身处地地从被访者角度出发,考虑为了测量某个变量所问的问题,被访者是否能够回答,是否愿意回答,他们将怎么回答。可以形象地描述这一过程——对于问卷中的每一个问题(包括备选答案),研究者需要不停地问类似以下的问题:这个问题测量了哪个变量?测量有效吗?这个问题被访者能够回答吗?愿意回答吗?其回答将与研究者想要的测量有关吗?前面我们已经尝试通过询问 4 个问题,来测量 4 个不同的变量,很明显,几乎每个询问都还存在或大或小的问题。

作为测量工具,问卷设计涉及到许多技术细节,也已经有了一些相对成熟的做法或成果。有作者认为,它既是艺术也是科学(风笑天,2001)。因为问卷在某种意义上,是“书面的讲话”,而讲话是“艺术”。毫无疑问,测量是科学,也就是,它应当属于科学。由此,作为测量的“问”卷,它始终是定量社会科学研究最为困难(甚至处于困境)的部分,或许也是因为这一原因,调查研究(survey research)也常被称为“问卷调查”。

1.3 抽样设计

我们经常见到许多在街头进行着的“随机采访”,与此相类似,还经常可见到许多在街头或路口进行着的“发问卷”,还有网页上的网络投票,等等。这些常常都被理解成随机抽样,理由是访问或调查的对象的选择“并非主观刻意”。在第3章,我们将进一步比较深入地讨论这类现象及其问题所在。社会科学定量研究中,“随机抽样”是一个严格的数理统计学术语,而随机样本的获得,也是基于一门相当“精确的科学”,即一门作为数理统计学分支的学科——抽样调查[①](survey sampling)。也就是说,有关抽样的理解,事实上有必要建立在抽样理论的基础上,而抽样理论则是建立在数理统计的基础上的。抽样原理告诉我们的首要一点,是抽取总体中的元素时,要按一定的概率来抽取,通常是按相等的概率来抽取,因为这在数理上处理起来相对简单。由于要求等概率抽样,抽样实施起来就并非易事,这就需要针对总体的实际情况,考虑具体的抽样设计。概率抽样常用的基本方法包括简单随机抽样、等距抽样、分层抽样、整群抽样、多段抽样以及概率与规模成比例的抽样等,对于一项具体的研究来说,这些抽样方法如何来运用,如

① 按英文,以及按这门分支学科的实际内容,称“调查抽样”为宜,但“抽样调查”一词似已习用。

何设计一个可以执行或实施的方案，就是抽样设计的任务。简单随机抽样是最基本的，粗略来说，就是从总体中按每个元素相等概率，来抽取一部分元素，这就得到一个随机样本(有关简单随机抽样的详细讨论参见第3章)。但是，简单随机抽样也往往是最不易实施的，实际研究中，除非总体的规模不大，并且总体名单是可以得到的，否则就无法按简单随机抽样方法来实施抽样。即使在一个相对来说较小规模的研究中，简单随机抽样方法也常常很难实施。

例如一项有关某个高校大学生的研究，假如该校全部学生人数为10 000人，则为了进行抽样，首先需要得到这10 000人的学生名册，假如该项研究由某一名二年级学生来完成，基本上可以说，他不可能获得这一份全校学生的名册(事实上即使是一名教授也不太可能获得)。因此，我们可能转而考虑运用多段抽样或整群抽样，也就是我们设法获得全校的班级名单，假如全校有260个班级，那么我们就设法获取这260个班级的名册，从这名册中，再用简单随机方法抽取比如30个班级，再在抽出的班级中获取这些班级的学生名单，并同样用简单随机抽样抽取8名学生，这样得到一个样本规模为240名学生的样本。这是一个二阶段抽样的最为简单的例子，每一阶段的抽样都是采用简单随机抽样。但应注意，这是一个多段抽样的设计，我们用这个方案完成了一个学生样本的抽样，因此我们直接说，我们使用的是多段抽样方法——而不说使用的是多段抽样与简单随机抽样结合的方法，因为多段抽样的定义中包含了简单随机抽样。在这个二阶段抽样的例子中，如果考虑减少研究成本(例如时间)，则改为整群抽样的设计也是一个选择，即现在我们在班级名单中抽取15个班级，以抽到的班级的全部学生入选样本，这样假如我们估计班级的规模差不多是30人，则样本规模大致为15×30=450人。当然实际抽到哪些班级并不确定，其班级规模也不确定，因而样本规模要等到抽样完成才能知道(这是整群抽样的一个缺点)。

值得不断强调指出的是,"设计是可执行的"。因此作为抽样设计,在本例中,我们需要继续搞清楚以下问题以便可以把抽样落到实处:如何得到一份完整无遗漏且无重复的全校班级的名单?每一阶段进行简单随机抽样时具体怎么抽(用什么方法)?如果该校没有行政班级的设置(也就是说没有班级),抽样怎样设计?还有其他抽样设计可以考虑吗?如果仍是设计一个多阶段抽样,第一阶段可否从全校宿舍名单中抽取宿舍?最后,这里设计的多阶段抽样或整群抽样,全校学生中每个学生被抽到的概率是等概率吗?在什么情况下,能够考虑以及怎样考虑概率与规模成比例的抽样(PPS)?抽样设计,就是不断考虑类似这样的问题,并设法解决每个问题从而把每一步骤落在实处,使之切实可行。可见,在抽样设计过程中,为了设法解决相应问题,是需要与实践打交道,与实际部门打交道的。例如,如果不清楚该校宿舍的实际安排,那么可能需要与该校后勤部门打交道,或者向了解情况的相关人员咨询。需要强调,这些实际问题,有时甚至仅仅是一个看来并不大的问题,如果得不到解决,那么实际抽样就无法进行下去,也就是说,无法得到按抽样设计所应得到的样本名单——我们就无法依样本名单去访问被访者,即无法进行下一个环节——数据收集。回到本节开头,现在可以看到,"依样本名单去访问被访者"与街头"随机采访""发问卷"或"网络投票"大大不同(本质上不同)——因为后者根本不知道要"访问谁"或"调查谁"(不知道具体哪一个被访者),因此严格地讲,我们不能称之为"数据收集",因为这样收集到的"数据",不包含明确的概率特性,因而用于统计推断就没有什么意义。

1.4 数据收集

测量工具解决了如何测量的问题,抽样解决了测量谁的问题。一旦准备好了测量工具，并且完成了抽样，我们就可以着手进行测量了。这一进行测量的过程，也就是使用问卷向被访者——经过抽样所得样本中的个体——收集信息的过程，通常称为资料(data)收集。很明显，这也就是我们通常所熟知的调查过程(这里"调查"一词，是作为动词使用)。这里"资料收集"这一术语，确实比较容易引起误解，尤其对于研究新手来说，例如常常被误以为是怎样收集什么样的(文献)资料(查资料、查文献)等。经过调查，我们收集到被访者的信息，这些信息，也即被访者对问卷中每个问题的回答，我们对这些回答进行编码，就得到数据(data)。所以，这一测量过程，称为"数据收集"可能更为合宜。很明显，测量的结果，是得到数据。当然，此处的数据收集这一术语也同样可能带来某些歧义，比如被理解为收集已有的数据，即二手数据。例如常被误认为，得到或收集各种汇总数据，或者，二次分析中，研究者是在已有的调查数据(survey data)中，寻找与其研究相关的有用的数据。显然，我们这里所指的资料收集或者数据收集(以后我们混用这两种用词[①])，其重要的一点，都是指收集一手的资料，从而区别于那些二手资料的收集过程。这种区别之所以值得提出来，有若干方面的原因。其一，一手资料通常是研究者为某个或某些研究问题，专门设计变量的测量，从而收集到的数据，一般都可以较好地适用或服务于该项研究(除非测量有问题)。其二，收集一手资料与收集二手资料，两者所导致的研究成本是大大不同的，而研究成本，始终是一项具体的社会科学研究的硬约束。换句话说，一项定量研究的可行性，首先或主要地是在这个成本约束范围之内。值得一提的是，一些日常进行的调查比如"上街发问卷"，当然也是收集一手资料，但其成本一般并不高，或者，反过来说，正是因为成本低廉，实施容易，才成为这种"就近法"普遍使用的原因之一，但

① 事实上，"资料"或"数据"都是data的翻译。

问题是,这种就近法所收集的资料,不是“随机样本数据”(有关就近法所存在问题及其适用范围的进一步讨论,参见第 3 章)。此外,收集一手资料,也就是本节所指的数据收集,有其专门的技术或做法,而且这些不同的“技法”,其重要性或适用性,在不同的时期、不同的实际场景,也都有所不同。同时,这些常规“技法”并不等于就是“成法”,也就是说,实际调查时,需要根据实际情况和可行性条件,灵活加以运用或组合运用。

至此,我们可以给资料收集或数据收集下一个简要的定义:“收集一手随机样本数据”。由于这一工作的成本约束,因此采用什么样的方法,在有限的研究成本范围内,使得收集的样本数据质量最佳,就成为一项研究所必须仔细考量的问题。大致说来,常规的资料收集的方法,传统上有邮寄调查法、面对面访问法以及电话访问法,以及在此基础上,随着计算机和网络技术的发展而发展起来的种种计算机辅助与网络调查方法(未必成熟)。这些常规的资料收集方法,每一种都有其不同的适用性,都在研究成本(费用和时间)、回答质量、问卷回收率、匿名性等不同方面,有其固有的长处和不足,因此,研究者要充分考虑的是:针对所从事的一项具体的研究,怎样具体地运用这些资料收集方法,即怎样运用,或怎样组合运用,以便以何种切实可执行的办法,从而达到数据质量和研究成本的最佳平衡。这里值得再一次强调,所谓计划的一个重要特征:可执行——按此可以办理。即使对于一个相当简单的调查,明确且周全地设计出完备的执行程序,也不可或缺。例如在某个高校进行调查,调查对象是大学生,假如按上一节所述的二阶段抽样那样,已经抽到了一个班级样本,接下来应如何做?采用何种资料收集方法(或方法的混合)?怎样找到每个所抽到班级的 5 位被访者(5 名学生)?或者,首先如何找到所抽到的班级?有无可能或怎样利用计算机或网络技术?总之,最佳办法是什么?具体可以怎样做?此外还需注意,这是一个抽样和资料收集同时进行的例子，即所谓“边抽样边调查”，但应理解，“抽样”和“调查”是两种不同的程序，不宜在概念上混同。现在可以清楚，为什么我们不应把前述“随机采访”“发问卷”或“网络投票”看成是抽样，因为它们实际上没有抽样过程，而只有资料收集的过程。

1.5　统计方法

类似上文中提到的街头“随机采访”或“发问卷”等，通常进行关于所问某个问题的百分比统计，并且其结论称，例如百分之多少（的人）支持某种看法。前述所谓日常调查大多如此。不能说这样的百分比统计不是统计，但这个百分比只是一个样本统计值，不能直接用来推断到采访对象所代表的总体，姑且不论，在这些日常调查中，总体通常是未加定义的（也就是说，往往不知道总体是什么）。从样本数据计算统计值，在统计学中称为描述统计。描述统计的目的是简化数据，从一大堆数据中计算出一个“代表值”，例如我们收集了某个班级所有学生某门课程的考试成绩，按60分以下为不及格，即可计算不及格率，即成绩不及格的百分比，这样，我们可以说，该班该课程成绩不及格率是，比如10%。我们也可以计算出该课程的平均成绩，我们说，该班该课程的平均成绩是，比如81分——也就是说，我们可以给出一个概要的有意义的描述。这个例子中，应注意结论是对该班级而言的。由于我们有该班级课程成绩的全部数据，所以描述统计就足够了。事实上，普查(census)就与本例一样，例如全国人口普查，那么收集的是全国所有人口的数据。但是，如果我们把上述不及格率10%推论到全校（假定全校学生都必修该课程），称全校的不及格率是10%，则显然行不通。因为此时一个班级的学生成绩就相当于一个样本（而且此处还是一个非概率样本），全校的学生成绩是总体，由样本数据推论到总体，这涉及到统计推断。统计推断是基于抽样分布（估计量的分布)而进行的，它要求一个随机样本。

上例中真正存在的问题是，百分比统计，或者即使是两个百分比的比较(交互分类)，对于一项实际的定量研究来说——都过于简单了。例如要研究学生成绩的性别差异，交互分类确实是一个可用的统计方法，但它是双变量分析——并不能提供其他条件不变情况下的有用结论，因为影响成绩的因素还有许多，例如高中基础、勤奋程度、兴趣爱好，等等。社会科学定量研究大多使用多变量分析，其所使用的统计方法，能够比我们想像的强大得多。其中，最为基础也最为经典的是多元线性回归方法，而在经典线性回归基础上发展出来的统计方法更是层出不穷，例如时间序列、面板数据，以及结构方程模型、多层次模型，等等。

我们在本章第1节有关研究问题的讨论中曾经提到，在提出研究问题时，实际上是需要“统计先行”的，其进一步的含义是，对于一项具体的研究来说，研究者需要十分了解已有的各种统计方法可以做什么，它对数据的要求是什么。这里试举两例略加说明。首先，前述消费水平影响因素研究的例子中，消费水平作为因变量，可以按定距变量的层次来测量，那么我们考虑直接运用多元线性回归这一基本的统计方法。但是，即使是多元回归，也并非就如此简单，如果我们了解多元回归中的异方差问题，那么可能要考虑稳健标准误。同样，如果我们了解遗漏变量，那么我们可能需要在这项研究中考虑恰当的代理变量。再如，假如我们研究高校学生成绩不合格的原因，那么因变量就是成绩是否合格，我们编码这一变量，成绩合格＝1，成绩不合格＝0，那么多元线性回归就不再适用，我们转而用 logistic 回归这一分类因变量回归分析的基本方法。如果我们懂得多层次模型这类统计方法，那么我们就可以在这项研究中考虑嵌套数据，那么影响学生成绩的因素中就可以包括例如班级风气、教学水平，或者学校规模之类变量，显然，这些都是重要的影响学生成绩的因素。我们也因此有可能研究在多元回归中尚不能很好地加以研究的问题,例如比较学校性质对学生成绩的影响。

可见,能够研究什么样的问题,以及一个研究问题可以研究到怎样"精细"的程度,首先取决于使用什么样的统计方法,以及如何来运用这一统计方法。因此,非常明显,统计是社会科学定量研究的"必要的成分",但也值得注意,称其"必要",意味着"无它不可",但不意味着"有它即可"。数据的性质和数据有多"完美"(数据总是不完美)总是决定(或限制)着统计方法、统计方法的运用,以及统计能给我们带来什么——而数据取决于变量的测量(定义测量、测量谁以及测量过程)。

1.6　数据性质

上节提到能够研究什么样的问题,取决于可用的统计方法。定量社会科学研究中,这种深受统计技术限制的性质,来源于我们不得不使用观察数据,以及这些观察数据的性质。除了前面已提到的测量尺度上的性质(如消费水平是定距尺度,学习成绩合格与否是定类尺度),数据(集)在时间尺度上,以及在层次尺度上(如已提到的班级风气或学校规模),都还有更为重要的性质。从时间尺度来看,横截面数据仅可用于截面研究,而要做纵贯研究,就需要面板数据,或者时间序列数据,或者混合横截面数据。上一节中所举的例子都还只是没有明确提出其名称的横向研究或截面研究(cross-sectional study),因为数据是在时间的某个点上收集的,得到的样本数据不过是某个时点上的截面信息,即横截面数据(cross-sectional data)。这里"时点"并不指时间上的某个时刻,因为调查总需一个过程,例如几天、几星期,或者相对较短的一段时间。由于调查需要过程,数据的收集对于不同观察单位来说,总是在不同的时间进行的,而可能的由时间带来的影响,对于使用横截面数据的截面研究来说,都是被(允许)忽略的(Wooldridge,2009)。严格意义上的纵贯研究(纵向研究)是指使用面板数据(panel data)的研究,它是在不同的时点上,对于相同的变量从同一个样本那里收集数据,因此也被称为追踪研究,即对同一样本在不同时点上的重复观测,因此可以说,面板数据是同一个样本的不同时间上的截面数据。而使用混合横截面数据的纵向研究(趋势研究)则与此不同,混合横截面数据是对相同变量从同一个总体的不同样本中收集数据,例如中国综合社会调查(Chinese General Social Survey,CGSS)2008、2010、2013、2015 等年度的调查就可构成混合横截面数据。至于时间序列数据(time series data),则是在不同时点上从同一个单位收集数据,相当于面板数据的一个观察单位的横截面,例如 2000—2005 年我国的国内生产总值数据。

从层次尺度这方面来看,在分层模型(或称多层次模型)发展出来之前,数据层次问题曾经一直困扰着社会科学家。例如在经典线性回归中,不加区分地运用不同层次的数据,一项研究最终得到的,往往不过是一些误导性的结论而已。数据分层的概念,又与“分析单位”概念相关联。然而,分析单位这一概念,有时似乎并非那么容易把握。我们不妨先来看“分析单位”。

我们不打算直接给出分析单位的“概念定义”,因为由于语言表述的多义性或局限性,几乎所有给出分析单位的概念定义的尝试,都或多或少地,或者表述模糊,或者容易引起歧义。我们不妨先以例子来说明。假如我们要研究高校大学生的学习成绩是受哪些因素影响的,也就是着手一项类似于“大学生学习成绩影响因素研究”这样的研究,那么“大学生”是分析单位,也就是我们要就大学生来研究点什么,或者,针对大学生研究点什么。教科书中,一般把分析单位表述为“一项研究的研究对象,或者分析对象”,然而“研究点什么”,也可以叫“研究对象”或者“分析对象”,这就容易引起误解。也有把分析单位表述为“可被研究的什么或谁——分析单位(units of analysis)”(Babbie，2010)。“什么或谁”两者放在一起，多少暗示了与“研究点什么”的区分，但这个表述仍不甚清晰。“什么或谁”中的“什么”是重要的，因为我们知道，分析单位可以包括个人、群体、社区、组织以及社会事实(袁方，1997)，其中除了个人，都不能称之为“谁”，例如我们不能把“家庭”叫做谁，也不能把一个“社区”叫做谁。——这些都是“什么”。但是，“什么”“谁”以及前面的“对象”到底指什么，都还需要进一步阐明。

个人，是最常见的分析单位，如上例分析单位即属于“个人”这一类。值得注意的是，以“就大学生来研究……”而言，“大学生”是一个集合(只要我们还记得，社会科学是对社会的研究，而不是对社会中个体的研究。因此，这项研究并非研究某个大学生，或者说，并不能给出有关某个大学生的任何结论)。而分析单位(注意着重号)是“大学生”，则意指“大学生集”中的元素(单位)，也就是构成这一大学生集合的一个个的大学生个体。我们还可以说，这一大学生集合是一个“个人集”，我们就这一个人集研究点什么，或者就这一个人集的某些子集研究点什么。一个个的大学生之所以能构成一个集合，是由于他们都是所要研究的“某高校的大学生”(总体)。我们之所以把大学生称为“个人的集合”，其一在于每一个大学生都符合所指“大学生”的特征，例如他们现在都是该所高校的注册学生。其二我们不把这样的“大学生集”称为“大学生群体”，因为“群体”(波普诺，1999)概念的要义是指“个体间的关系”，例如：“家庭”在社会学中被称为是一种“群体”，是由于家庭各成员之间的“家庭关系”；“夫妻”也是一种“群体”，因为有夫妻关系；等等。“大学生集”中，没有或者我们不考虑类似这样的“群体关系”。

在以“群体”作为分析单位时，例如在高校着手某项教育研究，其中的一个研究问题是，我们打算研究班级规模与班级成绩的关系，那么分析单位就是班级。班级当然是一个班上的全部学生组成的，但我们并不是就这个班上的学生(学生集)研究点什么，而是就班级研究点什么。这里显然是就班级来研究其规模与成绩的关系。班级显然不同于班级中的全部学生，是因为由这些学生“构成”（结构成）了班级。班级现在是不同于学生层次的另一个层次，即班级层次。或者说，一个班级中的学生都属于这个班级。看来，这就是“群体”以及“群体”作为分析单位的含义。很显然，“夫妻”“家庭”等等，都与此相类似。事实上，在这一点上，其他类别的分析单位，比如社区、组织，也类似，只不过其“构成”或结构，可以更为复杂而已。“社区”强调的是一定时空内人们共同“生活”于其中，这一说法可以使我们把“一定地域中人们的生活共同体”，在时间和空间上加以扩展，例如我们甚至可以扩展到某种久已流行的“虚拟社区”，比如网络社区之类。传统的社区，例如可以是村或镇、城市、一个城市的行政区、一个行政区的居委会（现在叫做社区委员会），等等。以社区为分析单位，则我们可以研究，例如城市规模与城市犯罪率的关系，或者，研究乡村的经济水平与其地理位置的关系，等等。“组织”指的是正式组织，例如，企业或公司、学校或者医院等，都是正式组织。如果我们研究企业规模与其盈利能力的关系，那么分析单位是“组织”，即我们的研究中所涉及的企业。可以注意到，“群体”“社区”和“组织”都是一种结构，这种结构在某个最为基本的意义上，都可以是由人（个体）所构成的，也就是说，作为个体的人是这些结构的结构要素。这就是上述所说的以“个人”作为分析单位与由这里个体所构成的这些结构作为分析单位的一个重要区别，即一种结构意义上的区别。除了个人、群体、社区和组织这几类分析单位以外，其他类型的分析单位似乎可以一概划入“社会事实”这一类别。就我们目前的讨论目的而言，此处我们不再继续进一步展开，仅举一例略加说明。例如我们研究“婚礼”的各种类型或其变化的影响因素，那么分析单位是“婚礼”。显然，婚礼首先是人们宣告结婚的仪式（此仪式自然还有其他更多的含义，此处不必多论），是人的观念（社会观念）及其人的行为（社会行为)，这是一种更为复杂的结构。

上面所举的许多例子中，都是"就什么研究点什么"，现在十分清楚，"就什么研究……"这个"什么"是一个集，集中的元素或要素(结构含义)是分析单位。一旦涉及结构，就意味着"层次"的含义。很显然，要研究点什么，当然就要有数据。我们可以注意到，例如对上述教育研究的例子来说，研究高校大学生的学习成绩，那么我们在大学生这一个体层次上收集数据，也就是说，我们从一个个大学生那儿来收集数据(他们是问卷回答者)，例如一系列变量可以是GPA(成绩绩点)，以及性别、年级、专业、地区，或者学生的中学成绩、大学期间的勤奋程度(先不论如何测量它)，甚至还可以包括智商(IQ)，等等。因此，本例中，一个个的该高校大学生个体是观察单位，即他们给出问卷的回答，或者说，我们从他们那里收集信息(数据)。本例研究中，假如我们感兴趣于"性别差异"，比如，我们研究的是"学习成绩的性别差异"，则这一研究实际上是学习成绩(GPA)的不同性别组的组平均值的比较(并且可以控制上述性别以外的其他变量)，也就是，男生的平均GPA与女生的平均GPA的比较。这个例子中，观察单位和分析单位是相同的，都是大学生个体，而我们是针对大学生集的子集(男生与女生)进行比较研究。如果我们就男生而言，说"男生的成绩如何因他们的勤奋程度而不同"，那么我们针对男生这个子集进行研究。进一步的说明还可如下，如果我们感兴趣于"智力差异"，研究"学习成绩的智力差异"，那么相当于在不同的智力水平剖面上，比较平均GPA。现在研究涉及的子集是"不同智力水平的学生集"。学习成绩的均值，是样本中每一个学生的学习成绩的"汇总"。可见，数据是在个体层次上收集的，但一经汇总，就用来描述由个人构成的集合。但在这里，这一"个人集"的含义是，由个体至"个人集"不是一种层次结构(没有"结构"含义)，而只是一个集合而已。

上文关于"班级规模与班级成绩"的例子中，我们说班级的规模是班级的学生数,只要数一下即可,而班级成绩,无非也是一个汇总,即全班所有学生成绩的平均。这样,班级规模和班级成绩都是班级层次的。我们已经知道这个例子中分析单位是"班级",显然,现在数据也是班级层次的。这看起来简单。不过,在上述"教育研究"的例子中,如果在"学生成绩的影响因素"中,我们还要考虑例如班级规模、班级学风,甚至考虑学校性质,例如学校规模、办学水平、学校资源(例如是否双一流高校等),那么事情就没有那么简单了。值得注意的是,分析单位仍然是大学生,但现在数据包含了三个层次,即个人层次、班级层次和学校层次。通常不考虑数据分层性质的做法有两种(de Leeuw, 2002):第一种做法是把班级层次、学校层次的特征全部赋予个体,例如一个学生是某班级的学生,是某校的学生,这被称为"把高层变量分解(disaggregate)到个体水平",其问题是如果一些学生是同一个班级的,那么他们在班级变量上就取相同的值,这就意味着各次观测之间并不能相互独立,而各次观测之间相互独立又是经典统计技术中的一个基本假定。学校变量的情况与此类似。第二种做法是把个体水平的变量汇总,如把学生特征汇总到班级,再就班级进行分析,显然,这时的分析单位是班级。或者,如果以班级层次的数据来就学生进行分析,这就导致我们所熟知的"层次谬误"。层次谬误的另一个简单的例子是,我们以城市犯罪率的数据,来就城市人口作研究,例如比较流动人口和非流动人口的犯罪率。

由以上讨论可见,考虑数据的层次或分层性质是必要的。在一个看起来较为简单的研究中,比如上述学习成绩研究中,学生个体属于班级,班级又属于学校,这是一种嵌套的结构。处理类似嵌套结构的研究,传统的经典统计技术并不能真正胜任,使用分层模型的统计方法才是一个适当的替代。

第2章 变量测量

我们已经知道,一旦尝试着手一项研究,我们明确提出研究问题的过程,也是提出研究问题所涉及的变量,以及这些变量将要如何测量的过程,同时也意味着变量测量的结果——数据——将如何被运用于既定的统计方法。数据来自于测量,也就是说,数据涉及三个关键的方面:一是用什么来测量,二是测量谁(向谁收集数据),三是如何去测量。有别于自然科学,社会科学主要是向人——千差万别的人——收集信息(数据),其测量过程本质上也是一种社会交往过程。在这一章和接下来的两章,我们将以更多的篇幅,着重讨论收集数据的三个关键的环节或程序:测量工具设计及其成果——问卷,概率抽样及其成果——样本,以及测量的实施过程——访问,三者共同决定了数据的质量,从而决定了一项研究的成败,这也是社会科学研究极具挑战性的关键部分,也是其之所以能够有所价值的基础。

上一章中已经提到,基于概念的可测量主张,概念与变量两个术语实际上常常替换使用。然而,究竟是在什么意义上,社会科学家得以使概念可以测量?因此本章首先要讨论的一个必要的问题,就是作为概念本身,"概念"究竟是什么?在此基础上,我们才能进一步讨论,用什么来测量一个概念(变量)。

2.1 概念是什么

"概念",是个什么概念?这个问题,并非出自一个不重要的、玩笑性质的提法。不妨先来看看一个最简单的概念,例如,“苹果”。毫无疑问,我们用苹果这个词语,来指称或识别一类叫做苹果的水果。这看起来平淡无奇。然而,人们是怎么做到的?比如,张三请李四去买苹果,很明显,除非故意,李四决不会错把梨子买回来。反过来,当李四把苹果买回来,张三决不会觉得买回来的是梨子。这是一个有效交流的例子:人们关于如何区分出苹果的概念是一致的,因此,当人们用苹果这个词语彼此交流,在上述情况下相当有效。那么,这种能够使得人们把苹果区别于其他水果的“苹果”的概念是如何建立起来的?是何时建立起来的?用集合论的语言来表述,人们是如何以及何时掌握了把苹果这一水果的子集确定出来的?或者,换句话来说,分类这种基本且重要的本领,究竟何时以及怎样得到的?不难想像,从水果这个集合中,分出各种各样的苹果,划定为一子集,是根据其所具有的某种共同的特性或特性组,这种共同特性的发现,是基于直接的观察,例如通过看,通过尝,即基于一种或一组感官知觉:视觉或味觉。这里,视觉可能导致基本的区分,辅以味觉,则可能导致确定的区分。当这种导致确定区分的共同特性的发现,被赋予一约定的词语来表达时,交流就能达成了。值得注意的是,这个例子中,每个人关于这一共同特性的发现本身,我们并无确切证据表明它们是完全相同的,而毋宁说,它们总是有些许不同的,这就是“如人饮水,冷暖自知”的道理。这一过程中,重要的是,每个人终于不知何时,形成了他自己的“苹果”这个概念,并且学会了用苹果这个词语来指称它,于是,在某些主要的方面,交流成为可能。更重要的是,正是这种交流,才使得个人成为一个社会的合格成员。这意思很简单,如果没有搞清楚类似苹果这种最简单最基本概念的能力,一个人在社会生活中将举步维艰。

再来看一看“同情”这个概念,这看起来多少有些深奥或者复杂。我们都使用过“同情”这个词语,我们也都有同情心,这都是确实无疑的。与“苹果”概念有些不同的地方是，“同情”不是直接基于感官知觉，而是暂且不论基于什么——它是某种内心的感受，不论这种内心感受是否有多少些许差别，但确实地——我们“心里有同情”。这里强调的一点是，与“苹果”概念一样，人们如何使用同情这一词语，来表达在某些重要的方面，大概一致的内在感受，这种感受被称为同情，从而区别于其他的内在感受。很明显，与“苹果”的分类本质一样，同情感受的共同特性的发现或确立，是同情这一概念的关键部分。有关同情感受的共同特性的发现、补充和修订——不同于区分苹果时的直接感官知觉(看或尝苹果)——我们基于日常生活，观察并评价人的行为(这里的一个不言自明的假定是：“同情心”可以通过人的行为来观察或评价)。例如：当某地发生灾害，那么应当伸出援助之手(如捐款)。当老人跌倒于马路，应当伸手相扶。——这都被叫做“有同情心”，也都“唤起同情”。更多的场景还可以有，比如：把迷路的小孩送回家或送到安全的地方，路遇乞讨者给以财物以助他们渡过难关，甚至更微不足道的，比如在公交车上给看上去疲倦的人让座，等等。当我们遇到那些处于困境中的人们，能够设身处地，感同身受地站在他人的角度，某种“同情”的感受油然而生，并力所能及地施以援手(这看起来描述了同情概念的定义之一?)——这一过程中无论是评价他人，或为他人评价，以及这一过程本身，都是使同情这一概念更为明晰的过程，尽管并无证据表明，每个人的同情感受是完全一致的，或者每个人关于同情的概念是完全一样的，但就人们以同情这一词语表述意见或进行有效交流的时候，基本共识的明晰性，是没有疑问的。我们这里强调的是，一个概念并不是凭空而来的，因为它是某个社会过程。理解一个概念的定义并不重要，重要的是看它的社会过程，或者换个说法，如果离开了一个概念的形成的社会过程，那么它其实是无法理解的。

2.2 概念的测量

现在,我们似乎可以尝试测量“同情”这一概念了,也就是我们打算得到不同的人——他们同情心大小的测量值。“同情”,由于是人们内心的一种感受,本来是无法观测的——也就是无法直接观测,除非我们有某种观测“感受”的仪器。但是,如果我们基于同情概念的形成过程,并且我们坚持上述提到的那个“不言自明”的假定:有同情心的人,其行为也是有同情心的。我们就可以观察人们的行为,并且尝试这样来建立一个计分的规则——例如,给以下各种行为分别计分,然后加总所有行为的分值:

1) 向灾区捐款
2) 扶起跌倒的老人
3) 送迷路孩子到安全地方(或回家)
4) 给乞讨者财物
5) 公交车上给有需要的人让座
……(注意这里省略号!)

有上述任一行为的,我们计 1 分,没有上述行为的,计 0 分。这样,加总起来,可以得到最低分 0 分至最高分 5 分的测量值。由此,我们声称,我们测量了人们同情心的大小。这个办法之所以可行,因为它可观测,即我们是通过 5 项可观测的行为来测量不可观测的同情概念。测量的结果是,对于一个大小为 n 的样本来说,我们得到 n 个数据,即 n 个人的同情心大小的测量值。

这一过程中,我们把所测量的概念称作变量,因为现在这个概念不过就是一个类似于数学上的变量,它有不同的取值。其次,我们把用以测量这一概念的一组可观测事项叫做指标。指标的含义是,对于测量一个概念,我们需要一个或一组可观测的事项,反过来,如果没有这样的可观测事项,一个概念就不可测量,那么也不便称其为变量——即使我们可能在方法论上仍然坚持这样的主张，即概念应当并且能够测量。

然而，以上述5项指标来测量同情这个变量，显然还有许多值得更进一步讨论的地方。首先，“扶起跌倒老人”，如果某人没有这样做，可能是基于某些考虑，比如他担心遇到个“碰瓷”的？同样，“给乞讨者财物”，比如他担心遇到的是“职业乞讨者”？“公交车上给有需要的人让座”，那么，要是他正是比其他人更有需要的人呢？这样，也许这些指标都不能合理地测量人们的同情心大小。这里，并非有意要跟上述看起来不错的指标过不去，而是强调，测量一个变量所用的指标，可能不只是“理论”上想像的那么简单，而是需要考虑错综复杂的实际情况。

2.3　测量的性质

上一小节，我们构建了同情心的一个测量，或者说，我们实际上是打算像定义一千克质量那样定义一个测量，以便测量一个我们所熟知的概念。因此，有必要进一步考察，我们定义的这一同情测量定义与一千克质量测量定义，究竟有哪些异同，以及有无可能为我们的同情测量提出适当辩护的理由，我们进一步讨论有关测量的以下三个方面的问题：主观与客观、个人与公共，以及定性与定量。

首先，如前所述，我们称用于测量的五个指标，也就是五个“可观察事项”，都是客观的，即不是基于研究者的主观判断，而是基于被访者的“客观”回答。这一“客观”的若干含义是：其一，假定被访者的回答符合真实情形，我们可以称此为“被访者不撒谎”假定。其二，这些可观察事项是简单的，根据常理，这些有关某个行为有无的询问，被访者并没有无法理解的理由，这里“理解”指所有可能的被访者的一致理解。我们可以称其为“被访者一致理解”假定。我们大致可以看到，在满足这两个有关“客观”的假定的前提下，同情测量的性质基本上可以类比于千克测量定义。我们注意到，计分规则在同情测量中是客观的,这同样类似于质量的一千克,不过是一个约定,即约定这么多质量的铂铱合金圆柱体,其质量为一千克,并称其为千克原器。千克原器的选材及其小心保护,目的都在于保证测量标准保持不变。——这里的测量原理——上述我们测量同情时提出的必要假定是与此类同的,只不过同情测量在精度上差多了,这是由于社会科学中的测量是通过询问不同的人——具有"异质性"的人——所带来的必然代价。但在上述测量原理类同的意义上,我们确实可以为社会科学的测量的客观性,提供某种适当辩护。还可以注意到,如同选用铂铱合金材质一样,我们选用上述五项同情心指标,实际上是"主观"选定的,也就是说,研究者并不是根据一个客观的标准,来选择可观测的指标,而是根据他的日常经验、已有知识或者理论上的考虑来选择的。事实上,这些指标也可以在一定范围内选择其他的。但是,这一"主观"的含义,受限于"公共的"这一要求的制约。就是说,这一选择需要接受同行的检查、批评或补充,因而不是"任意主观的"。在这个意义上,我们同样可以为社会科学的"客观"测量提供第二个辩护的理由。

所谓"公共的"要求,也就是取得科学共同体的一致同意,也就是说,如果科学共同体内部对此一测量定义或测量标准尚存在争议,那么它就还不能作为一项通用的或公认的测量标准,以便其他研究采用。在这一点上,社会科学与自然科学似乎有着重大的区别,这表现在社会科学中的变量的测量,成为公认的通用测量标准者为数可以说相当少——这或许也是所谓"前范式"(Kuhn,1970)时期的一项特征?就这一点,我们不打算进行辩护。这里值得强调的是,一项测量的提出,对于研究者来说,是个人的,但这种"个人的"无论如何受到"公共的"制约。这就是我们常说,一项研究,哪怕微不足道,也是或应是"科学事业"的一部分。

此外,社会科学中,常有所谓定性与定量的争论,比如所谓质性研究与量化研究之类,以及所谓质性与量化融合之类。我们不感兴趣于有关作为一种研究样式(范式)的定性抑或定量的争论。这里要回答的问题是类似于,测量包含定性的成分吗？在什么意义上我们说,定量的测量包含着定性的成分？显然,这个问题的回答是一目了然的。例如因为我们如何理解同情这个概念,或者说,我们在什么意义上使用同情这个词语,无不是定性的,甚至我们如何规定(也就是定义)测量,这个决定过程也是定性的(按照其性质),其间无疑涉及大量的"定性的"研究(不同于作为一种研究样式或"范式"的定性或质性研究)。因此,有关测量的"定性的"或"定量的"这方面的问题,未必是一个值得争议的重大问题,因为问题一目了然。

2.4　复合测量

对于一些相对简单的变量,可以仅以一个指标来加以测量,也就是说,在问卷中只要询问一个问题,比如性别、年龄。我们问类似的问题:"您的性别?""您出生于哪一年?"但是对于相对复杂的变量,其测量就要困难得多,例如在 2.2 节的例子中,为了测量同情心的大小,我们尝试了 5 个指标,这是一个复合测量的例子。在这个例子中,每个指标,或称每个项目被赋予的分值是等值的,即对于每个项目,回答"是"均按 1 分计,回答"否"均按 0 分计。这就意味着,按这样的计分方式,实际上我们需要首先假定,这 5 个项目是等价的("份量"相同),但正如我们已在前述讨论中指出的,这些项目,其"强度"或"份量"可能是不同的:

1) 向灾区捐款
2) 扶起跌倒的老人
3) 送迷路孩子到安全地方(或回家)
4) 给乞讨者财物
5) 公交车上给有需要的人让座

如果确实如此,那么我们就不能用上述方法计分。这个例子中,假定“项目等价”,不存在强度差别,并按照 1 和 0 计分并加总分值——这一测量方式,通常被称为指数,也称为总加量表。

然而,对于指数这种复合测量,一般来说,“项目等价”基本上只是一个假定,这一说法的含义是,没有证据可以表明,各个项目为什么是等值的。在本例中,从常识出发,我们或可认为:项目 4)和 5)的强度或许比其他项目的强度小,其理由是,一般情形下,过路时给乞讨者一些钱或食物,由于数量不大价值不高,也不算麻烦,因而其强度可能最低。项目 5)公交车上给老弱病人让座,可能视路途的远近不同或个人状况不同,但仍然或许多少强度大于项目 4)。项目 1)向灾区捐款,同样视个人条件和捐款的频繁程度,或许强度排第三。项目 2)和 3),则或许由于兹事体大,分值应当最高?这里不再讨论以上项目的测量效度问题(即能不能或多好地测量了要测量的变量),而仅就“项目等价”这一假定做一些初步讨论,目的在于说明,总加量表的项目要求尽量符合等值的要求,因而在设计这些项目时,有必要仔细地反复斟酌。我们已经可以从上述的讨论中发现,这并非易事。

在本例中,敏锐的读者或许还发现,“是”与“否”的答案多少显得过于绝对或者过于粗疏。例如总是向灾区捐款,与几乎很少向灾区捐款,对于测量“同情”这一变量,差别是显见的,而是与否的答案看来抹去了这些明显的差别——两者都是“向灾区捐款”。而且,实质上更成问题的是,在问卷中如果问这样的问题:“你曾经向灾区捐过款吗?”并且答案为“是”与“否”——这确实能测量出什么吗?——如果我们基于常识,又有几个人没有曾经捐款的经历呢?

解决这一问题的简单办法之一是,我们不再询问“是”与“否”,而是改而询问有关这些可观测行为的频繁程度,因此问题的答案就改为,例如“总是”“经常”“偶尔”“从不”,这是一个四点答案的例子。计分规则是每个项目都依次在四个答案上按 4、3、2、1 来计分,回答者在每个项目上都有一个得分,再把五个项目的回答得分加总起来，现在，总的分值就是同情心的一个测量值。很显然，最高分是4×5=20分，而最低分是1×5=5分，前者意味着某个回答者全部选择了“总是”，后者则是全部选择了“从不”。那么我们就称，得分越高的人，就越有同情心。事实上，这样的测量计分规则，最早是由李克特提出来的(Likert, 1932)，因此被称为李克特量表(Likert scaling)。由于与指数一样，测量分值也是加总而成的，因而李克特量表也是一种总加量表。除了答案与指数不同外，本质上与指数方式并没有什么不同。当然，由于答案给出了不同的“程度”，因此与指数不同，李克特量表的每个项目，实际上都是一种定序测量，而指数只是“是”与“否”之别，仅是一种定类测量(有关测量尺度，可详见下一节)。我们还可以进一步把上述用于测量同情的李克特量表设计成表格的样式，并把它命名为“同情量表”。这样就可把所要询问的五个问题归到一个表格中，既节省了问卷的篇幅，也可有效提高问卷阅读的效率，可见李克特量表是一种既经济又不损失信息的提问方式，它有利于回答者快速填答，也有利于填答质量。反过来，可以想见，如果反复问五个答案一样的问题，读者是相当容易生厌的。(表格样式的)量表的一种设计如下：

x. 以下各项所描述的是人们在某些情况下的日常行为，您自己也会这么做吗？也就是，我们想了解如果您也这么做，那么频繁程度如何呢？(请在每行选择一个空格打勾)

	总是	经常	偶尔	从不
1) 向灾区捐款				
2) 扶起跌倒的老人				
3) 送迷路孩子到安全地方(或回家)				
4) 给乞讨者财物				
5) 公交车上给有需要的人让座				

几个说明:

1）x. 表示这一复合测量在问卷中是第几题。

2）x. 后一段文字“以下……如何呢?”相当于表格的一个“题头”(或“表头”),是用来概括说明表格中所问的各项目是怎么回事,它与表格中五个项目一起,可以看作是问题的“问”,而问题的“答”则是表格第一行的四个备选答案,即“总是”“经常”“偶尔”“从不”,空格中是回答者要勾选的回答。需要注意的是,“表头”“项目”与“备选答案”要协调,避免“答非所问”或“问非所答”。

3）本例中“表头”的写法并非一个标准写法,因为没有什么标准写法。而且此处这个写法语言还略显冗长。

4）我们至此一直在用的四个答案“总是”“经常”“偶尔”和“从不”也还是存在问题的,常识上看,“总是”和“从不”仍然过于“绝对”了,试想那些诚实的回答者,仅有一次没有参与捐款活动,他们就可能纠结于选择“总是”,其结果就与“经常”归于一类了。“从不”是“曾经”的反义,其讨论类似。因此,我们把答案修订为“几乎总是”“经常”“偶尔”“几乎从不”,似乎更为恰当。(这表明尺度的确定,并非想像那么简单,需要经过深思熟虑。)

5）本例中 5 个项目,已如前述讨论,明显属于可争议的,因此并不能用它来实际测量同情心(这表明测量同情并不是一件简单容易的事)。

值得提及,李克特量表在心理科学中有着广泛的运用,人们熟知的各种量表,大多属于李克特量表,例如各种心理健康量表、压力知觉量表,等等。心理科学中,发展一个量表并得到公认,是一项颇为不容易的学术贡献。发展一个心理量表,比本例要复杂得多,涉及试调查、试用等过程,涉及项目分析、探索性因子分析、验证性因子分析等统计分析的环节,其所用统计方法对初学者来说也并非易事,例如验证性因子分析通常用到结构方程模型以及相应统计软件(如 AMOS 等)。如果一个心理量表已发表在学术刊物上，接下来的就是需要在各种场合下使用并检验它。

2.5　测量尺度

测量尺度，也称测量层次，指的是测量所得数据的信息特征（同时也是数学特性），由低到高包括四类，即定类测量、定序测量、定距测量和定比测量。顾名思义，“定”即定出，测出之义，也就是通过测量，得到包含什么样信息的数据，这些数据在数学上的特性如何。

定类，定出类别信息，例如性别，分为男、女，如果编码为男＝1，女＝2，那么数值 1 和 2，表示把不同性别的人分为男性和女性两类。1 和 2 这两个数值只包含分类的信息，即仅起到表示不同类别的作用，在数学上的特性是等于或不等于，即属于这一类或不属于这一类。定类测量的数值不能进行加减运算，因为本例中 2－1＝1，没有任何意义。定类测量实际上就是按某个划分标准将调查对象分类或分组。同样，如果把婚姻状况分为未婚、已婚、分居、离婚以及丧偶，则编码值 1、2、3、4、5 表示把不同的人按婚姻状况分成了五组，显然比如 1＋2＝3，同样没有任何意义。

定序，定出序次信息，也就是区分出强弱、高低以及大小等，例如受教育程度分为小学及以下、初中、高中或大专、大学及以上，依次以 1、2、3、4 编码，这是受教育程度这一变量的变量值，这四个数值包含序次信息，表示以受教育程度的由低而高，可以排序。可以注意到，序次信息中不但包含了类别信息，而且包含了这些类别的序次信息。再如企业规模分为大、中、小，依次编码为 3、2、1。需要注意的是，定序测量的数学特性是大于或小于，其变量值同样不能进行加减运算，因为 2－1＝1 和 3－2＝1 仅能表示相邻序次相差一个等级，这是序次信息，并不表示大企业与中企业相差的规模是 1，或者大企业与小企业规模相差是 3－1＝2，这里 1 和 2 都不能表示相差的距离是多少。

定距,测出距离信息。例如温度,摄氏10度和5度之间相差5度,摄氏5度和0度也是相差5度,则两者有相同的降温幅度。又比如智商(intelligence quotient, IQ),智商160比智商80高出80。需要注意的是:首先这两个例子中,不能说温度10度是5度的两倍,也不能说智商160是智商80的两倍,因为定距测量仅得到距离信息,其数学特性仅是加减,但不能乘除,其原因是温度和智商都没有绝对意义上的零点,而只有相对零点。众所周知,温度为零,是一个不算太低的温度,不是没有温度(没有温度是讲不通的),而一个人智商为零也不是没有智商,而是有一个智商为零的智商而已,也就是说,零在这两个测量中都是相对的,不是固定的,不是绝对的"一无所有"。如果把摄氏温度0度向下移动5度,则原来摄氏10度和5度就变为15度和10度,前者就变为是后者的1.5倍,可见差距仍是5度,但倍数由2倍变为1.5倍了,也就是说,其比例由于零点的移动,它就不是固定的,因而不是"定比"的。其次,定距信息中包含定序以及定类信息,上述温度的例子中,我们可以说(包含这样的信息),10度的温度比5度高(定序),或者,温度为10度与5度是不同的(定类)。智商的例子也相同。

定比,测得比例信息。例如收入,月薪5 000元比2 000元多3 000元,前者也是后者的2.5倍,因为零点是固定的,是绝对的零点,也就是说,收入为0,确实就是没有收入,因此其数学特性是可以相乘除。考试成绩也一样,成绩为100分与成绩为50分相差50分,前者是后者的两倍,两者可以相除,因为零分是绝对的,是"没有分数"。不过这里需注意,这一"没有分数"的意思,是在分数上"一无所有",并不是没有成绩,成绩是有的,分数是有的,考试成绩为0分,因为有一个一无所有的分数,0分。收入和成绩两个例子中,定比的信息依次包含了定距、定序以及定类信息,以收入来讲,薪水5 000元大于2 000元(定序),这也是两种不同的薪水(定类)。同样,成绩 100 分远高于 50 分,这是两种性质不同的成绩分数,前者是满分,而后者则不及格。在不同意义上,我们当然可以说,薪水或成绩是定比测量,也还是定距测量、定序测量以及定类测量。显然,高的测量尺度包含低测量尺度,其所包含的信息是由高到低的。

测量尺度之所以值得提出来,是由于某个变量是按定类、定序还是定距以上来测量,也就是说,某个变量是定类变量、定序变量、定距变量还是定比变量(后两者合称定距以上变量,也常简称为"定距变量"),与统计上的要求密切相关,不同的统计方法对于数据的数学性质的要求是不同的,比如多元回归要求因变量是定距以上测量等。要求定距变量的统计方法就不适合于定类变量,一旦接触到具体的统计技术,我们就会看到这些重要差别。

2.6　测量工具:问卷

问卷作为测量工具,是一项研究所涉全部变量的测量设计的最终结果。问卷中的每一个问题(有时若干个),都测量了一个变量。在问卷中设计一个问题,即是把一个变量的测量指标转化为一个提问(通常还包括备选答案),这一步的真正困难是:一方面要使得所设问题真正测量了所要测量的变量,也就是使之成为有效的测量。另一方面,也往往是更困难的一方面,是要使所设问题能够为被访者所回答,并且是无歧义地回答。因此,研究者除了对所研究的问题、研究问题中的变量做到心中有数,还需要对访问对象,有充分的了解。我们可以把后者称为被访者角度,这一角度强调的是如何从被访者的角度出发,以获得被访者最大可能的合作,即乐于提供研究者所需要的与研究有关的信息。也就是说,在问卷设计阶段,研究者实际上需要同时协调两种角度:一是研究者角度,二是被访者角度。好的问卷设计,应使被访者理解一致、易于填答,而更为理想的,则是能够使被访者乐于回答。

2.6.1　基本结构

问卷从其组成上看,颇为简单。一份问卷通常主要地是由以下几部分构成的:问卷标题、封面信、指导语(集中的或分散的填答指示)、问题和答案(问卷正文)。

问卷的标题,可能远没有像一项研究报告或一篇论文的题目(标题)那样受人重视。研究报告或研究论文,其读者一般来讲是同行,且其所读是一项已经完成的研究成果。而问卷的读者是经过概率抽样的被访者,一项研究要从他们那里收集数据。一般来讲,被访者第一眼看到的,是问卷的标题。可以想像,如果一份问卷的标题,语义不通或晦涩难解,或者不够吸引"眼球",那么可能就在一瞥之间,被访者填答问卷的兴趣就此大大减少,甚至完全消失。由于使用目的和读者对象的不同,问卷的标题与研究报告或论文的标题往往有其差别。例如,研究报告或论文往往在标题中直接使用专业术语或者用词偏向于学术性,而问卷的标题,其用词一般偏向于日常用语,也就是适合总体这一对象的语用习惯。研究报告或论文的标题,往往是研究问题的精准概括,而问卷的标题则相对偏于一般概括。总之,问卷的标题,除了向被访者交代这是调查什么的,更重要的则在于,尽可能吸引被访者的"眼球",提起他们的兴趣,这是取得合作的第一步。要言之,问卷的标题,有着"起标题"的共性,但其读者是研究者的潜在合作对象——被访者。

问卷标题之下,是一小段通常称为"封面信"的有关调查事项的进一步说明,这一小段文本在字数规模上与研究报告或论文的摘要类似,通常也在200字左右为宜。这个进一步的说明从内容上讲,包括调查什么?调查谁?样本是如何选取的?保密措施的承诺以及调查者是谁?封面信,可能和问卷标题一样,也远没有得到应有的重视。例如,封面信的写法、措辞,对问卷的有效回收、问卷填答质量等，有怎样的影响？有关的研究文献，尚属阙如。然而这里确有相当多的问题，尚待搞清。例如即使是“调查者是谁”，即调查者的身份，在写法上，置于段落开头或是结尾，哪个更好？比较常见的是置于开头的写法，例如，“我们是……”，或者，在段落结尾处以“落款”方式表明“我们是谁”，或者两者兼而有之。问题是，这里有无一般的准则？其次，对于不同的调查场合，即不同的调查项目、调查者或调查对象，其做法应有何种区别？研究者或许应当切记，一旦一项研究进入收集资料的环节，就是一种社会交往，即人与人打交道。研究者的社会阅历、社会经验也许有助于注意、考虑并解决类似问题，但不得不承认，怎样与“陌生人”讲话，始终并非易事。同样，“保密措施的承诺”，怎样用一句话，而能使得大多数被访者在最大程度上减小其不安全感？千篇一律的类似如下的表述，“根据某某法律的规定，我们承诺您的个人信息仅用于研究，不会被用于……”，究竟会有多大用处？提出具体的保密的措施也许更显诚意，因而更值得尝试。比如“本调查无需填写姓名”。然而，如果研究者秉承“被访者角度”这一要旨，尝试作为一名机警的被访者，类似这样的疑问是相当自然的：“怎么找到我的，肯定有我信息”，那么，“无需填写姓名”大概仍属于事无补。如果研究者所得总体信息中确实“没有我的信息”，那么恰当、简明、如实地表述出来，显然有所助益。这就涉及到“样本如何选取”的表述。在调查实践中，常常可以遇到某种强烈的质疑或诘难：“干吗找我调查”。确实，做一项研究，是研究者的事情，不是被访者的事情，“干吗找我”“干吗烦我”，理所当然，尤其是，当大量“无甚意义”的低质量调查充斥其间，我们甚至要说，是“理所应然”。所以，除了通过“样本如何选取”表明这项调查对于被调查者来说是“安全的”，还要能够传达出：这项调查的抽样是严格的且专业的，从而表达出这一项研究是有意义且严肃的科学研究的一部分。“调查谁”的表述，例如通常的写法是类似“为了……，我们对全市居民进行了这次调查”，或者，“为了……，我们对全省大学生进行了这次调查”，等等。这里并不需要对全市居民，全省大学生进行严格的总体界定，因为问卷的读者（或听者），无论是自填问卷，还是面访问卷，最终都是被访者，而不是研究者所在学科的同行。“调查什么”的表述，显然和调查问卷的标题具有同样的重要性，因为它既是研究问题的一般概括，也是问卷标题的适度展开，以便给出令人感觉有兴趣，感觉有意义的有关调查什么的进一步的信息。和问卷标题一样，仍需注意，这一既是“一般概括”，又是“适度展开”的“调查什么”，其读者对象仍是被访者，因此并不适宜用纯专业术语来概述，而要转为适合于被访者的表述。“调查谁”“样本如何抽取”和“调查什么”三者最为简洁明了，而又在一定程度上显得“专业”（以及“科学”）的写法或可如下例：

“为了研究……，我们对全市……开展此项调查，您是我们以严格的（或科学的）（概率）抽样方法抽取的代表之一。”

其中，括号中的替换选择，是为针对不同类型的调查对象所设计，比如我们调查的是大学生，由于文化程度相对较高，我们大可用“严格的概率抽样”这样的表述。而如果调查的是城市居民，或者在农村进行调查，由于文化程度差异较大，我们大致用一般性的表述，即“科学的抽样方法”。还可注意到，“代表之一”这样的表述，包含了某种“赋予责任”的含义，而这也是有利于被访者合作的动机之一。

总之，通过以上关于调查什么、调查谁，样本如何选取，保密承诺以及调查者身份各项，提供给被访者的，应当是有趣、安全、有意义、有责任，小小麻烦等信息。自然，别忘了，还有感谢合作的信息——真诚的、简洁有力的表达感谢的短句。

2.6.2　问答准则

一份问卷的主要篇幅，是问卷问题的问和答。毫无例外，问卷的问题，主要地是封闭式问题。所谓封闭式问题，即提供备选答案的问题。因此我们把注意的重点放在包括了备选答案的问题上，即问卷问题的问和答。设计问答的一个最基本的准则，可以概括为研究者可以（尽可能）确定关于回答者的以下四个方面：理解一致，能够回答，易于回答，以及愿意回答。其主要的含义是：首先，被访者对问答能够有尽可能一致的理解，包括与研究者的理解一致，以及不同的被访者都能够一致理解问题（Fowler，1995；扎加等，2007）。由于被访者是随机的——从总体随机抽取样本，所有被访者都有可能被抽到——这实际上意味着，总体中的所有成员，要能以一致的方式理解研究者的问题所表达的意思。这是所有准则中最为困难的一个，而这种困难来自于复杂的人类交流的本质，研究者所能做到的，不过是竭尽所能，尝试减少这一本质困难所带来的不利影响。研究者应当能够深刻理解这一点：理解一致，问题的回答所给出的信息，才是在“按照一个尺度来度量变量”，其量值才有确切意义。如前所述，社会科学的变量，主要是通过被访者对问卷的回答来测量的。问卷的一个或几个问题测量了一个变量，被访者在这个变量上的测量值，只有在理解一致的前提下，才有可能是一个确切的有意义的度量。其次，被访者对问答能够理解，不超出其知晓范围，不超出其理解能力范围。当然，一些知识调查（quiz）例外，因为在这类调查中，能够回答有关知识的问题的水平或能力，正是研究所要测量的。比如人们熟知的科学素养调查，即属此类。第三，确保问卷的问题对被访者来说，无须“努力”，无须“为难”，即可回答。例如问“你平均每天用于学习的时间是几小时?”，就是一个需要计算，但无法计算的问题，因为首先需要确定计算平均的天数。即使改变问法，如“过去的七天里，你平均每天用于学习的时间是几小时?”，对于被访者来说回忆和计算的负担仍然过大了。——而且还需假定被访者都（一致）明白“什么（不）算学习”。第四，尽量避免问题对于被访者的“刺激”，问题要符合基本的人伦或社会常识。愿意回答,在一般情形下,更主要地包括被访者愿意提供真实的信息。有意对回答加以修饰,一般认为来自于问答中的"社会期许",而这又是人类交流的特质之一。

在这一总的准则之下,有关具体的准则可以列出一个长长的清单。如:

(1) 问题要清晰明确。

(2) 问题要使用日常语言(符合日常语言习惯)。

(3) 问题的语言用短句而不用长句(如复合句)。

(4) 不提包含学术性术语的问题。

(5) 问题和答案不能包含双重或多重含义。

(6) 问题的答案要确保既完备又互斥。

(7) 不用否定的方式提问。

(8) 不提各种需要过多"计算""回忆""思考"的问题。

(9) 不提被访者不知道、不了解的问题。

(10) 不提令被访者感到"敏感""反感"或"有威胁性"的问题。

……

这一清单的长度还可以继续不断地延伸下去。这看起来,问卷的设计,几乎是一件"不可能完成的任务"(mission impossible)。诚然,只要我们记得,问卷除了是一个测量工具以外,它还是一种"人际交往界面"。众所周知,又有什么能够比得上人际交往之困难呢,何况,我们又要通过这一特定的且不充分的人际交往方式,来尝试获得可靠的并且有效的信息。

2.6.3 问卷版面

问卷版面的设计,是一个较少见诸专门讨论的方面,因而或许常被忽视。其原因可能在于,版面的设计似乎很难强行给出一定之规,因为人们"审美"不同。一般我们看到的官方或专业性机构的大型调查,例如许多全国性调查,其问卷版面的设计对于多数被访者来说，可以说是“爽心悦目”的，往往可作为研究者设计问卷版面时的参考。但对于不同的调查场合，不同的调查对象，版面设计的千篇一律的“照搬”既无必要也无益处。重要的是，我们此处提出“问卷版面”的问题，目的在于提示，这与问卷设计的其他方面一样，也是一个重要的方面。因为，基于与上述“问卷标题”以及“封面信”相同的道理，读者第一眼进入眼帘的，也更可能是整个问卷的版面。可以想见，读者一瞥之间，一个版面有明显毛病的问卷，是很难有取得被访者合作的可能性的。相反，版面整体的“协调”“美观”“简洁”以及“专业”等，所能给读者带来的即时感受，这种感受所能起的作用可能是相当微妙的。我们愿意相信，甚至在读者本人也未必有明显觉察的情况下，它可能就已经以某种“积极”或“消极”的情绪体验，影响着他或她的合作态度以及完成问卷填答的“工作态度”，其结果是，利于或者不利于问卷的填答质量，以及问卷的回收。事实上，在人际交往的角度上，一份至少在基本的方面经过认真设计而无错漏的问卷版面，也体现着对读者的基本尊重，而这往往是极其重要而且也是最为基本的。

一些最为基本的设计要素包括但不限于，例如问卷正文的字体、字号、行距，问题和答案的序号样式，问卷标题、封面信、指导语的编辑样式，等等。这些设计要素的处理（此处以编辑软件 Microsoft Word 为例来说明），一个基本的原则可能是，从被访者的日常习惯出发，例如对于问卷正文，5 号宋体应当是合适的，因为人们接触到的大多数纸质书面读物多为 5 号宋体。同样道理，行距也不宜与日常多数情况下相差过大，例如 1.5 倍行距可能大了，单倍行距可能小了，而 18～20 磅或许合宜。和任何公开发表的作品一样，标题的编辑当然与正文有别，封面信或可选择不同于正文的字体，其中重要的字句应可“加黑”，例如有关保密措施的承诺以及表示感谢的句子等。指导语根据我们进行调查的经验，应当“加黑”以使其醒目，集中指导语段前段后增加间距以使其突出。问卷问题的序号的设计常有许多选择,例如小型调查通常连续编号,大型调查则常按不同部分编号,如 A1, A2, A3, …;B1, B2, B3, …一组问题的编号则如 A201, A202,…我们非常不建议选择序号例如类似①②③……这样的样式,一是编辑需要插入方式且最多支持不超过 20 个序号,二是问卷卷面上许多圆圈,未必简洁美观。我们相信,“协调一致”“简洁美观”“专业认真”是处理这些基本设计要素,以及更复杂的例如跳答题、表格等设计的基本要求。值得强调的是,版面需要精心设计,但切忌过度设计。

第 3 章　概率抽样

抽样的目的,是获得一个随机样本。这里,“随机样本”应理解为一个数理统计上的术语,而不能望文生义。日常人们对随机样本之“随机”“样本”的理解,往往是不足的,或者是有误的。随机并不只是依据“随意”“偶然”,或“不是主观”,而“样本”也不仅是“从总体中抽出一部分”这么简单。随机样本,是运用统计这一工具的一个前提,换句话说,统计推断要求样本是随机的,以便我们根据抽样分布,由样本统计量来估计或推断总体。抽样时,必须运用概率抽样的方法,即保证总体中的每一个体被抽到的概率是可计算的,其目的是由此可有符合统计推断要求的随机样本。概率抽样包括不等概率抽样和等概率抽样(注意区别于非概率抽样)。后者是指总体中所有个体都以相等的概率被抽到。本章内容主要着眼于等概率抽样的几种主要常规做法,讨论几种最为基本的等概率抽样方法,以便进一步讨论在进行一项具体的研究时,如何有效且灵活地运用这些概率抽样方法,如何平衡抽样的精度和研究成本。更多有关随机样本的数理原理,参见第 6 章有关“总体和样本”以及“抽样分布”的进一步讨论。

3.1 基本术语

3.1.1 总体与样本

简单来讲,总体是一个定义完好的集合。这里有两个要点,其一是“定义完好”,其二是“集合”。定义完好的结果,就是理论上存在着一份现成的(总体)名单。例如,我们有一项研究,题目是“大学生学业成就研究”,旨在研究大学生的学业成就之高低到底是受哪些因素影响的。仅从题目来看,我们研究谁?当然是“大学生”,然而,这还没有加以完好定义。我们可以有一系列的疑问:“大学生”一词所指是什么?哪里的“大学生”?……一个完好定义的总体,可以如:某高校四年制本科生,或者,也可以是某省甚至全国的高校,等等。值得注意的是,这里的完好定义,暗含了“时间”这一要义,意味着“现在这个时间或时间段”。也就是说,一个定义完好的总体至少包括三个要义:对象、空间和时间,即明确界定特定时间和空间上的对象。这样,这份总体的名单“理论上”是存在的,但即使在这个十分简单的例子中,这样的名单也并不容易得到。对于一名社会科学的研究者来说,即使只是一所高校的总体名单,也同样是不易得的。总体作为一个“集合”,是由元素或由元素构成的子集(通常称为群)构成的。本例中,构成这一集合的元素是符合我们所指称的一个个的个体(每个四年制本科生)。而总体这个集合,是由全部这样的个体构成的。这也就意味着,在实际抽样时,首先要严格检查所得总体名单的完整性,即有无缺失、遗漏,有无重复等。然后,我们把经过检查的总体名单编号并排序,得到一个可用于抽样(例如用随机数表进行简单随机抽样)的总体名单,这通常称为抽样框(sampling frame)。

样本,粗略来讲,就是从总体这个集合中取出的一个子集合。换句话说,就是从抽样框中抽出一部分,得到一个“子名单”,相应于总体名单,我们也可称之为“样本名单”。样本名单中的每一个体,即是我们的访问对象。抽样的目的,就是为了得到这一样本名单,以便我们根据这一样本名单,访问其中的每一个个体,以收集信息(数据)。

3.1.2 抽样单位和观察单位

抽样时所抽选的元素(元素抽样)或元素构成的子集(群抽样),称为抽样单位。反过来说,抽样单位是这样一些元素或元素子集,我们抽选这些元素(子集)进入样本。前者每一个抽样单位只包含一个元素,后者则包含一些元素。现在我们就以上述某高校大学生的例子来进一步加以说明。如果我们直接从全校学生名单中抽选一个个学生个体,学生个体即是抽样单位。如果我们设法找到全校的班级名单,制定班级抽样框,先从中抽选班级(群,或者由元素学生构成的一个子集),则班级是抽样单位,班级包含了一些元素,即一个班级的一个个学生。这是一个多阶段抽样(这里是两阶段)的简单例子。很明显,在上述例子中,由于研究的是某高校大学生的学业成就,分析单位是大学生,因此我们首先关心的是有关大学生这一分析单位的各种变量,例如学生的成绩(假定以GPA来测量)、性别、年级、地区、家庭背景(例如以家庭收入、父母教育程度等来测量),以及还可以有比如勤奋程度、高中成绩等。这些变量的信息,直接可由一份由学生填答的问卷来提供,因此,这里的观察单位,即是大学生个体。观察单位就是用来获得变量观察值的单位,在调查访问时,观察单位即是被访者,回答者。在上述这个例子中,抽样单位、分析单位和观察单位是相同的,这是比较常见的情形。但例外也有不少,例如入户调查中,户主提供一户中所有人的资料或者所有小孩的资料。对前者来说,回答者也即观察单位是户主,分析单位是居民。对后者来说,观察单位仍是户主,而分析单位则是小孩,小孩个体是一个定义完好的小孩总体的元素,但户主不属于小孩总体。这种情形还可出现在类似的场合,比如在小学中对学校儿童进行调查,回答者可能是教师,抽样则可能是从教师总体中进行抽选,那么最终抽样单位是教师,而此时分析单位则是学校儿童。对于上述大学生学业成就研究中的两阶段抽样,分析单位是大学生,抽样单位在第一阶段抽样时是班级,从抽到的班级中再抽选大学生,即第二阶段抽样的抽样单位是大学生,而且也是观察单位。

3.2 非概率抽样及其问题

本节先讨论一些人们日常惯用的抽样方法,以便我们可以识别,为什么它们是非概率抽样方法,以及非概率抽样方法所能适用的范围和场合,主要目的在于澄清有关这一类抽样方法的种种误解和误用。

经常可以见到,人们在街头、路边,或者某建筑物前,通常是有较多人的场所,进行着的所谓的“随机”访问,或“随机”调查。例如,大学生社会实践活动中,也常常需要进行抽样调查。在学校的图书馆、食堂、教室等较多人集中的地方,也经常可以见到各种“发问卷”的场景,这一过程也经常被称为“随机”调查。这里问题倒并不仅仅是一个名称的称谓问题,而是这样调查所得到的数据,往往被用于直接推论总体,尽管其实有关所涉总体本身,也还不甚清楚明了。不妨设问,这一调查过程调查了谁?换句话说,这项研究的总体是什么?经常的一种争辩是:总体当然是大学生,因为例如见到老师或者年长者,问卷就不会发给他或她。然而,在发问卷的现场,根据什么来判断哪些年青人是符合研究者定义的大学生?这里大学生的定义是什么?与“发送”问卷不同,“发”问卷,意味着实际上事先并不知道要发给谁,而是方便或者正好碰到谁,问卷就发给谁,这也是“随机”这一说法的由来。在这里,如果“随机”一词的含义仅是这样,看起来确实“不是依据主观确定的”,而是交由“偶然”,然而,这都并不等于随机,随机的意思,是“随机会而定”。偶然与随机,此处看似有些许关联,但尚不属同一回事。“随机”一词在数理上的含义,可见后文详述。我们首先知道,为了得到一个随机样本,我们常要求使得总体中每个元素要有相等的概率被抽到。而"发问卷"这一过程无法保证这一点。仅需指出一点:特定时间内,一些个体位于特定地点的概率为零,因而被抽到的概率为零。事实上,在特定时间处于特定地点的个体,永远都只是总体内的一小部分。例如,某时在某个教室上课的学生,或者某时去图书馆的学生,某时在某个食堂用餐的学生,等等。因此,类似上述"发问卷"这种"抽样"方式(姑且这么称),不可能是等概率抽样,并且也不可能是概率抽样,因为概率不可计算。一般把它们称为偶遇抽样、方便抽样,也称为"就近法"(本书倾向于使用这一名称,以便与"抽样"这件事区别开来,下文的"立意法"也类似)。就近法作为一种非概率抽样方法,当然也并非完全没有价值。例如,在不以推断总体为目的试调查中,就也有其用处,事实上此时只需要就近法即可,取其方便和效率。其他的一些非概率抽样方法,常见的还包括判断抽样以及配额抽样。

判断抽样(judgmental sampling),也叫"立意法"(purposive sampling),是研究者根据自己对总体的认知或了解,选定一个样本,并认为它是最有代表性的样本。因此,样本的选择是基于研究者的主观判断,或者准确地说,样本的选定并不基于可计算的客观基础,因而没有依据可对其样本进行评估。例如,我们在某个大学城,选择"985"高校、"211"高校,以及普通高校各一所,以便调查例如不同类型高校的学生就业率,但这样的数据用来推论到该大学城的全部三种类型的高校就并不适宜,因为样本的代表性无法评估。另外,高校中的学生座谈会或教师座谈会,选择"有代表性的"学生或教师汇总"典型"意见,也是常见的例子。和就近法一样,立意法更多地也是用于试调查:在问卷设计的初步阶段,研究者根据对总体的了解有目的地选择适当的被访者,以便通过被访者的回答,对问卷问题的设计加以检查。

配额抽样,表面上看和分层随机抽样类似,都是先按某个标准把总体分类(分层),然后在各类中按与总体一致的比例来抽取样本,但是,实际上两者在抽样的做法上,是大大不同的。配额抽样是那种抽取“一年级文科男生”一类的抽样(偶遇抽样)。或者我们干脆说,配额抽样是按比例的偶遇抽样,因而与分层随机抽样在本质上是完全不同的。举例来说,假如在某高校进行调查,总体是四年制本科生。男女生比例是 35∶65,即男生占 35%,女生占 65%。年级比例是 1∶1∶1∶1,即从一年级至四年级,各年级各占 25%(这意味着该学校每年招生人数不变,或其招生人数增减变化可以忽略)。文理科比例是 7∶3,即文科学生占 70%,理工科学生占 30%。那么“一年级文科男生”占总体的比例为 35%×25%×70%=6.125%。如果总体的学生数是 10 000 人,则一年级文科男生为 612.5 人,假如我们打算抽取一个样本规模为 100 人的样本,即抽取比例为 1%,则抽取一年级文科男生 6.125 人。这个要抽取的人数确定以后,我们只要到学校食堂、图书馆或教室等地方,在人数较为集中的时候,询问 6.125 个“一年级文科男生”,即向他们——“发问卷”。其他各类别,做法一样。例如一年级理科男生,那么“抽取”2.625 名。现在我们在抽取二字上打上引号,其意明显,因为实际上这不是一个抽样的过程(抽样总是指从抽样框中来抽取),而是按比例“发问卷”的过程。可以想像到,如此这般实际发问卷的过程是这样的:通过询问碰到的某个学生,是几年级,以及是什么专业(性别无需询问),如果一年级文科男生所需人数已满,则不再发问卷,即不再需要这一类别的学生填答问卷。其余情况,类推。由本例可以看出,配额抽样无需总体名单(而分层随机抽样是必须要有总体名单的),而只需要知道总体规模,以及各类规模占总体规模的比例,即可实施——访问。与随机抽样的“可计算概率”性质不同,上述配额抽样尽管是在三个分类标准上按比例“抽取”的,但并不是按一定概率进行的(因为“抽取”方法是就近法),因而不具有“抽取概率的可计算”特征,在这一点上,配额抽样与偶遇抽样类似,都是非概率抽样——因而,并不适用于需要统计推断的研究场合。此外,还可以注意到,上述按三个分类标准进行的配额抽样,一年级理科男生是抽取 2.625 名,假如再加上一个生源地标准,假定来自农村和来自城市的学生比例是 8∶2,则来自城市的一年级理科男生人数是 52.5,按抽取比例 1%,则要抽取的人数是 0.525 个!也就是说,在上述例子中,所涉及的分类标准——也就是研究变量,即性别、年级、专业、生源地(地区)——如果为了与总体在所有分类标准上保持一致比例,那么这个变量的清单还可以更长。同样,如果每个分类标准下不止本例中的几类,如专业不仅仅是文理科之别,而是分为例如经济管理类、人文法学类、理学类、工学类,而地区变量也不仅是农村和城市两个值,比如分为农村、县级市、地级市等,其结果是,按比例所要访问的人数远不足 1 人,尽管可以通过放大抽样比例并在汇总数据时进行加权处理,从而解决这一问题,但是另一个很明显的问题是,找到最终细分类别下的访问对象,在按上述“就近法”进行访问(就是发问卷)时,为了确定一个最终类别,询问就将变得极其烦琐。当然,为了解决这个问题,也可以不用“就近法”进行访问,而改用“立意法”。在本例中,假如我们不论如何,认为文科学生中,法学专业的学生是最具有代表性的,并且不论如何,我们认为一班学生是三个班级中最有代表性的(假如法学一年级有三个行政班,一班是其中之一),那么我们就找到正在上课的法学一班,然后再找到该班那些不论如何我们认为有代表性的男生,这样我们就可以用“立意法”访问 6.125 个“一年级文科男生”!

3.3　简单随机抽样

简单随机抽样(simple random sampling,SRS),看起来颇为

简单:从包含 N 个元素的总体中,按相等的概率抽出 n 个元素($n<N$),由此得到一个样本大小为 n 的样本。然而,这一描述却还是过于简要或模糊的。事实上,有关简单随机抽样,在不同著作中有着不尽一致的定义。例如,卡尔顿(G. Kalton)把简单随机抽样正式定义为:"来自总体 N 个元素的由任意可能的 n 个不完全相同元素组成的子集,都有同样的可能性被选为样本。"并且,"这个定义意味着,总体中的每一个元素都有相同的概率被选入样本,但上述定义要比这更严格。"(卡尔顿,2003)[5] 可以注意到,上述定义中使用了" n 个不完全相同元素组成的子集" 这一表述,"不完全相同"意味着 n 个元素中,有些可能是相同的,或者说并不强调 n 个元素都是不同的。这与基什(L. Kish)的定义有很大的不同。基什给出了简单随机抽样的一个可操作定义:"从一个随机数字表中按等概率选出 n 个不同的数字,它对应于 N 个总体元素号码中的 n 个不同号码。从名单上选出来的号码必须代表唯一确定的 n 个不同元素",因此,"在 n 次陆续抽选的每一次中,每个未曾选中的元素都有同等被选的概率,但已选过的号码就不能再选了。"(基什,1997)[39-40] 上述卡尔顿的定义实际上相当于一个"罐子模型"中的放回抽样,而基什的操作定义则相当于不放回抽样。放回抽样中,总体中的每一个元素都有相等的概率被抽到,但样本中有可能包含相同的元素。而不放回抽样中,正如基什所言,在 n 次陆续抽选的每一次中,那些之前未曾选中的元素都有相等的概率被抽到,在这个方法中,样本中的元素都是完全不同的。可见,基什的定义是更适合于实际应用的。同样地,卡尔顿也提到"在坛中抽选"和"在随机数字表中抽选" 时,一个元素被抽到一次以上的问题,这与抽选时放回或不放回有关。对于不放回的抽样,抽选 n 次可以得到样本大小为 n 的包含不同元素的样本,而对于放回抽样,抽选 n 次所得到的样本,其样本大小有可能小于 n。因此,在实用或操作意义上,抽样调查专家们的意见实际上是一致的(卡尔顿,2003)[7]:即不

放回的抽样叫做简单随机抽样，而有放回的抽样叫做无限制抽样。不放回抽样表明了一种限制，即它限制了元素重复出现的那些组合(基什，1997)[41]。

为了便于更清楚地理解以上所说的这些看起来颇为复杂的概念，有必要对所谓的“罐子模型”，以及“随机数字表抽选”作一些较为详细的描述。我们可以从日常人们所熟知的“抽签”开始。

例如，为了研究某高校法学院学生的学习成绩，我们可以设法得到该学院学生的名单，并将它们按号码排列起来，每名学生给一个号码。假如学生总数是550人，我们需要从中抽出110名学生的样本。抽签的具体方法是，准备好550张卡片(这就是“签”)，每张卡片上写上一个号码，将这些卡片放入一容器(盒子、坛子或罐子)中，并充分混合均匀，然后从中任意取出110张卡片，卡片上的号码所对应的110名学生就构成了一个简单随机样本。需要指出，“任意取出”，这里可以有两种含义，即一次取出，或者陆续取出(一个个取出，并且不放回)。一般情况下，是指陆续地一个个地取出，直到取出110张卡片，因为可以想像一次取出正好110张并不太现实(不大会正好110张?)，但理论上确实可以包括一次取出的情形，而且这两种程序实际上是等价的(冯士雍 等，1996)[24]。还可注意到，“充分混合均匀”这一要求，因为它保证了盒子中卡片是“随机化”的，即没有偏倚，对每张将被抽选的卡片来说都是“公平”的。显然，这不过是一个假定而已，因为并没有证据可以证明盒中卡片是随机化的。而且我们可以想像，薄薄的卡片可能很难把它们搅均匀。当然，我们也可以把卡片换成“质地均匀”的小球，以便更容易把它们搅和均匀。事实上，“罐子模型”就是从罐中抽取小球，但罐子模型中小球的随机混合同样还是一个假定。此外，我们还可以注意到，即使对于本例来说，虽然总体学生数还不算太多，但准备550张卡片并写上号码，也是一件枯燥乏味且费力的工作。因此，用抽签方法，尤其当总体元素 N 很大时，就相当不实用。当然,“罐子模型”在概念上或理论上自有它的用处。

在抽样实践中广泛使用的是“在随机数字表中抽选”。但值得指出,一般计算机软件生成的随机数,实际上是“伪随机数”,而真正的随机数是由物理过程产生的,比如掷随机数骰子、转轮盘等。最为著名的随机数表,是兰德公司(The RAND Corporation)的《百万乱数表》(*A Million Random Digits with 100,000 Normal Deviates*),它的随机数是由电子轮盘(electronic roulette wheel)生成基本表,并经再随机化(rerandomization)而产生的(RAND Corporation, 2001)。由于随机数表的每一位数,每两位数,以及以此类推更多位数,都以相同频率出现在表中(卡尔顿,2003)[6],因此,以我们上述“罐子模型”的概念来讲,它是一个真正的随机化的“均匀混合”。在上述例子中,如果学生的号码是 001～550,那么我们需要在 001～550 的范围内,从随机数表中选出 110 个三位数的随机数,表 3-1 是这一过程的一部分:

表 3-1　在随机数字表中选择随机数

随机数表中的随机数		选出的随机数	
10097	32533		325
37542	04805		048
08422	68953		
99019	02529		025
12807	99970	128	
66065	74717		
31060	10805	310	108
85269	77602		
63573	32135		
73796	45753		

具体的做法是:先在随机数表任意的行和列选取一个三位数的随机数(即选择起点),然后始终按照一个方向或顺序(比如从上

到下，再从左到右）进行抽选。比如我们恰好选定上表中的第1列第4行（任意指定随机数表中某个列号和行号），并用5个一组随机数中的前三位数（任意三位数都可以，关键在于要始终按同一个做法），也就是99019这一组随机数中990是起点，由于大于550的数我们弃之不顾，继续往下数会数到128，310，则对应号码为128，310的学生就入选样本。这一列数完再数右边的一列，从上到下，则325，048，025，108入选样本……，这样直到选出110个随机数作为中选的号码，号码对应的学生就构成一个简单随机样本。

用随机数表来选择样本，也有以下几点值得注意：其一，按上述方法抽选时，同样也会出现一个元素（学生）有可能被选中两次或以上的情形，比如我们一直数下去的过程中，128这个随机数可能还会再次出现。如果我们把再次出现的随机数跳过去，也就是只将第一次中选的元素计入样本，而忽略重复中选的元素，直到选出110个学生，那么这相当于不放回抽样。如果不把再次中选的元素忽略，即把每次中选都计入样本，那么相当于放回抽样，此时实际选出的样本元素数目就小于110。由此，不放回抽样的精度就要略高于放回抽样。因此，实际抽样中往往避免同一元素被两次中选，也就是说，我们使用不放回抽样，并称它为简单随机抽样。其二，上例中，总体中元素我们是连续编号的，即从001号编号至550号。但实际抽样中连续编号并不是必需的，也就是说，编号可以有"空白"或"间隔"，只要在每次抽选遇到"空白"号码时，忽略它，并继续抽选直到选出预定的样本大小即可。其三，和抽签一样，用随机数表来选择样本，实际上也是一件相当令人乏味的工作，而且，当样本大小n比较大时，比如500，也难保在数随机数时不出差错，更成问题的是，前面已经数到的随机数在后面再数到时，也有可能已经忘记了，很难记得是否曾经出现过，而事后核对的工作同样相当麻烦或易错。

有关简单随机抽样,还有若干问题值得进一步讨论。首先,由于我们把简单随机抽样看作是相当于“罐子模型”中的不放回抽样,它只能是“在 n 次陆续抽选的每一次中,每个未曾选中的元素都有同等被选的概率”,而不是“总体所有 N 个元素都有相同的中选机会”,因此,在这个意义上,就还不能直接称它是一种“等概率抽样”。从总体 N 个元素中抽取任一个元素,其概率是 $1/N$,抽掉一个元素后,再抽取任一个元素,由于此时总体元素已少了一个,因此概率为 $1/(N-1)$,以此类推。只有在总体 N 相当大,以至于无限总体的情况下,抽取元素的概率差别才可忽略不计。当然,实际抽样中,总体 N 一般来讲总是足够大的,这样,简单随机抽样就可看作“总体中元素都有相同概率被抽选”的等概率抽样。并且,从总体 N 个元素抽出的包含 n 个元素的子集,也都有相同的概率被选为样本。这一特点是一些更为复杂的等概率抽样方法不具备的。其次,对于实际抽样来说,简单随机抽样除了抽选过程中的费时费力以外,它通常很少被单独使用的另一个原因,还在于总体名单通常并不容易获得,或者对于大规模抽样调查来说,编制抽样框成本过高,可以把两者合称为“抽样框不易得”。再次,简单随机抽样之所以重要,一是由于它是其他复杂抽样的基础。其他的更复杂的抽样方法,也都可以看成是对简单随机抽样的一种限制或修正。二是简单随机抽样的数学性质相对简单,统计理论中所假定的随机抽样,尤其当考虑无限总体时,基本上也就是简单随机抽样(有关 IID 样本的进一步讨论可详见第 6 章)。三是从抽样理论来说,简单随机抽样还提供了某种方便的比较基准,以衡量复杂抽样方法的设计效应(郭志刚 等,1989)。

3.4　等距抽样

等距抽样,就是“隔几个抽一个”,这可以说是日常最广为人知的抽样方法。相比用随机数表来抽选，等距抽样可以大大减少查随机数表所需的工作量。由于简便易行，等距抽样有着广泛的应用。对于 N 个元素的总体来说，如果要抽取 n 个元素的样本，那么抽样间距是 $k = N/n$，也就是每隔 k 个元素抽选一个元素，而第一个要抽选的元素，称为随机起点 r，通常是在第一个抽样间距所包含的 k 个元素中，用随机数表来抽取。也就是说，第 r 个元素是第一个要抽选的样本元素，第二个要抽选的样本元素则是第 $r+k$ 个，其余则依此类推。因此，要抽取的 n 个样本元素的顺序就是 r，$r+k$，$r+2k$，$r+3k$，…，$r+(n-1)k$。

对于上一小节的例子来说，要从 550 名学生的总体中抽取 110 名学生的样本，抽样间距是 $k = N/n = 550/110 = 5$，也就是每隔 5 人抽选 1 人。假如我们从第 1～5 名学生中抽取的随机起点是第 2 位学生，则中选的样本就是总体名单上第 2，第 7，第 12，第 17……，一直到第 547 名学生。这个例子中，总体规模 N 除以样本规模 n 正好是整数，因此比较简单。但如果总体规模不是 550，而是比如 600 人，则抽样间距为 $k = 600/110 = 5.455$。把抽样间距四舍五入，是一个简单的处理办法，但四舍五入的方法会导致样本量的改变，如果取 k 为 5，则样本量增大变为 120，取 k 为 6，则样本量减少为 100。当 N 远大于 n，即 k 很大时，这种样本量的偏离不会很大，因此有时四舍五入的方法是可以接受的。另外，有作者认为，“在实际问题中，若 n 比较大，例如 $n \geqslant 50$，就可以不考虑 N/n 不是整数的问题。”（冯士雍 等，1996）[233] 但假如认为本例中样本量的改变不能接受，则可采取其他方法来解决。第一种方法相当于把总体名单的排列看成是“循环”的。具体做法是先将 k 四舍五入，然后在总体名单范围中（$1 \sim N$），随机抽选一个学生作为随机起点，由此起点开始进行等距抽样，超过 N 后，再连接到 1，直到选出预定大小的样本。如本例中，假如在 1～600 之间随机抽选的起点为 $r = 447$，则中选的是第 447，452，457，……，597，超过

600后，再连接到第1个号码，则第2，第7，第12……，直到选出110个学生的样本。这样做实际上也就是相当于把号码1看作601，号码2看成602……第二种方法是就直接使用非整数抽样间距，即用非整数的k一直加下去，得到r, $r+k$, $r+2k$, $r+3k$, …, $r+(n-1)k$，然后把小数部分全部舍去取整数，以确定中选样本。由于随机数表中都是整数，因此在抽选随机起点时，先把k的小数点后移，使第一个抽样间距转换成一个整数的间距，从中用随机数表选择一个随机数，然后在此随机数上将小数点移回，就得到非整数的随机起点。本例中$k=5.455$，则在1 000～5 455之间选择一个四位数的随机数，假如抽选到的是3 650，则3.650是随机起点，r, $r+k$, $r+2k$, … 就成为3.650，9.105，14.560，… 去掉小数部分，则3，9，14，… 入选样本。可见，中选学生之间的间距有时是6，有时是5，但平均抽样间距则仍是5。

等距抽样实际上是把总体元素分成了n个包含k个元素的区段，再从每个区段的相同位置上抽取一个元素入选样本。因此，随机起点确定以后，其余元素的抽选也随之确定了。这样，一共就有k个可供选择的大小为n的样本(群)。等距抽样就相当于从k个可能样本中抽选出一个容量为n的样本，每个样本的中选概率为$1/k$，而总体中每个元素被抽选到的概率也都是$1/k$。因此，等距抽样是一种等概率抽样。但与简单随机抽样的一个重要的不同在于，等距抽样的样本精度即抽样误差，并不能由从k个可能样本中抽选出的一个样本来计算，而是在很大程度上依赖于总体元素的排列顺序，这就是为什么等距抽样也被称为是“伪随机的”，以及“一些统计学者宁愿完全不用等距抽样”，或者，另一些人“对等距抽样可能引发的问题很谨慎”(基什，1997)[133]。当总体元素是随机排列的时候，可以把等距抽样看作与简单随机抽样是等价的。许多实际情形中，总体元素可以看成是近似随机排列的，例如总体名单是按个人的姓氏笔画(或英文字母)排列的。但有时总体名单也往往是按某种分类来排列的，例如学生名册按年级或班级组成的，这样的分类可以看成是一个层，此时等距抽样就可看作类似于分层抽样。

有关总体元素的排列顺序，有两种偏离随机性的情况特别值得注意，一是周期性排列，二是单调趋势。所谓周期性排列，举例来说，假如学生名册是按班级排序的情况下，如果每个班级的人数都为30人，且女生排在前面，男生排在后面，或者省内的学生排在前面，而省外的学生排在后面，此时如果选择的抽样间距也为30，或30的整数倍或分数倍（相当于k，$2k$或者$k/2$等），如果随机起点选择的是1或2等前面的号码，则将得到一个所有元素由女生组成的样本或由省内学生组成的样本，此时样本就是一个有偏的样本，并且抽样误差也相当大。但是，这种排列情况下，如果仔细选择抽样间距，有时就能充分利用排序中的已有信息，就相当于这些排序就能够构成一个隐含的层，此时等距抽样就相当于分层抽样的一个特例，即在每一个隐含层中抽选一个元素，这就有可能有助于提高样本的精度，减少抽样误差。可见，研究者对于总体情况的充分了解十分重要，而这需要充分的研究或足够的经验。第二种情况是所谓单调趋势，就是某个调查变量在总体中的排列呈单调增加或减少的趋势。举例来说，如果高校的教师名册是按“专业技术岗位等级”由高到低排列的，比如专业技术一级到专业技术十三级，那么其收入也就是按由高到低排列的。在这样的总体中进行等距抽样，就会随着在抽样间距$1\sim k$中所选择的随机起点的不同，得到收入样本平均数大小不同的样本，因为在$1\sim k$中选定一个随机起点后，在其他区段中也是在相同位置上选择样本元素，很明显，选择$1\sim k$中的第一个元素和最后一个元素所得到的样本，前者的平均数就会比后者大得多。同时，这样的单调趋势就导致k个样本的平均数之间的差异。对于上述两种情况，除了对总体排列进行仔细研究和考察，从而排除“周期性”和“单调性”带来的问题，也还有一些其他的“技术手段”（基什，1997）[133-134]可以用来或多或少地解决问题，例如：1）一般认为可以通过把总体名单的排序“弄乱”，从而使之随机化。但这种方法一是麻烦，二是总体中原来的分层性质也就不存在了，因此实际工作中很少采用。2）在抽选过程中改变几次随机起点，也就是把 n 个区段等分为若干组，在每个组中使用不同的随机起点。3）可以 c 次使用抽样间距 ck，而不像常规等距抽样时仅是一次使用抽样间距 k。4）在相邻的两个区段上，使用对称等距抽样。

等距抽样是由于其简便性而被广泛使用，然而，我们可以注意到，与简单随机抽样一样，等距抽样也需要包含所有总体元素的名单，换个更准确的说法，它需要总体的完整的抽样框，也就是说，同样面临我们在上文提到的“抽样框不易得”的问题。当然，略有不同的是，在某些不要求固定样本容量的特定抽样调查的情形下，等距抽样也可以不需要完整名册，例如要调查一条街两边的法国梧桐的病虫害的情况，那么只要决定好“隔几棵树抽一棵”就行了，甚至都无须预先了解树的总体规模是多少。此外，我们在上文中，一直是按元素抽样的方式来论述的，事实上，等距抽样与简单随机抽样一样，都更经常地用于“群”（元素构成的集合）的抽样，很明显，只要把“元素”这一用词改为“抽样单位”，那么上文的描述就完全一样地适合于群的抽样。等距抽样常常也并不是单独使用，而是更经常地用于更复杂的抽样方法的某个步骤的抽样中，但是由于总体名单的排序所带来的各种“危险”，对于抽样的初级阶段（整群或多段抽样时），等距抽样应当特别谨慎或者尽量避免。

3.5　分层抽样

分层抽样（stratified sampling），顾名思义，就是“先分层，再抽样”。所谓分层就是按一个或几个划分标准将总体分为相互区别的若干次级总体，这些次级总体被称为层(stratum)。这里“层”的含义并不包含“结构之嵌套”的意思，而更多地是不同的“类”的意思。stratum，其原义是阶层。不同的阶层，尽管有高下之别，但首先是不同的类别，因此分层抽样也被称为“类型抽样”。但“类型”不包含高低、大小等含义，因此，我们沿用更为适当的“分层抽样”这一术语。我们注意到，要“分层”，就要有“划分标准”或者称“分层标准”，这些分层标准，也被称为分层变量。可用的划分标准是来自于总体名单中的“辅助信息”，而分层的目的，就是利用这些辅助信息，以便提高抽样的精确度。仍以在某个高校调查学生的学习成绩为例，我们可能可以得到一份全校本科生的名册，根据我们的经验，名单中将有学生姓名，至少也会有比如“法学1601”或“法学1602”这样的信息，其中，“法学”是专业信息，“16”是年级信息，“01”或“02”则是班级信息，这些都可看作是辅助信息。因此，我们可以按专业、年级或班级来分层，专业、年级或班级就是划分标准，也是分层变量。反过来说，假如名单中没有“性别”这一信息，我们就不能按性别来分层。因此，为了能够进行某种研究者所希望的分层，必要的辅助信息的获取就是一个前提。例如在一些大型的全国性调查的区域抽样中，研究者可以利用的辅助信息可以来自最近一次的人口普查资料，它能提供各个区域的信息(城市、郊区或者农村)以及不同区域的人口或社会经济特征等各方面的信息。一旦能够进行适当的分层，“再抽样”就是一件简单的事了，也就是，只要在各层运用简单随机抽样的方法，从每一层独立抽出简单随机样本，然后把这些样本合并起来，就成为总体的一个分层样本。

上述的例子中，我们按专业或年级来分层，很明显，同一个专业，或者同一个年级的学生，总会在许多的方面，有着更多的相似性。也就是说，相对于总体来说，在所分的层内，其元素有着更高的同质性。由于分层抽样是在各层中均抽取一个样本，也就是说各层均有元素进入样本,因此抽样误差取决于层内的变差。根据抽样理论,“分层抽样中,层间的变差不进入最后估计量的抽样误差中”(冯士雍 等,1996)[55]。也就是说,只要进行了适当的分层,从而使层内的变差相比总体而言更小,那么就可以减小抽样误差。可见,这是相对于简单随机抽样,分层抽样所具有的一个明显优势。抽样误差来自于两个方面:其一是样本规模,即样本规模越大,则抽样误差就会越小。其二是总体中的散布程度,即总体越是同质,则相同规模样本的精度就越高。对于简单随机抽样来说,减小抽样误差的唯一办法是增加样本规模,而分层抽样却能利用第二个方面,即通过适当分层,其作用就相当于减小了总体的散布程度。一般来说,分层抽样的抽样误差至少不会比相同样本规模的简单随机抽样更高。

在高校学生的学习成绩研究这个例子中,假如我们同时感兴趣于研究比如一年级法学学生的学习成绩,如果采用简单随机抽样,则有可能所抽到的一年级法学学生的人数相当少,其抽样精度可能就过低,不能满足样本精度的要求。此时,分层抽样就有用武之地,这也是分层抽样相对于简单随机抽样的另一个优势。因为对于我们感兴趣的类别,分层抽样总能保证(当总体中这些类别的比例很小时,还可使用非比例分层)抽到此一类别的所需样本规模。而对于简单随机抽样,这一点却无法保证,因为不能排除某一类别实际上可能没有被抽到,或抽到的数量极少的情况。概言之,分层抽样可以有保证地用于这样的情况下:我们需要对一些层或次级总体进行单独研究,或者在这些不同次级总体(类别)之间进行比较。此时这些层或次级总体,也称为研究域(基什,1997)[85]。本例中,如果我们要研究一年级学生的学习成绩,或者比较不同专业、不同年级学生的成绩差异,那么按专业或年级所分的层,就都是研究域(domain of study)或域(domain),我们就是在对它们进行单独或分别的研究。显然,这种情形是相当常见的——全国性调查中，我们总是需要报告或发表分省、分地区的研究结果，就又是一个典型的例子。有时为了保证一些域的样本精度，抽样比的提高就有必要，此时就是不按比例的分层抽样。

所谓按比例分层或不按比例分层，所涉及的是总的样本规模在各层之间如何分配的问题。设 N 个元素的总体中，以分层抽样抽取 n 个元素的样本，以下标 h 表示层的编号。第 h 层的层规模为 N_h，层样本规模为 n_h，则层抽样比为 $f_h=\frac{n_h}{N_h}$。按比例分层，就是按总体的抽样比在每一层中抽样，换句话说，每一层的抽样比都等于总体的抽样比，即

$$f_h=\frac{n_h}{N_h}=\frac{n}{N}=f$$

这也就是，层样本规模 n_h 与层规模 N_h 成比例。上式还可以写为

$$\frac{n_h}{n}=\frac{N_h}{N}=W_h$$

也就是说，层的样本规模占总的样本规模的比例与层规模占总体规模的比例相等，这就相当于把各层占总体的比例在样本中体现出来，因而样本就成为总体的一个"缩影"。还可以注意到，对于按比例的分层抽样，总体中的任一元素，不论它是哪一层的，其进入样本的概率都是 $f_h=\frac{n_h}{N_h}=\frac{n}{N}=f$，可见，比例分层抽样是一种等概率抽样设计。而且，由于各层的权 $W_h=\frac{N_h}{N}$，因此分层比例样本也是一个自加权的样本。

与此不同，非比例分层抽样使用不同的抽样比，因此它是一种不等概率抽样。但是，由于比例分层抽样在提高样本精度方面，通常获得的只是中等的效益，因此，在不同的层中使用特定的抽样

比，从而达到样本规模在层间的最优分配，就成为非比例分层抽样的主要目的之一。所谓最优分配，就是通过选择各层的抽样比，尽可能提高抽样精度，以获得高于比例分层抽样的效益。具体来说就是，在调查变量离散程度较大的层中，增加抽样比，而在离散程度较小的层中减小抽样比。或者，在按元素计算的单位调查费用低的层，增加抽样比，而在费用高的层中减小抽样比。非比例分层抽样的另一个目的，如前所述，在把层作为研究域的情况下，为了给各层分配足够的样本规模，以便保证必要的样本精度——通过使用不按比例的分层，即对规模不同的层使用不同的抽样比：规模较小的层，使用较大的抽样比，而规模较大的层使用较小的抽样比。可以注意到，"最优分配"在样本精度上获得的效益，主要地是对于一个调查变量而言的。"主要地"，其含义是除非调查中的其他变量与该调查变量有较大的相关，"最优分配"的效益就不会惠及其他变量。这样，对于一个变量是最优的分配，对其他变量就未必是最优的。如果对于不同的主要调查变量的最优分配方案相差很远，这时采用非比例抽样实际上是不适宜的。还需指出，由于非比例分层样本不是自加权样本，因而当将各层统计量合并成总样本的统计量时，必须进行加权计算。

无论是比例分层，还是非比例分层，分层抽样在样本精度上的获益，自然还与怎样分层有很大关系。换句话说，选择怎样的划分标准来分层，也就是选择哪个或哪些分层变量，才能使获益最大——对于主要的调查变量而言？我们已经隐含地说明，一个原则是选择对于调查变量而言能够使得层内元素更具同质性的划分标准。但这里存在若干问题：一是分层变量的可得依赖于总体中可得的辅助信息。二是这些可得的分层变量，到底哪些最为符合上述原则？用一句话来表述就是，少数可得的分层变量，选用哪些才最为合适？很明显，这一选择还是受着多重制约的：一是研究目的，例如研究兴趣在于一些研究域，那么我们就要选择这些研究域作为层。二是实际上对于选择哪些分层变量,也就是划分为哪些层,能够获得较大效益,这未必总是一件十分清楚明白的事情。理论上说,选择调查变量本身作为分层变量是最佳的。例如学习成绩研究中,我们把大学生按学习成绩的高低来分层——但是本例中,学习成绩这一变量在调查前是未知的!可见,按主要调查变量来分层往往没有实际的可操作性。但是这个原理却是有用的,因为我们可以利用与调查变量(可能)高度相关的其他可得的分层变量。如果我们能得到总体中每个大学生的"入学成绩",也就是高考成绩(假如来自不同地区的高考成绩可以有比较的准则),那么把高考成绩作为分层变量,就是一个不错的选择。在这项学习成绩研究中,我们还可以选择哪些其他的高度相关的分层变量呢?这看起来颇为受限制,事实也常常如此。但是一些"现成的"变量尽管未必总是高度相关的,但多少总有些相关,例如,性别(假如本研究中这一信息可得)、年级、专业(例如文科或理科,或者其他分类)等,就都可以作为分层变量。值得注意的是,在同时交叉使用两个或以上分层变量时,一方面确实可以进一步提高分层的效益,但另一方面也容易产生更多的层。采用多少个分层变量,每个分层变量包含多少类别,所产生的层的总数就等于各分层变量分类数目的乘积。层的总数多少为宜,取决于分层的工作量或费用,以及分层所带来的效益。分层变量越多,各层分得越细,则越容易得到过小的层,而太小的层对于分层效益几乎没有什么贡献,这是因为分层效益是与层权 $W_h = \frac{N_h}{N}$ 成正比的(基什,1997)[112]。进一步的一些有用提示是:1)用几个分层变量分较少的层比用一个分层变量分许多层,分层效益更高。2)一些过小的层,有时可以将它们合并。3)选择的分层变量与调查变量相关,但分层变量之间最好不相关,因为两个高度相关的分层变量只有其中之一,对于分层效益有用。

分层抽样是一种相当灵活的抽样方法:分层可以相当灵活,分层抽样也可灵活运用于各种情况。例如一些大型的全国性调查中,总体可以先划分为城市与农村两个大的层,然后,城市层可以再按规模分为大城市、中等城市或小城市,而农村层则可以按地理特征分为山地或平原等。与简单随机抽样一样,分层抽样也更经常地并不是单独使用,事实上它比简单随机抽样更为不适合于单独使用,因为它对总体的信息有更多要求。分层抽样更为广泛的应用,是用于整群抽样或多段抽样的抽样步骤中,分别称为分层整群抽样或分层多段抽样。全国性调查中,大多采用分层区域抽样,就是一个例子。运用于各种复杂抽样设计中的分层抽样,通常在多级抽样的第一级,分层的效益十分明显。分层抽样还在其他一些情况下有它的用处,例如有时总体中的各部分适宜采用不同的抽样方法,这就需要先分层。或者有时需要在总体的不同部分采用不同的数据收集方法,分层就将有助于对实际调查过程的管理。

3.6 整群抽样

整群抽样(cluster sampling),是一种"群"抽样,即抽选的是群,并以抽到的群中的全部元素入选样本。"群"这一概念,有时会与"层"相混淆。分层抽样中,层是按一定的划分标准把总体中元素分为不同部分。从集合角度看,我们知道总体就是全部元素构成的集合,那么分层抽样中的层,就是按分层变量划分出来的总体中的部分元素,也就是子集。从一所高校 10 000 名本科生中抽取 400 人,我们曾按年级分层(一年级至四年级),或按专业分层(例如分为文科和理科),这里层作为子集,是学生的子集,即一年级学生集、二年级学生集等,或者文科学生集和理科学生集。卡尔顿把总体看作是由元素组成的若干集合所构成的,这些集合可以作为层来处理(分层抽样),也可以作为群来处理(卡尔顿,2003)[28](整群抽样)。这样,群也被看作是构成总体的一些集合。但应当注意到,作为层的集和作为群的集在性质上是不同的。在本例中,如果我们不是抽选学生,而是抽选由学生组成的班级,再把抽到班级中的学生全部入选样本,那么班级就是一个群。一些学生组成班级,其含义是学生是属于这个班级,因此,这是一种"嵌套"的结构。嵌套结构是广泛存在的,例如班级还可以嵌套于学校,或者班级嵌套于学院,而学院嵌套于学校。班级是由学生组成的,但我们并不能称一个班级为"班级集",因为班级集的意思是由不同的班级构成的集合。如果我们把一个班级看作一个集,例如"法学一班",那么实际上不过是在说比如"法学一班学生集",而不是"法学一班集"(这根本说不通)。现在可以看出,层的概念与群是颇为不同的,层作为总体的子集,例如:按年级分层,我们可以称得到的子集是一年级学生集、二年级学生集;按学生的性别分层,我们把所得子集称为男生集和女生集;或者按专业和班级排序来分层,我们得到上述"法学一班学生集"。换个角度来看,群的概念,实际上是把群看作是构成总体的"元素",并把这样的元素作为抽样单位。本例中我们抽选班级,这意味着我们把原来由学生作为元素的总体,转换成了由班级作为元素的总体。这样,抽选班级就只需一份全校的班级名单,而不是一份全校的学生名单。获取一份全校的班级名单相对而言就简单容易得多,这就是为什么使用群抽样的首要原因:解决"抽样框不易得"这一棘手问题。因为要抽样,就先要有抽样框,否则抽样就无法进行下去。如果不使用群抽样,在大多数实际调查中,可以说抽样框都是不易得的,可以想见,一个城市的人口,其清单有多长?一个省的,全国的,其清单有多巨大?更不用说,多数时候,对于我们定义的总体,其清单或者还不存在,或者不完善,或者要把它制作成抽样框,过于费时费力。

在我们的例子中,班级作为群是合适的。一个学校的班级大致来说数量在几百个,一个班级的学生人数也相差不多。班级的学生人数,即班级规模,也就是群的大小或群的规模。从全校10 000名学生中抽选400名学生,抽样比是400/10 000=1/25,假如全校有250个班级,则按1/25的抽样比抽取10个班级,那么,每个学生被抽到的概率就都等于1/25,因此,整群抽样也是一种等概率抽样。用符号或公式来一般性地表述群规模相等时的情形,就是

$$f=\frac{n}{N}=\frac{a}{A}\frac{B}{B}$$

其中$n=aB$, $N=AB$。上式表示,从A个群中抽选a个群,则每个群被抽中的概率为$\frac{a}{A}$,抽到的a个群中的全部元素都入选样本,每个群的规模为B,则抽到的群中每个元素入选样本的概率为$\frac{B}{B}=1$,它是以抽选a个群为条件的。

但是,如果班级的规模不等,因此以1/25为抽样比抽选10个班级,虽然每个元素被抽到的概率还是相等的1/25,但最后样本的大小不是固定的,它取决于恰好被抽到的那些班级的规模,因此样本大小是随机变动的。实际情况中大多数群都是规模不等的,只有少数是例外,比如军队中一个连、一个排或一个班。由群规模不等导致的样本随机变动会带来不少麻烦,例如在一些大型或中型的调查中,调查员工作量的管理就会成为一个问题。更成问题的是,对于调查费用和样本精度的预计就都是不确定的。样本规模是根据调查费用和样本精度要求来确定的,样本的大小,最大不能超过费用的预算,最小则要满足精度上的要求。当群规模差异较大时,适当控制样本大小的变动是有必要的,尤其要避免少数几个最大的群被抽中的情形,一些可用的方法包括:1)按群的规模分层,然后在大、中、小各层中使用相同抽样比抽取群。

2)对过大的群进行划分,或对过小群进行合并,形成规模相差不大的人工群。

此例中,如果以学院作为群,则看起来并不合适,因为一个学院的规模或许已经超过400名学生的样本规模,再说,一两个学院的学生,很难说能够代表全校学生。整群抽样是从全部的群中抽出一部分群,而抽到的群中的所有单位都入选样本,因此抽样误差取决于群之间的差异,而不是群内部的差异。这一点正好与分层抽样相反,分层抽样是每一层均抽选元素,因此抽样误差取决于层内的差异,而不是层间的差异。因此,从样本精度的角度来说,对于群的最好选择是这样的——群之间的差异小,即同质性大,这也意味着群内的差异大,即同质性小。但这常常与“群”的含义是冲突的,因为“人以群分”这个简单的道理,意味着“群”内个体总是在很多方面倾向于同质,其不利的另一个后果是,整群抽样往往导致群内个体的过度调查。好在,我们还可以有另一个选择,即抽选更多小的群,而不是抽选少数大的群。但是抽选更多小的群,又意味着调查费用的增加,这就削弱了整群抽样方便和经济的优势。可见,样本精度和调查费用这两个要求是相互冲突的,因此只能采取一个折衷的处理办法,即在费用一定的条件下,抽选更多小的群——其含义是:选择小的群,例如在一个城市进行调查,我们不选择街道这样的群,而直接选择居委会。由于选择小的群,对于设计的样本规模n来说,我们就可以抽选更多的群。另一个实际上也常用的办法,就是适当增大样本规模。因为相比元素抽样,由于整群抽样大大降低了调查费用(如访员的差旅费、培训费用、报酬等),因此只要不超过费用预算,设计的样本规模就可以大一些,这也就是抽选更多的群,在一定程度上可以起到弥补抽样精度损失的作用。

有时为了解决“抽样框不易得”的问题,也可以先抽取大的群,再在抽选到的大的群中抽选小的群,最后抽选到的小群的全部元素入选样本。这被称为多级整群抽样。例如在一个城市进行调查,我们先抽选街道,再在抽到的街道中抽选社区居委会,抽到的居委会的全部住户入选样本。也就是说,如果我们没有一个城市的全部社区居委会的名单,或虽有名单,但不完善,或者认为编制这样一份抽样框费时费力,那么获得一个城市的街道抽样框相对来说就更容易。显然这一方法更为方便或经济。但抽选大的群,就意味着抽样误差较大,而从抽到的大群中再抽选小群,将又产生一个抽样误差。

一种替代整群抽样的更好也更常用的方法,就是对抽选到的群进行多阶段抽样。在多阶段抽样中,不是使抽到的群中的全部元素进入样本,而是从群中抽选一部分元素。

3.7 多段抽样

多段抽样(multi-stage sampling),是先抽群,再从抽到的群中抽选元素。这里元素的意思,是指最终的抽样单位,也就是观察单位,有时也称最终元素。上一节的例子中,从全校 10 000 名学生中抽选 400 名学生的样本,我们按 1/25 的抽样比进行整群抽样,得到的样本大小在 400 左右,因为班级规模最多近似相等。但如果我们认为由班级规模不等带来的样本大小变动的问题不能忽略,那么本例中用一个二阶段抽样或许更好。而且由于在抽选班级时,可以用更大的抽样比,这就意味着可以抽选更多的群。比如按 1/10 的抽样比抽选班级,则从 250 个班级中抽选 25 个班级,我们再在抽到的班级中,每个班级抽选 16 名学生,这样得到的样本大小为 25×16=400(方案 1)。还可以按比如 1/5 的抽样比抽选班级,则样本大小为 50×8=400(方案 2)。本例中,假如全校班级名单“不易得”,则也可先抽选院系,比如从全校 20 个院系中抽选 5 个,再从每个抽到的院系中抽选班级,最后从抽到班级中抽选学生,则样本大小可以是 5×10×8=400(方案 3),这就是一个三阶段抽样的最为简单的例子。但是不难理解,这里三个方案在样本精度上由高到低的排序是方案 2>方案 1≫方案 3。方案 2 和 1 都是二阶段抽样,抽样精度远大于方案 3 的三阶段抽样,原因有二:一是院系这个群比班级这个群大得多,二是三阶段抽样比二阶段抽样多了一个抽样误差。多段抽样中,第一阶段抽选的群非常重要,它常被称为"初级抽选单位"(primary sampling units, PSU),PSU 在很大程度上决定着抽样精度。从这些不同的方案中不难看出,在一定"费用"和"可行"的条件下,更好的选择是:1)使用低阶的多段抽样。2)抽选更多的 PSU。3)抽选单位的"级"越低,抽样比越小。

上述例子中,我们保证了所抽选的样本大小是固定的,此时如果各个阶段的群规模相等,则总体中最终元素被抽选到的概率是相等的。从 N 个元素的总体中抽选 n 个元素的样本,我们一般性地来看一个二阶段抽样的情况,第一阶段抽样从 A 个群中抽选 a 个,第二阶段从抽到的 a 个群中,每个群中从 B 个元素中抽取 b 个,则有 $N=AB$,$n=ab$,总体中任一元素被抽到的概率为

$$f=f_a f_b=\frac{a}{A}\frac{b}{B}=\frac{n}{N}$$

其中 f_a 为第一阶段抽样的抽样比,f_b 为第二阶段的抽样比。可见,在群规模相等的情况下,总体中的元素是按等概率被抽选的。值得一提的是,用简单随机抽样方法抽选初级抽样单位 PSU 时,理论上要求是有放回的。但在多数实际情况下采用的是无放回 PSU 抽样,因为如果抽样比 $\frac{a}{A}$ 足够小,则无放回抽样更方便(不会重复抽到 PSU),而它所带来的影响可以忽略。不过,在我们的例子中,A 很小,无放回抽样的影响不宜忽略,尤其在抽选学

院（PSU）的三阶段抽样中更是如此。如果 PSU 被抽中二次，就必须从中分别抽选二个次级单位的样本。因此，抽选 PSU 更常用但也更复杂的方法是用分层抽样或等距抽样。从上述公式还可看到，分层抽样和整群抽样实际都可以看成是多段抽样的特例。当 $a = A$，就是从总体抽选所有的群，这就意味着第二阶段是从所有群中抽选元素，这时“群”成为“层”，就成为分层抽样。当 $b = B$ 时，抽选到的 a 个群中的所有元素入选样本，就是整群抽样。对于三阶段抽样的情况：

$$f = f_a f_b f_c = \frac{a}{A}\frac{b}{B}\frac{c}{C} = \frac{n}{N}$$

式中，第二阶段抽到的 b 个群中，每个群规模为 C，从中抽取 c 个元素。更多阶段的抽样，可以类推。

但是实际情况中，自然群的规模通常都是不等的。即使是从一个学校抽选班级这样的例子，班级规模就是大小不等的，小的班级可能 20 人不到，而大的班级可能超过 50 人，这种情况很是常见的。如果按前述方法，我们从抽到的班级中，每个班级抽选的学生为相等数量 b，则样本规模固然保持不变，即 $n = ab$，但此时抽选到的班级大小不等，其规模就不再保持为一个常数 B，而是大小不等的 X_α（第 α 个 PSU 的规模，这里 PSU 是班级），这样第二阶段抽取元素的概率 $f_b = \frac{b}{X_\alpha}$ 就是不等的。由于在抽到的群中都是抽选 b 个元素，因此，所抽选到的群的规模 X_α 越大，从中抽选元素的概率就越小，群规模 X_α 越小，其中抽选元素的概率就越大。最终，总体中任一元素被抽选的概率就不再相等。由此，为了保证等概率抽样，一个方法是在第二阶段抽样时按相等的抽样比 f_b 抽取元素，则可使 $f = f_a f_b$ 保持不变。但这样就导致样本规模的变动问题，此时就需要适当控制样本大小的变动：一种方法是将过大的群划分、过小的群合并。另一种方法就是将群按规模分层，在大群组成的层中，减小抽样比 f_b，增大抽样比 f_a，而在小群组成的层中，增大抽样比 f_b，减小抽样比 f_a，其目的在于保持 $f = f_a f_b$ 不变。但是，更常用也更方便的方法则是使用“概率与规模成比例的抽样”，即 PPS 抽样。

3.8　PPS 抽样

概率与规模成比例的抽样（sampling with probabilities proportional to size, PPS），是指抽选群时，使群的中选概率与它的规模大小成正比。而从中选的大小不等的群中，则抽取固定数量的元素，这就意味着，从中选的群中抽选元素，其概率与群的规模成反比。这样，不同阶段的抽样比不固定，但这些抽样比的乘积等于总的抽样比。也就是说，通过不同阶段的不等概率抽样，保证了总体中元素抽选的等概率特性。同样重要的是，由于从中选群中抽取元素的数量是固定的，因而样本大小就得到了控制。以一个二阶段抽样为例，很容易可以说明 PPS 抽样方法。设 N 个元素的总体包含 A 个 PSU，我们要抽选 a 个 PSU，再从抽到的每个 PSU 中，抽选 b 个元素。现在抽选 a 个 PSU，自然不能把它看作是从 A 个 PSU 中抽选 a 个，因为这样 PSU 的抽选概率是 a/A，是一个固定的常数，与 PSU 规模无关。A 个 PSU 的规模都不等，不妨令抽选第 α 个 PSU 的概率为 $P(\alpha)$，这样总体中元素抽选的概率可以表示为

$$f = \frac{1}{F} = P(\alpha)\,\frac{b}{N_\alpha}$$

上式也被称为抽选方程，其中 N_α 是第 α 个 PSU 的规模，$\frac{b}{N_\alpha}$ 是从

其中抽选 b 个元素,每个元素的被选概率。$f=\frac{n}{N}$ 是总的抽样比,即总体中任一元素的抽选概率,F 是总的抽样比 f 的倒数。从中不难解出抽选第 α 个 PSU 的概率 $P(\alpha)$ 为

$$P(\alpha)=\frac{N_\alpha}{Fb}=\frac{nN_\alpha}{Nb}=\frac{abN_\alpha}{Nb}=\frac{aN_\alpha}{N}=\frac{aN_\alpha}{\sum N_\alpha}$$

其中 $n=ab$ 是样本大小。等式中$\frac{aN_\alpha}{N}$,意味着现在抽选一个 PSU,是相当于从 N 个元素中一次抽出 N_α 个元素,而一共有 a 种这样的情况(因为要抽选的 PSU 是 a 个),因此,抽选任一个 PSU 的概率是 $\frac{aN_\alpha}{N}$ 或$\frac{aN_\alpha}{\sum N_\alpha}$。此外,可以注意到,$\frac{aN_\alpha}{N}=\frac{N_\alpha}{N/a}$,这样,抽选 PSU 也可以看作把总体 N 个元素分为a 个相等规模N/a,从每个 N/a 中抽选一个 N_α,抽选的概率是$\frac{N_\alpha}{N/a}$。容易看到,N/a 也等于 Fb,即 $N/a=Fb$。重要的是,现在抽选 PSU 的概率与 N_α 成正比,这就是概率与规模成比例的要义所在。在第二阶段,从抽选到的 PSU 中抽选 b 个元素,则 PSU 中每个元素被抽选的概率为 b/N_α。这样,总体中每一元素被抽选的概率为

$$\frac{N_\alpha}{Fb}\frac{b}{N_\alpha}=\frac{1}{F}=f$$

也可写为

$$\frac{aN_\alpha}{\sum N_\alpha}\frac{b}{N_\alpha}=\frac{ab}{N}=\frac{n}{N}=f$$

式中除了 N_α,其他均为常数。上式这一抽选方程是以 PPS 方法抽

选二阶段样本，扩展到三阶段样本也很容易：即抽选 a 个 PSU，从抽中的 PSU 中抽选 b 个第二级单位（SSU），再从抽中的 SSU 中抽选 c 个元素，则总体中每个元素的被选概率是

$$\frac{aN_{\alpha}}{\sum N_{\alpha}}\frac{bN_{\alpha\beta}}{N_{\alpha}}\frac{c}{N_{\alpha\beta}}=\frac{abc}{N}=\frac{n}{N}=f$$

式中 $N_{\alpha\beta}$ 是第 α 个 PSU 中第 β 个 SSU 的规模，$\sum_{\beta}N_{\alpha\beta}=N_{\alpha}$。现在固定的样本大小是 $n=abc$。

不妨构造一个简单的一般性例子，来说明 PPS 方法中如何实现抽选 PSU 时概率与规模成比例。设 550 个元素的总体中有 7 个 PSU，每个 PSU 的规模如下表第二列。以 PPS 方法抽选 PSU 通过累计 PSU 规模来实现：如第 1 个 PSU 被分配 20 个数，代码范围为 001～020。第 2 个 PSU 被分配 120 个数，代码范围为 021～140；依次类推。每个 PSU 都被分配与其规模等量的数，对应的代码范围大小等于 PSU 规模。

表 3-2　PPS 方法抽选 PSU

PSU 序号 α	PSU 规模 N_{α}	N_{α} 累计	PSU 代码	抽选到的号码	
				随机数表法	等距抽样法
1	20	20	001～020		
2	120	140	021～140	128	*22*，*132*
3	40	180	141～180		150
4	10	190	181～190		
5	30	220	191～220		
6	50	270	221～270		
7	60	330	271～330	310，325	315

现在用随机数表在001～330范围内选择2个三位数的随机数,比如选到的随机数为128和310,则第2个和第7个PSU中选。但也有可能选到的随机数是310和325,这样第7个PSU就中选两次。由于此处采用的随机数表抽选方法是有放回的抽样,故PSU有不止一次的中选机会。解决的办法一是在中选2次的PSU中抽选2个不同的元素样本,或者抽选2倍的元素样本。另一个办法是不使用随机数表抽选,而改用等距抽样法抽选。先计算抽样间距

$$k=\frac{N}{a}=\frac{330}{2}=165$$

在001～165之间选择一个随机起点r,比如150,则第3个PSU中选,接着$r+k=150+165=315$,则第7个PSU中选。不过,使用等距抽样方法也并不能完全避免PSU抽中2次或以上的情况。当抽样间距k小于PSU的规模时,这种情况就有可能发生。比如说,现在我们不是抽选$a=2$个PSU,而是抽选$a=3$个,则抽样间距

$$k=\frac{N}{a}=\frac{330}{3}=110$$

如果选择的随机起点$r=22$,则$r+k=22+110=132$,这样第2个PSU就被抽中2次。可以注意到,当$k=110$时,第2个PSU肯定会中选一次。肯定会中选一次的PSU,实际上就是一个"层",这时可以把它单独留出来,作为一个层来处理,以总抽样比f直接抽选元素样本。实际上,第一阶段抽选时,第2个PSU的概率为$\frac{aN_\alpha}{\sum N_\alpha}=\frac{3\times 120}{330}=\frac{360}{330}$。这种概率大于1的PSU,称为规模过大的PSU。这样的情况在实践中是比较常见的。本例中,我们

再在余下的6个PSU中运用PPS方法。但是,现在是在 $\sum N_\alpha = 210$ 的总体中抽选2个PSU,为了保证总抽样比 f 不变,第二阶段抽选的元素 b 就要减少,由 $\frac{2b}{210} = f$ 可得,$b = \frac{210}{2}f$,而不是之前的 $\frac{330}{3}f$。假设本例中 $f = \frac{1}{10}$,则现在 b 等于10.5,而之前的 b 等于11。实践中经常遇到的另一个问题是PSU规模过小,此时第二阶段抽选概率 $\frac{b}{N_\alpha}$ 大于1。本例中第4个PSU的规模为10,则 $\frac{b}{N_\alpha} = \frac{10.5}{10}$。一个简单的办法是将它与相邻(如地理位置)的PSU合并起来,当作一个群来处理。但是,如果规模过小的PSU太多,这个办法在实际的现场工作中就比较困难,此时可以把这些规模过小的PSU都放到一个层中来处理。

表3-2中,列出了PSU规模 N_α 和 N_α 的累计,N_α 是PSU的真实规模,这是一个我们构造出来的例子。实际情况中,确切地获得群的真实规模往往并非易事。例如即使是在一个城市进行调查,要想查清楚行政区、街道、居委会的真实规模是不现实的,或者也没有必要这样做,因为我们可以利用已有资料,比如最近一次的人口普查资料。这样,真实规模就是未知的。多数情况下,抽样设计时是用来自于已有资料的群规模来代替群的真实规模,这种估计的群规模,被称为规模度量(measure of size),以 M_α 来表示。如果规模度量对真实规模的估计比较好,那么使用规模度量进行PPS抽样也可以有比较好的效果。但问题是,我们在使用规模度量时,并不知道它对真实规模的估计有多好,这需要访问员在调查实地实际搞清楚抽到的群的规模以后,才能有所了解。我们利用表3-2的例子来进一步具体说明。现在我们可以把表3-2中的 N_α 看作 M_α,然后我们另外构造一列真实规模 N_α,

得到表 3-3。

表 3-3　规模度量与真实规模

α	M_α	M_α 累计	代码	抽选号码	N_α	预期样本量	$X_\alpha = x_\alpha$
1	20	20	001～020		35	19.3	
2	120	140	021～140		100	9.2	
3	40	180	141～180	150	35	9.6	35
4	10	190	181～190		20	22	
5	30	220	191～220		30	11	
6	50	270	221～270		55	12.1	
7	60	330	271～330	315	50	9.2	50

使用规模度量，现在抽选方程表示为

$$\frac{aM_\alpha}{\sum M_\alpha}\frac{b}{M_\alpha} = f$$

这与前面例子中的情况，不同的只是，现在我们能够用的是规模度量（PSU 的估计规模）——换个更为明确的说法，前面例子中被我们不加讨论而看作真实规模的这列数，现在看来不过是估计的规模而已。在前面的例子中，我们曾计算过，总抽样比 $f = \frac{1}{10}$，则 $b = \frac{330}{3}f = 11$，但问题在于，比如对于抽到的第 3 个 PSU 来说，按 $\frac{b}{M_\alpha} = \frac{11}{40}$ 这个抽样比实际从中去抽的，是真实规模 $N_\alpha = 35$，按此计算所抽取的样本大小：$N_\alpha\frac{b}{M_\alpha} = 35 \times \frac{11}{40} = 9.6$，$N_\alpha\frac{b}{M_\alpha}$ 就是所谓的预期样本量。显然，如果按固定的 $b = 11$ 来抽取，那么对于真实规模来说，就多抽了。这是由于 $M_{\alpha} > N_{\alpha}$，即规模度量高估了真实规模所导致。可以注意到，第 2、3、7 个 PSU 都是高估的。如果 $M_{\alpha} = N_{\alpha}$，那么按 $b = 11$ 抽取就没有问题，例如第 5 个 PSU。第 1、4、6 个 PSU 中则是 $M_{\alpha} < N_{\alpha}$，即低估了真实规模。那么对于这些 PSU 的真实规模来说，按 $b = 11$ 抽取，就少抽了。其中尤其值得注意的是第 1 个 PSU，预期样本量高达 19.3 远超 11，因为真实规模被大大低估了。第 4 个 PSU 情况相同，不过它同时还属于规模过小的 PSU(已如前述)。因此，如果按固定的 $b = 11$ 抽取，那么固然可以使样本量 $n = ab$ 保持不变，但对于真实规模来说，等概率的特性事实上就不能保持。但如果按抽样比 $\frac{b}{M_{\alpha}}$ 从真实规模中抽选，则样本量(预期样本量)就因 $\frac{N_{\alpha}}{M_{\alpha}}$ 这一比率的不同而变动。为了保持等概率特性，只能接受样本量的变动——随着所抽到的 PSU 的真实规模不同而变动的样本量——全部 PSU 的真实规模是未知的，在调查实地查实的是抽到的 PSU 的实际规模。这样，我们在表 3-3 构造的 N_{α}，实际上应是 X_{α}，意即它随抽取的 PSU 不同而随机变动。这里的讨论，给出的重要提示是：PPS 方法同样面临着一些挑战，其一是规模度量要求尽量准确，否则总样本 n 的变动就会过大。其二是，抽到的 PSU 的真实规模需要由访员在实地查清，也需要访员在此基础上计算预期样本量，这就都意味着对访员更多的培训、访员工作量的增加，以及管理与督导难度的加大。

第 4 章　数据收集

定量社会科学研究中，主要以问卷来收集一手数据。这一过程在不致引起歧义的情况下，也可以按惯常所称，叫做“调查”(一个动词)。这样，“调查”或数据收集，就是“用问卷去测量样本单位”。如前所述，问卷可以看成是一组测量工具的集合，或者通俗地说，是“一套测量工具”。样本单位是概率样本中的每个个体，是我们收集信息的对象，他们是问卷的回答者。概率抽样为“问卷应当由谁来回答”这一问题，提供了精确的解决方案。数据收集是继问卷设计、抽样设计后的另一个至关重要的环节。不同于前两者，这一环节的两个重要挑战在于，它要实际地“跟人打交道”，而且总的来说，它要“花许多钱”——可以说，一项研究的成本，主要耗费在这个环节上。在给定的费用和时间的条件下，收集高质量的数据，并非表面上看起来那样简单：如何把问卷提供给回答者，取得他们的合作，回收完成回答的问卷。数据收集模式的设计，研究者需要十分清楚的，包括但不限于三个密切关联的部分：1)每种具体的数据收集方法是如何做的。2)一项具体的研究中不同的数据收集模式可以怎样选择，以及为什么如此选择。3)可选择的模式如何最佳地执行。值得提出的一点是，大量已有的关于“模式比较”的研究结果，无疑有利于作为数据收集设计的决策参考，但简单化的理解或“机械照搬”则是有害的。简单的一个理由是：“场景”不同。也就是说，需要充分注意模式比较的研究结果在不同时间和空间下的适用性。因此，我们更强调的，是在具体场景下的“质量意识”,这是“总调查误差”框架(格罗夫斯 等,2016)[40]的重要的一部分。换句话说,作为一种系统决策的数据收集模式选择及其执行的一个首要视角,是在成本约束下,数据收集过程中不可忽视的误差来源,例如无回答误差,以及测量误差等。

4.1 无回答误差和测量误差

无论设计并执行何种数据收集模式,都不能保证所有要调查的被访者都参与了调查,也不能保证参与调查的被访者回答了问卷中的所有问题,更不能保证被访者的回答完全符合真实情形。第一种情况称为“单位无回答”(unit nonresponse)或“样本无回答”,第二种称为“项目无回答”(item nonresponse)。两种“无回答”(nonresponse)有着不同的原因:单位无回答源于被访者“无法联系”,或者“拒访”,或者“没有能力回答”。项目无回答,则源于被访者对于问卷中的一些提问无法回答或不愿意回答。无回答将可能导致无回答误差,或换个说法,无回答误差的潜在风险来自于无回答。第三种是测量误差的情形,即被访者的回答值与测量真值之间有差异。测量误差有诸多来源,例如社会期许效应、回答效应等种种测量效应。

4.1.1 无回答与无回答误差

首先,对于调查者来说,被访者是从未联系过的人,是“陌生人”。尝试联系“陌生人”,是颇具挑战性的,并非总是轻而易举,这基本上是一种日常生活状态。日常我们联系他人的主要途径,无非是通过电话,通过信件或邮件,或者登门拜访。电话可能“无人接听”,或者“空号”。尤其手机,语音和短信均可被拦截,人们对于“骚扰电话”不胜烦扰,因而在手机上安装拦截软件的不在少数。信件也可能“无法投递”,或者一些人习惯于把“无关的”或“没用的”信件留在信箱中不置一顾。电子邮件则更可自动收到“垃圾邮件”或“广告邮件”中去,或“邮件被退回”。直接登门拜访,则或者无人在家,或者“地址找不到”,或者“无法进入公寓”(如公寓大门带智能锁),“无法进入小区”(小区安保),等等。这些都是“无法联系”的最常见情形。其中,如“空号”“无法投递”以及“找不到地址”等,或许表明抽样框中的相关信息有误。其他情形下,除了在不同的时间尝试反复联系,尝试交替使用或组合使用不同的联系方式,很难说有什么其他更佳的解决办法。其次,即使成功联系上了被访者,如何“说服”被访者参与调查,则更是一项挑战。电话很可能在几秒之内就被挂断而不置一词,或者“没时间”“不感兴趣”或“从不参加”,等等。这些未必是拒访的真实原因,富有经验的访问员有可能从这些“说辞”中敏锐地发现些什么,并以此尝试扭转“局面”。被访者拒绝参与调查的真实原因各式各样。一项陌生人找上门来的“工作”,并不是被访者必须完成的,因为这不是他们的义务或责任,相反,倒是应该说,是某种“打扰”。对于那些忙碌的人来说,放下手上的事情,花时间和精力去完成一份问卷,“机会成本”太高。调查主题对一些人来说,可能“没什么意思”,因而就难以令他们感兴趣。一些人还可能有安全方面的担心,或者就是不愿意陌生人进入家门,或者不愿意被“问东问西”。经历过电话推销或上门推销的人,对于差不多“腔调”的来电来访,也会本能地唤起某些负面情绪。一些非正式的或非专业的社会调查,多数时候并没有为调查挣得好名声。敏锐地捕捉到不同的人的最关键的“拒访点”或“关注点”,对他们进行有效的说服,这依赖于访问员“与人打交道的能力”,依赖于他们的社会阅历或经验,以及所接受的专业训练。最后,成功接触被访者,他们也愿意接受调查,但也还有可能因为“没有能力”而无法胜任。例如,一些人可能不具备读写能力,还有一些人则因健康原因(例如生病住院)而无法参与。

“无法联系”“拒访”“没有能力”，其结果自然是，我们没有能够从这些样本单位收集到任何信息，或者说，这些样本单位对问卷没有作出任何回答。对我们来说，这些样本“丢失”了，因此称作样本无回答或单位无回答。而当被访者接受了调查，并开始回答，但对于问卷中某些问题，例如“收入”，被访者可能拒绝回答，这就造成项目无回答。有关项目无回答的原因很难具体得知，例如可能由于看不懂问题，或者问题过于复杂，回答问题的回忆或计算负担过重，费时过多，也可能对于一些敏感性问题不愿意回答（例如收入或离婚次数）。对于不同的被访者来说，对一个问题声称“不知道”，往往不过是一个含糊其辞的说法而已。

回答率（或无回答率），用来描述被访者参与调查的程度，最为常用的定义是全部合格样本单位中参与（或未参与）调查的样本单位所占的比例。出于不同的使用目的，回答率的定义也经常不同，相应也有不同名称，例如完成率、接触率等。实际计算回答率，并非看起来的这么简单，因为它与分子或分母如何确定有关。在上述常用定义中，分母中的“合格样本单位”实际上基于这样的假定：所有“合格”样本单位都是可以判定的。但很明显，对于“无法联系”的样本单位来说，其“合格”与否，事实上是未知的。

回答率经常被作为调查质量的一个指标，这意味着最大化回答率是重要的，但有必要对此进行更为具体的说明。如果无回答的被访者与回答的被访者在某个变量上有差异，且调查统计量的计算与该变量有关，那么基于回答的样本计算的统计量就与理论上基于全部样本计算的统计量有差异，这就是无回答误差。如果误差是系统性的，就是无回答偏差（nonresponse bias）。无回答偏差，也可在样本“代表性”的意义上来给出一种解释：由于无回答使得样本中回答单位的结构与总体单位的结构存在一个“额外”的不一致，或者简单地说，无回答降低了“样本作为总体一个缩影”的功用。一个经常被引用的较为著名的例子是，《文摘》（Literary

Digest)杂志1936年大选民意测验预测兰登获胜,但结果是,罗斯福以远高于兰登的选票数当选总统。其原因除了抽样框误差(未覆盖误差)以外,过低的回答率,以及样本中回答单位的结构,也被认为不可忽视:那些希望处于劣势的兰登获胜的被访者,特别想要表达他们的意见,其结果是兰登的支持率被大大高估了。其他例子也不难想见:例如在学习成绩研究中,如果数据是在学生课堂上收集的,成绩不好的学生通常缺课更多,那么就会产生无回答误差,也即平均GPA会被系统性地高估。健康调查中,如果无回答来自那些有健康原因的被访者,那么有关健康状况的那些变量也会被低估。以邮寄方式进行的调查中,由于被访者的读写能力所导致的无回答,将会使得教育程度以及与教育程度相关的变量,出现系统性偏差。从上述无回答误差的"概念性"描述以及若干实例中,我们可以看到,回答者与无回答者之间在某些我们感兴趣的变量上的差异,以及回答率,都对无回答误差有影响。值得注意的一点是,仅就回答率来说,我们说,回答率只是无回答偏差的一个潜在威胁。理解这一点颇为重要,例如某个调查的回答率是90%,但回答者和无回答者之间的差异很大,而另一个调查的回答率是80%,但回答者和无回答者之间的差异很小,则前者的危害比后者要大。换句话说,高回答率时,高的无回答偏差也同样可能——高回答率减少的只是无回答偏差的风险。只不过,似乎不能寄希望于控制回答者与无回答者之间的差异,但设法提高回答率,在一定成本预算(费用和时间)内是可行的。

4.1.2 测量效应与测量误差

参与调查的被访者,他们的回答是否符合真实情形,是一个相当棘手的问题,因为这导致测量误差,也就是被访者的回答值与真值之间有差异,而且往往难以识别。例如在学习成绩研究中,如实报告一个相当低的成绩(例如不及格),被访者可能觉得有失面子,因此报告了一个说得过去的高一些的成绩。这是经常被提及的“社会期许”的一个简单例子。所谓社会期许效应，即是指如果回答令被访者感到尴尬、窘迫或者与社会期许的方向相反，那么他们就会在社会期许的方向上“修饰回答”。如果一名学生上学期的成绩绩点是0，但他实际报告的是2，则回答值与真实值的差距是2。如果类似的情况是普遍的或系统性的，那么结果就将导致平均绩点的高估。这个简单例子中，成绩的真值是我们假定的，或者说也是可以设法查到的。但多数情况下，真值是未知的，例如智商(IQ)，或者我们以前讨论过的同情心分值。但真值总是一个理论上存在的值(理论值)，或者，我们也可把真值看作一个理想的测量值——例如“把经过一套特定的完美操作的所获结果定义为真值”(莱斯勒 等，1997)。因此在这个意义上，我们也可以说，测量误差所关注的，就是实际的测量值与理想的测量值之间的差距。

除了经常被提到的社会期许效应，测量误差还有众多来源，诸如提问顺序效应、选项顺序效应、默许效应和极端效应，等等。提问顺序效应是指问卷中提问顺序不同，回答就可能发生变化。选项顺序效应则是指备选答案的顺序不同时，回答就可能不同。提问和选项的顺序效应，实际上都是“语境”或“上下文”(context)效应，也称为情境效应(例如听觉模式或者视觉模式，就是不同的情境)。在听觉模式的调查中(如电话访问或当面访问)，被访者倾向于选择最后听到的选项，这或与选项的记忆负担有关。在视觉模式(如邮寄调查)中，被访者或更易选择选项的前面一二个，这与阅读负担或浏览倾向有关。默许效应和极端效应都是指某种固定的回答倾向，如对所有或者多数问题，总是倾向于选择某个选项(如比较常见的，中间选项)，或者倾向于位于尺度两端的选项，而不论问卷问题是什么。前者称为默许效应，后者称为极端效应(格罗夫斯 等，2016)[139]。在一定意义上可以说，这两种效应都表示，被访者实际上“无心回答”，这虽不能说就是“任意回答”(因为毕竟有某

“游戏规则”在),但也相差不远。我们在第2章讨论测量的客观性质时,曾提出“被访者不撒谎”的假定,其要义在于排除“主观任意”。在电话访问,尤其是面对面访问的场合,“主观任意”或“任意回答”的严重程度至少可以因为一个逻辑上的理由而大为削弱:极少有人愿意付出时间的代价,而仅为了“撒个谎”。但在自填或自访(self-interview)问卷的场合,这一逻辑上的假定就未必有用,因为这一场合下,“愿意付出时间的代价”未必成立。例如我们在高校课堂上进行学生自填并当场回收的问卷调查时,经常遇到的一个现象是,一份正常填写需要10分钟完成的问卷,许多学生往往不到1分钟就完成了。这应当可以作为不能看作(愿意)付出时间的代价的一个例子。

4.2 数据收集方法及其比较

传统上,数据收集主要有三种方法,即邮寄、面访和电话访问。邮寄调查是指利用邮政系统,把问卷寄给被访者,由被访者阅读问卷并完成填答,再寄回给调查者。面访,也叫面对面访问或当面访问,是由访问员登门拜访,说明来意,取得被访者的合作,并由访问员逐一“念”出问卷,并记录被访者的回答。电话访问是通过电话来完成访问,首先电话联系被访者,取得合作后,由电话访问员逐一“念”出问卷,并记录被访者的回答。

4.2.1 邮寄调查

邮寄调查的一个可行性前提是,需要有样本单位的姓名及地址信息,但是包含地址信息的抽样框却并非经常易得。邮寄调查的最大优势是便宜,能以极其低廉的成本,足不出户,调查任何信件能够寄达的被访者,信件寄出后,接下来就等着它们被寄回。但早期的实践表明,邮寄调查没有想像的那么理想:问卷大多不会被寄回。调查者为了提高邮寄调查的回收率，曾经使用了一系列方便被访者的改进措施，其中许多都是邮寄调查的标准做法。例如，准备好写好回寄地址的信封，贴上足额邮资的邮票，或者办理好"邮资总付"。但是，回收率20%或更低却是经常性的。因此，"催促"是邮寄调查的常规程序：再次或多次寄出问卷，都可使问卷又回收一部分。多次寄件后，有时还用电话来"催促"，也可进一步提高回收率，但这需要知道被访者的电话号码。一般认为，邮寄调查的回收率达到50%，就是比较好的，达到70%就是相当好的，但这些都没有统计上的依据(格罗夫斯 等，2016)[152]。邮寄调查的低回收率，原因可能在于，它不是"面对面"，因而被访者作出"拒绝"，是一件颇为"容易"或"轻松"的事(不予理会即可，没有当面拒绝的那种"压力")，相反，"说服"被访者参与调查，调查者所能依靠的，仅仅是问卷中短短的"封面信"(见第2章)，而且，封面信是标准化的(对每个被访者都一样)，很难适用于不同被访者特定的"关注点"。此外，邮寄调查的另一个可行性要求是，被访者要识字，即需要被访者有一定的阅读能力。文化程度不高，或者阅读有障碍(如视力障碍)等无法阅读问卷的被访者，自然不会寄回问卷。邮寄调查是一种被访者"自填"或"自访"的问卷调查，需要满足自填问卷调查的一般前提条件，同时它也具有自填问卷在"匿名性"上的优势，即较为适合于敏感性问题的调查。对于敏感性问题(如药物滥用调查等)，自填问卷避免了访问者或其他在场的人听到的可能性，被访者不必说出来，也避免或多或少的尴尬。当然，所谓匿名性，仅是隐私的相对保护，敏感或多疑的被访者自然仍会担忧"匿名"问题——个人姓名和家庭地址都是他人知晓的。调查机构的权威性和合法性，有时有利于减少这样的负担。声誉良好的调查机构，往往获得较高的回收率。例如，在美国的调查表明，政府调查机构的回收率高于学术性调查机构，学术性调查机构的回收率又高于市场调查机构。这还表明，回收率还与调查主题有关,例如政府机构的调查主题往往被期望于与政府的决策有关,而这些决策关系到公众的切身利益。因此,调查设计者预先评估被访者对于调查主题感兴趣的程度,也是有必要的。有关邮寄调查的实证研究的另一个发现是,教育程度高的人通常更愿意参与调查,他们有更高的回收率。这就意味着,或许有关教育或与教育相关的调查,都有可能导致较大的无回答偏差(系统性高估),因而都值得详加斟酌,或者采取适当的其他方法来解决,例如对于无回答的样本,除了电话跟踪,也可通过电话完成访问(这称为使用"混合模式"的调查设计)。

对于通过邮政系统的邮寄调查来说,还有一点值得注意的是,由于互联网的日益普及,电子邮件在相当程度上取代了传统邮件,也就是说,使用信件通讯的习惯方式已经在相当程度上改变了,并且很显然,去邮局寄邮件比点一下鼠标麻烦多了,因此,使用电子邮件作为辅助或替代,就值得考虑(这就涉及使用称之为"计算机辅助"的方法)。与通常想像的可能不一样,邮寄调查的调查周期比较长。就完成调查任务的速度来说,通常邮寄调查远不如电话调查,一般地也不如面对面访问,因为邮寄调查需要一再地"寄问卷并等待",并且"电话跟踪并等待"。电子邮件则由于其"即时到达"的特性,对于缩短调查周期或许多少是有利的。

4.2.2 面对面访问

与邮寄方法有很大不同,面对面访问需要现场的"访员参与",就是说需要由访问员与被访者"面对面"。由于需要派出访问员,因此面对面访问的费用远高于邮寄调查和电话访问。这些费用可以包括诸如访员差旅费、访员报酬,招募和培训访员,以及访员的组织、管理与督导等等方面的费用。"访员参与"使得现场列表住户或列表住户成员这样的工作成为可能。例如在使用区域概率样本的全国性调查或者区域性入户调查中,住户列表的工作就需要访问员在现场进行，抽取住户样本后，户内抽样也要由访问员现场来做。全国的或区域的住户抽样框，并非现成易得，因此多阶段的区域概率抽样就成为必要，这就意味着，与此匹配的面对面访问方法就是必要的，因为必须有访员的现场工作才能最终完成抽样。这再次表明，有什么样的可用抽样框，既决定了抽样的选择，也决定了数据收集方法的选择，或者说，抽样与数据收集模式的决策，往往是同时进行的。“访员参与”还为诸多理应由此而来的优势带来希望。一般来说，面对面访问能够得到更高的回答率，也可望获得更高的回答质量。训练有素的专业访问员在说服被访者参与调查方面有着不可替代的作用，有经验且善于与人打交道的访问员，能够充分发挥“定制”说服技巧的作用。当然其他一些混合的因素或许也不可忽视，如前所述，“当面拒绝”总的来说要“难”一些。此外，(小)礼物总也有些微妙用处。这意思概括起来是说，一名彬彬有礼的专业访员带着礼物登门拜访，陈述一项作为科学研究工作的调查的意义，请求合作，被访者当面拒绝的可能性确实不会太大。这里我们强调有关(小)礼物，而不是金钱报酬，一个理由是现金看起来似乎总是太少，并且自然被看作是付酬工作，这就不包含或削弱了某些特别的含义，比如感谢之诚意或责任义务感之类。此外，礼物是第一时间可见的，而付酬则需晚些时候方可提及。以往有关调查付酬的实证研究表明，那些要求完成调查后才支付报酬的做法一概无用(Fowler, 2009)，应当颇有启示。当然，礼物或现金报酬或许也都显示了在逻辑上的某种“声明”：该项调查是正规的或有价值的，因为没有人愿意为一项没有价值的活动支付对价或提供资助。总的来说，这些因素的综合作用理当大大提高样本回答率，而且事实上，由于争取到良好的合作，对于项目回答率、测量质量(回答质量)也都将有所助益。此外，在访问过程中，访员对于问卷中问题适时或适当的澄清、解释或追问，也都将加强其作用。

面对面访问自然也有其不足之处，例如最常被提到的是，由于使用听觉模式，对于一些敏感性问题（例如收入、离婚次数，或者某些疾病、药物使用等），隐私保护就不如自填问卷方法，被访者一旦说出回答，首先访员就听到，其他在场的人也会听到（例如家庭其他成员，或者办公室其他人，或者刚好路过的人），这样结果往往是，被访者要么拒答，要么选择看起来不敏感的答案，或者选择社会期许方向的回答。例如选择收入平均值，未离婚或离婚一次，无疾病等。当然这种不利情形不难加以改善，例如可以对那些敏感性问题采用被访者自访的方法。美国全国药物使用与健康调查[①]（National Survey on Drug Use and Health，NSDUH）就采用面访加部分自访的方式进行，因为调查主题涉及非法药物滥用等内容。这也是一个混合模式设计的例子，而且实际上采用了语音计算机辅助的自访（audio computer-assisted self-interviewing，ACASI）模式。此外，听觉模式还容易带来选项顺序效应，也就是被访者倾向于选择最后听到的选项，这种情形也有相应的技术来加以处理，例如使用"选项卡"，即对于较长或较多的选项，由访员出示事先准备好的答案选项卡，也就是说，使之由听觉模式转为视觉模式，以减少由此带来的测量效应。面对面访问的一个最大不利因素，即费用高昂，但在有些情况下也有可能加以改善，例如在多轮追踪调查的场合，首轮调查采用面对面访问，而在接下来的几轮调查中，采用电话访问，其目的在于减少调查费用，例如美国全国刑事犯罪受害者调查[②]（The National Crime Victimization Survey，NCVS）就是如此，而且这也是一个使用混合方法的例子。

---

① NSDUH 的网址为 https://www.samsha.gov/

② NCVS 的网址为 https://www.bjs.gov/

4.2.3 电话调查

电话调查,作为一种单一模式,传统上以两种方法获得抽样框,一是利用电话号码簿或电话清单,另一种是使用随机数字拨号(random digital dialing, RDD)。用电话号码簿作为抽样框一般认为相当糟糕,例如对于全国性或区域性的住户人口调查来说,那些未登录电话号码的住户就不在抽样框的覆盖范围之内,而且多数时候覆盖不足的问题颇为严重。利用电话清单作为抽样框看来较为理想,但除了某些特定的总体(例如专业性团体),现成的电话清单通常并不存在。电话清单如果存在并可获得,那么抽样就很简单。例如,如果我们想对一个城市的律师进行调查,该市律师的电话清单可得,那么直接进行清单抽样即可,此时电话调查就成为一个不错的选择。除此以外,电话调查更为常用的是RDD样本,即随机数字拨号样本。这样,电话号码簿未登录号码的"覆盖不足"问题就可以得以解决。一般认为,当电话号码簿"丢失"号码的估计数达到15%,而调查的目的又在于估计各种总体参数,那么除了RDD抽样,就几乎别无选择(拉弗拉卡斯,2005)[36]。所谓随机数字拨号,并非"随机"或"随意"拨打电话,而是利用随机数字生成"抽样库"(sampling pool)(一组电话访问员实际需要拨打的电话号码),然后由电话访问员尝试拨打抽样库中的号码,并经处理(清除无用号码),得到调查需要的最终样本。抽样库的概念,意味着其中包含着诸如未运行号码、不合格单位的号码等无效号码,其数量有时相当大,取决于生成抽样库时能够获得多少所需要的信息资料。RDD抽样所需要的信息包括地区号、每个区号下固定电话的前置号码(交换局号码)、每个前置号码的用户数、未运行的后置号码(用户号码)范围。如果无法获得每个电话交换局的未运行号码范围,那么抽样库中就将包含大量"空号"。生成抽样库,就是在每个前置号码后加上随机数字(有未运行号码范围时不包括未运行号码),构成进入抽样库的固定电话号码(如前置号码是 4 位数,用户号码也是 4 位数,则使用随机数表或计算机程序产生 4 位随机数字加在前置号码后)。即使在已获得未运行号码范围信息的情况下,抽样库的大小通常仍比最终样本大许多,此时抽样库容量估计值为

$$\frac{FSS}{(HR)(1-REC)(1-LE)}$$

其中 FSS 为最终样本量,HR 是击中率(hit-rate)即运行号码中住户号码的比例估计值,REC 是被访者排除标准(respondent exclusion criteria)即根据总体定义不合格住户的比例估计值,LE 是合格单位的拒访比例估计值(拉弗拉卡斯,2005)[61]。例如,假设 HR 是 0.4,REC 是 0.2,LE 是 0.2,计划调查的样本人数是 300,则抽样库容量估计值为 1 172。这就是说,需要处理的电话号码有 1 172 个。

由此,电话调查的费用就来自于这些方面:为了建立抽样库收集所需信息,处理抽样库电话号码,电话访谈,以及电话访问员的招募、培训和督导。一般来说,电话调查的费用要高于邮寄调查,但是仍远低于面对面访问。由于无须派出访问员舟车劳顿费时费力,也不需要像邮寄调查那样需要一再等待,电调调查是速度最快的调查方法,例如面对面访问需要一个月或更长时间才能完成的一项调查,用电话调查方法可以在不到一个星期的时间内完成。速度快既意味着成本效益,更意味着对于那些需要快速完成任务的调查项目来说,是一项独特的优势。电话调查在数据收集过程的标准化和数据质量控制方面,也有其明显优势。电话访问员在一个工作场所"集中工作",这就使得现场的指导和监督成为可能,"现场督导"的意义在于,可以为数据收集过程以某种标准化的和受控制的方式进行提供机会——包括从抽样,被访者选择,到访谈

过程以及数据录入的全过程。这样就有望在最大程度上减少由于"访员介入"而可能带来的各种测量误差或测量偏差。面对面访问中,访问员奔赴各地分散工作,"访员效应"(如急于完成手头的工作,或提问过程中的倾向性等)对数据质量的影响,除了事先的严格培训或事后的审核管理,很难或无法在调查过程中加以现场控制。

电话调查的主要不足仍在于覆盖不足和回答率。电话簿抽样和RDD抽样都无法覆盖没有电话的住户。随着手机的广泛使用,一个日益明显的趋势是固定电话正逐步被替代,尤其是,例如那些租房住的人(以年轻人为主)大多不再使用固定电话,那么他们就将被排除在调查对象之外,从而导致覆盖偏差。电话调查的回答率,总的来说低于面对面访问,一个主要原因在于,在电话中说服被访者接受调查,无疑是一项更为挑战的工作:一是时间太短,二是挂掉电话"很容易"(很少有当面拒绝那种"压力"),三是较难说服。例如,怎样在30秒的时间内,使得接到陌生电话的人相信:"这不是骗子电话"或"这不是推销电话"——显然并非易事。由于不像在面对面访问时,访问员可以出示"合法证件",或者出示说明调查机构或资助机构的相关材料,仅凭电话"耳听为虚",而且电话调查也很难向被访者提供报酬或送上(小)礼物。电话中询问住户中的家庭成员以选择被访者时,也往往令人不易理解甚或令人生厌(为何"问东问西"?为何一定要选择家庭中的某位成员?),需要被访者的高度合作。换句话说,面对面访问在这些方面的优势对电话调查来说可以认为不存在,除非采取其他方法事先联系或说明,例如事先通过信件或电邮联系。但这又需要有通讯地址或电子邮箱的信息,或者,如果采用的是电话簿抽样或RDD样本,则又需要先尝试拨打电话以清洁抽样库。电话调查方法还有一个明显的不足是:受制于访谈时间的长短,或访谈内容的复杂性。一般来说,也许人们对于1个小时或以上的面对面访谈未必厌烦,但电话访谈超过 30 分钟或许就是时间过长了,例如当调查对象是老年人时,情况尤其如此。无论如何,“煲电话”并不是大多数人的日常习惯。电话调查由于无法使用“视觉辅助”,因而如果问卷提问或答案过于复杂或过多,则由于“选项顺序效应”而带来测量误差的可能性就会大大增加。也许,可视电话有可能带来解决上述问题的一些希望,但其普及还在不确定的将来。

下　篇

·分析数据·

第 5 章 概 率 基 础

5.1 概率是什么

人们对概率这个概念并不陌生。“概率”基本上与“可能”或“可能性”一样，也经常是一个日常用语。例如，天气预报说“明天的降雨概率是 90%”，球迷称“某球队获胜将是大概率事件”，等等。当然，日常表达中用得更多的是“可能”或“可能性”，因为使用“概率”一词，似乎总意味着多少要掂量出某事情可能性的大小。确实，概率就是可能性的大小，这是为人熟知的，以至于概率和可能性大小这两种表述常被交替使用。如果不再深究，这看起来就很简单，但问题在于，谈到可能性，谈到概率，总让人有一种“抓不住”的感觉，这可以包含两个意思：一个是哲学上的，“抓不住”是因为不能预先确定，这就是“遭遇不确定性”（或说随机性），因此就有哲学上的决定论和随机论，但这些更深的哲学问题这里不予讨论。另一个是数学上的（也带有一定哲理），“某球队获胜是大概率事件”，无非是说这球队获胜的可能性非常大，或者概率非常大。但这是什么意思呢？应当注意到，这并没有说球队获胜的概率是一个实际上客观存在的数（比如接近 100%或 1），否则就要提供这么说的证据。但如果说这表达了对球队获胜有非常大的信心，这是没有疑问的，这种信心或说信念是说话者个人的，不见得一定也是其他人的。在概率论上，就把这种对于可能性大小的个人信念的度量，称为主观概率。“明天的降雨概率是 90%”，是气象部门(气象专家)根据气象知识和天气条件，对预报“明天下雨”这事情的信心是 90%或 0.9。应当承认，主观概率虽是个人信念，却并非胡乱猜测，而也要基于个人所掌握的信息的，这可包括专业知识、历史信息以及当下信息等，否则就根本不能令人信服。但即使如此，主观概率的一个明显不足是，它缺乏可为他人公认的客观基础，也就是说，它不是客观概率。

在概率论的历史上，客观概率实际上有两种形式——两种确定概率的方法，而且也是概率这个概念的两种解释(或“定义”)，即概率的古典定义和统计定义。说明这两者的最简单的例子莫过于掷骰子，假定骰子是公平的(honest)，也就是说骰子是均匀的(骰子为质地均匀的正立方体)，则可公认掷一颗骰子任一面朝上的可能性是相等的，即掷出任一点数的概率都是 1/6，也就是掷出 1 点，掷出 2 点，……，掷出 6 点的概率都是 1/6。还容易看出，由于奇数点有三种(即 1 点，3 点，5 点)，则掷出奇数点的概率是 3/6＝1/2。类似的例子，一副 52 张的纸牌(不含大、小王)若充分洗均匀，从中任意抽取一张，则可认为每一张牌被抽到的可能性相等，一副纸牌有四张 K，因此抽到一张 K 的概率是 4/52。把这两个例子一般化，就可以给出概率的古典定义。但此处还需先就“事件”这一概念给出初步讨论，因为概率总是指事件的概率。概率论中，“掷一颗公平的骰子”是理想试验的一个例子，“掷出 1 点”或者“掷出奇数点”都是这个试验的随机事件，简称事件，因为是否掷得 1 点或奇数点是不确定的，是随机会而定的。其中，“掷出 1 点”是一个基本事件或简单事件，“掷出奇数点”则是复合事件，它由三个基本事件复合而成，即“掷出 1 点”“掷出 3 点”和“掷出 5 点”，掷出其中任一种，都是“掷出奇数点”。可以注意到，事件总是与一个试验相联，例如“掷出 1 点”中的“掷”意味着“掷一颗公平的骰子”，“抽到 K”意思是说“从充分洗匀的 52 张纸牌中抽取一张”(一个试验)

抽到一种可能结果(K)。而且,这里一个试验的全部可能结果是有限的且已知的。可见,一个事件,不过是给出了一个与试验相关联的命题,它指出了一个试验全部可能结果中的一个或若干个。一个可能结果的情况就是基本事件或简单事件。若干个可能结果的情况则如"掷出奇数点""掷出偶数点""掷出大于3的点"……其他试验的例子:掷两颗骰子点数之和大于9或小于6,从含有一定废品的一大批产品中抽取100个其废品不大于5个或3个,等等。现在就可一般化地给出古典概率定义:设一试验有N种等可能结果,事件A包含其中M个,则事件A的概率为

$$P(A)=\frac{M}{N} \tag{5.1.1}$$

这是一个可以确定下来的惟一的概率值,其前提是一个试验的有限个结果是等可能的,只要这一点可以得到公认,则事件A的概率就是惟一的而没有争议的。在这个意义上,古典概率是"客观"的。

客观概率的另一种"方法",是通过大量试验去估计事件的概率,此即确定概率的频率方法。在掷骰子的例子中,如果骰子不是均匀的,如有意做了手脚,也可以由于制造水平,则"骰子每一面朝上的可能性相等"就未必成立。若一个试验的所有可能结果不是等可能的,则古典概率定义(5.1.1)就不再适用。例如现在"掷出1点"的概率就不能说是1/6,为了确定这事件的概率,设想把"掷骰子"这一试验在相同条件下重复n次,设事件$A_1=\{$掷出1点$\}$,若掷n次骰子掷得1点m次,则掷得1点的频率是m/n,也即事件A_1的频率是m/n。一个直观的想法是,如果事件A_1的概率大,则在n次重复试验中,其发生的频率也应大。反过来,就以事件A_1发生的频率去估计事件A_1的概率。推广到一般情形,若一试验在相同条件下重复了n次,事件A的频率是$n(A)/n$,则就以$n(A)/n$

来估计事件 A 的概率 $P(A)$。但很明显，这并没有谈到概率 $P(A)$ 的什么定义，而只是说了如此估计概率的一个方法，这个方法基于人们长期的日常经验或观察，即随着试验次数 n 的增加，事件 A 的频率 $n(A)/n$ 会稳定在某个常数 $P(A)$ 附近，这称为频率的稳定性。借助频率稳定性的概念，形式上可以利用频率来定义概率：

$$P(A)=\lim_{n\to\infty}\frac{n(A)}{n} \tag{5.1.2}$$

这就是概率的统计定义，这是说，概率就是当试验次数无限增大时频率的极限。人们当然不能把一个试验重复无限次，但当 n 足够大，可以把 $n(A)/n$ 作为 $P(A)$ 的近似。不过作为定义，式(5.1.2)的缺陷在于，怎么证明 $n(A)/n$ 一定会收敛到一个固定的常数 $P(A)$，而且即使它确实收敛于某个数，怎么保证另一次重复试验当 $n\to\infty$ 时，仍收敛于同一个数？或者，频率趋于常数只能视为一个假定？很明显，这样的假定并非显见，也不简洁。

以上简略讨论了概率的三种"定义"，它们都对概率的概念在某个特定方面给出了解释，也是在特定场合确定事件概率的方法，但就数学上概率定义的一般性和严格性而言，每一种都有它们各自的局限或缺陷。主观概率在可能性大小的个人信念这个意义上，给出了概率的主观解释，数理统计中的贝叶斯学派也正是从主观概率这一概念出发的，如"同等无知"假设(陈希孺，2002)[55]。但问题的另一面在于，一事件的主观概率即使在"为他人公认"的意义上，也缺乏"客观"的基础，这一点没有什么争议。古典概率定义即式(5.1.1)，十九世纪拉普拉斯(Laplace)曾把它作为概率的一般定义，但它建立在"有限个试验结果的等可能性"这一"理想模型"的基础上，现在称之为古典概率模型，一旦实际情况的近似相去甚远，也就不再适用了，事实上实际情况中有许多不属于古典概型这个场合。另一个问题是，古典概率的"定义"中，"等可能性"是一个不加或未加定义的概念,“等可能性”就是“等概率”(DeGroot,1975),因此古典概率定义中概率的概念是未加定义且循环使用的。实际上,古典概率只是定义了在古典概型场合概率的求法。概率的统计定义则要求“相同条件下大量次数的重复试验”,在许多不能重复试验的场合同样不适用,例如一名患者手术成功的概率,赛马比赛中一匹马获胜的概率,等等。概率的统计定义实际上给出了估计概率的经验方法,这有其重要意义,但是其中“大量次数”以及“相同条件”,都是未加明确定义的。而式(5.1.2),也即冯·米赛斯(R. von Mises)的概率定义,其缺陷已如上述。

5.2　概率公理化

怎样给出一般情况下概率的严格的数学定义,这问题是以公理化的方法解决的。1933 年前苏联数学家柯尔莫哥洛夫(Andrey Nikolaevich Kolmogorov, 1903—1987)成功完成了概率论的公理化[①],从此概率论就成为一门严格的数学分支。柯氏的公理化方法是以集合论和测度论为基础的,为了对此加以描述,我们有必要先引进样本空间(sample space)的概念,并在这基础上给出样本空间中事件及概率的定义。

某次试验的全部可能结果所构成的集合,称为该试验的样本空间,记为 S,样本空间的每个元素,称为样本点。例如,掷一颗骰子,全部可能结果是掷出 1 点,掷出 2 点, ……, 掷出 6 点,则其样本空间记为 $S=\{1, 2, \cdots, 6\}$。很明显,如要“掷出奇数点”,意味着掷得结果必是集合 $A=\{1, 3, 5\}$ 中的任一元素,这样,集合 $A=\{1, 3, 5\}$ 就用来表示“掷出奇数点”这事件,若试验结果属于

① 柯尔莫哥洛夫《概率论的基础》1933 年出版,中文版(柯尔莫哥洛夫,1952)由丁寿田译出。

集合A,就称事件A发生。A是S的一个子集,因此,一个事件不过是样本空间上的一个子集。样本空间上可以有许多事件(子集),如"掷出偶数点",$B=\{2, 4, 6\}$;"掷出3的倍数点",$C=\{3, 6\}$;等等。S本身也是S的子集,因而也是一个事件,如本例中,"掷出点数小于6",就是$S=\{1, 2, \cdots, 6\}$,它在试验中必然发生,称为必然事件。空集$\varnothing$也是S的子集,如"掷出点数大于7",则不包含S中任何元素,它在试验中不可能发生,称为不可能事件。由单个样本点构成的子集,称为基本事件,如"掷出1点",$D=\{1\}$;……掷一颗骰子有6个基本事件。本例中,样本空间中的元素是有限的,也是可数的(有限个样本点总是可数的),在另一些例子中,如测试某种元件的寿命,其样本空间$S=\{t: t\geqslant 0\}$,则可认为样本空间中元素的个数是无限的,而且不可数(或称不可列),当然,如果认为时间的测量只能或只需精确到一定程度,例如只(需)精确到秒,则此样本空间的元素是无限但可列的。样本空间中样本点有限或无限可列,称为离散样本空间,而无限不可列时称为连续样本空间。

有了样本空间的概念,事件就被定义为样本空间上的子集,因此,事件之间的关系和事件的运算,也就是样本空间上子集的关系与运算。设一试验的样本空间为S, A、B是S的子集,则:

1) 若$A\subset B$(等价地,$B\supset A$),即A中的元素包含于B中,也就是说,事件A发生,则事件B必发生,称事件B包含事件A。若$A\subset B$且$B\subset A$,称A,B两事件相等,记为$A=B$。

2) 若$A\cap B=\varnothing$,即A与B没有共同的元素,也就是事件A和事件B在一次试验中不能同时发生,称事件A与B不交,或互斥。一些事件中如果任意两个都互斥,即$A_i\cap A_j=\varnothing$, $i\neq j$,称这些事件两两不交或互斥。显然,基本事件是两两互斥的。

3) $A\cup B$,即由A与B中的所有元素所构成(并成)的集合,定义了一个新的事件,称为事件A与B的并(也称为和,并记为$A+$

B)。事件 $A \cup B$ 意味着 A 或 B 中至少一个发生,则 $A \cup B$ 发生。推广到一般情形,$\bigcup_{i=1}^{n} A_i$ 称为 n 个事件 $A_1, A_2, \cdots, A_n$ 的并(有限并),也记为 $\sum_{i=1}^{n} A_i$,而 $\bigcup_{i=1}^{\infty} A_i$ 称为可列个事件 $A_1, A_2, \cdots$ 的并(可列并),也记为 $\sum_{i=1}^{\infty} A_i$。

4) $A \cap B$,即由 A 与 B 中的公共的元素所构成的集合,也定义了一个新事件,称为事件 A 与 B 的交(也称为积,可记为 AB),这意味着 A 与 B 同时发生,则 AB 发生。一般情形时,$\bigcap_{i=1}^{n} A_i$ 称为有限交,也记为 $\prod_{i=1}^{n} A_i$,而 $\bigcap_{i=1}^{\infty} A_i$ 称为可列交,也记为 $\prod_{i=1}^{\infty} A_i$。

5) $A \backslash B$,即由 A 中而不在 B 中的元素构成的集合,称为事件 A 与 B 的差(也记为 $A-B$)。或者说,事件 A 发生而事件 B 不发生,则 $A-B$ 发生。

6) 若 $A \cap B = \varnothing$ 且 $A \cup B = S$,则称事件 A 与事件 B 互为对立事件。A 的对立事件(也称为"补事件"),记为 A^C,显然,$A + A^C = S$。若事件 $A_1, A_2, \cdots$ 两两不交,并且 $\bigcup_{i=1}^{\infty} A_i = S$,则称 $A_1, A_2, \cdots$ 构成 S 的一个划分。

以上 3)至 6)即事件的并、交、差、补运算,是集合的初等运算。设 A、B、C 是样本空间 S 上的任意事件,则事件运算的若干性质有:

交换律:$A \cup B = B \cup A,\ A \cap B = B \cap A$

结合律:$A \cup (B \cup C) = (A \cup B) \cup C,\ A \cap (B \cap C) = (A \cap B) \cap C$

分配律:$A \cap (B \cup C) = (A \cap B) \cup (A \cap C),\ A \cup (B \cap C) = (A \cup B) \cap (A \cup C)$

德摩根律:$(A \cup B)^C = A^C \cap B^C$,$(A \cap B)^C = A^C \cup B^C$

其中,德摩根律(De Morgan's laws)是交、并和补运算之间的重要关系式,可推广到有限个和可列个事件的一般形式：$(\bigcup_{i=1}^{n} A_i)^C = \bigcap_{i=1}^{n} A_i^C$，$(\bigcup_{i=1}^{\infty} A_i)^C = \bigcap_{i=1}^{\infty} A_i^C$ 以及$(\bigcap_{i=1}^{n} A_i)^C = \bigcup_{i=1}^{n} A_i^C$,$(\bigcap_{i=1}^{\infty} A_i)^C = \bigcup_{i=1}^{\infty} A_i^C$。

现在我们可以来看概率的公理化定义。初步来说,设 S 是一试验的样本空间,对于 S 中每个事件 A,给 A 赋予一个 0 到 1 之间的数值,记为 $P(A)$,称之为事件 A 的概率。很明显,$P(\cdot)$ 是定义在样本空间的一族子集上的函数,对于有限或可列的样本空间,函数 P 的定义域可以是样本空间 S 的全体子集。但对于 S 为不可列,即 S 为连续样本空间,事情就没有这么简单,因为此时并非全体子集都有概率。换句话说,连续样本空间上不是全体子集都是事件。设 $\mathscr{F}$ 是非空集合 S 的某些子集构成的集类,如果 $\mathscr{F}$ 满足以下三个性质：

1) $\varnothing \in \mathscr{F}$(空集属于 $\mathscr{F}$)

2) 若 $A \in \mathscr{F}$,则 $A^C \in \mathscr{F}$($\mathscr{F}$ 在补运算下封闭)

3) 若 $A_1, A_2, \cdots \in \mathscr{F}$,则可列并 $\bigcup_{i=1}^{\infty} A_i \in \mathscr{F}$

则 $\mathscr{F}$ 称为 σ 域(σ-field) 或 σ 代数(σ-algebra),也称 $\mathscr{F}$ 是一个事件域,这就是说,概率论中的事件是 σ 域中的子集。由性质 1) 和 2) 可知,由于 $\varnothing^C = S$,故 $S \in \mathscr{F}$。由性质 2) 和 3) 还可知,若 $A_1, A_2, \cdots \in \mathscr{F}$,则 $A_1^C, A_2^C, \cdots \in \mathscr{F}$,故 $\bigcup_{i=1}^{\infty} A_i^C \in \mathscr{F}$,根据德摩根律有$(\bigcup_{i=1}^{\infty} A_i^C)^C = \bigcap_{i=1}^{\infty} A_i$,故由性质 2) 可得 $\bigcap_{i=1}^{\infty} A_i \in \mathscr{F}$。这就是说,$\mathscr{F}$ 对于并、交运算都是封闭的。事实上,差的运算也可通过补和交的运算来定义($A\backslash B = AB^C$),故而对于集合运算,$\mathscr{F}$ 都是封闭的,因此 $\mathscr{F}$ 中的子集都是有概率的事件,称为可测集,$(S, \mathscr{F})$ 称为可测空间。这样,概率 $P(\cdot)$ 就是定义在可测空间上的一个集函数。对于连续样本空间,设 $S = (-\infty, \infty)$,则样本空间是全体实数,记为 $\mathbb{R}$,可以令 $\mathscr{F}$ 包含全体形如

$$[a, b], (a, b], (a, b), [a, b)$$

的区间构成的集合(其中 a, b 为任意实数),以及由它们经过可列次交、并、补运算得到的集合,也就是说,包含所有的区间和所有的单点集(例如 $a=[a, b]-(a, b]$),则 $\mathscr{F}$ 也是事件域(或 σ 代数),记为 $\mathscr{B}_1$,称为Borel域,$\mathscr{B}_1$ 中的子集称为Borel(可测)集,$(\mathbb{R}, \mathscr{B}_1)$ 称为(一维)Borel 可测空间。

现在就可以给出概率的公理化定义了。设 $\mathscr{F}$ 是样本空间 S 的一个 σ 代数,对于 $\mathscr{F}$ 中任一子集(事件)A,若定义在 $\mathscr{F}$ 上的函数 $P(A)$ 满足下列性质:

1. 对于任意 $A \in \mathscr{F}$, $P(A) \geqslant 0$
2. $P(S)=1$
3. 若 $A_1, A_2, \cdots \in \mathscr{F}$,且两两不交,有 $P(\bigcup_{i=1}^{\infty} A_i) = \sum_{i=1}^{\infty} P(A_i)$

则称 $P(A)$ 为事件 A 的概率。按测度论的说法,$(S, \mathscr{F}, P)$ 称为概率测度空间或概率空间,即 S 的测度为 $1(P(S)=1)$ 的测度空间,其中 P 称为概率测度,简称为概率。定义中的三条性质,称为概率公理(Kolmogorov 公理),这样就可以说,满足概率公理的定义在 $\mathscr{F}$ 上的集函数,就是概率(或称概率函数)。公理 1 是说概率是非负的,公理 2 无非是说必然事件的概率为 1,公理 3 称为可列可加性,即对于一列两两互斥的事件,至少有一事件发生的概率等于各事件发生概率之和,例如考虑两个互斥的事件 A 和 B,至少有一事件发生的概率 $P(A \cup B) = P(A) + P(B)$ (事实上这是公理 3 的一个推论)。三个公理相当简洁且易见,由这三条公理,容易推出概率的许多重要性质,例如:

1) $P(\varnothing)=0$

2) 若 $A_1, A_2, \cdots, A_n \in \mathscr{F}$,且两两不交,则 $P(\bigcup_{i=1}^{n} A_i) = \sum_{i=1}^{n} P(A_i)$

3) $P(A^C) = 1 - P(A)$

4) 若 $A \supset B$,则 $P(A-B)=P(A)-P(B)$

5) 对于任意两事件 A 和 B,有 $P(A\cup B)=P(A)+P(B)-P(AB)$

性质1)即不可能事件的概率为0,这是因为 $S=S\cup\varnothing\cup\varnothing\cup\cdots$,由可列可加性有 $P(S)=P(S)+P(\varnothing)+\cdots=1$,由公理1,故 $P(\varnothing)=0$。性质2)称为有限可加性,由可列可加性公理,对于 $A_1, A_2, \cdots, A_n, \varnothing, \cdots$,有 $P(\bigcup_{i=1}^{n} A_i)=P(A_1\cup\cdots\cup A_n\cup\varnothing\cup\cdots)=\sum_{i=1}^{n}P(A_i)+P(\varnothing)+\cdots$,再由性质1)即得,$P(\bigcup_{i=1}^{n} A_i)=\sum_{i=1}^{n}P(A_i)$。性质3)是对立事件的概率,由性质2)和公理2推出,即由于 $S=A\cup A^C$,有 $P(S)=P(A)+P(A^C)=1$。性质4)是由于当 $A\supset B$ 时,有 $A=B\cup(A-B)$,且 $B\cap(A-B)=\varnothing$,故 $P(A)=P(B)+P(A-B)$。性质5)称为概率的加法公式,利用 $A\cup B=A\cup(B-AB)$,且 A 与 $B-AB$ 不交,故有 $P(A\cup B)=P(A)+P(B-AB)$,又 $B\supset AB$,由性质4)有 $P(A\cup B)=P(A)+P(B)-P(AB)$。

概率的公理化定义要求函数 P 满足三条公理,刻画了概率的最为基本的一般性质,但它并没有也不可能告诉我们在特定场合 P 是怎样的一个函数,即 $\mathscr{F}$ 上的子集如何映射到 $[0, 1]$ 上实数的规则,这要视实际问题而定。以抛一枚公平硬币的试验来说,$S=\{H, T\}$,由于硬币是公平的,出现正面和反面应有相等概率,故一个合理的函数 P 应赋予出现正面和反面以相等概率,即 $P(\{H\})=P(\{T\})$,这是根据等可能性,而非由公理导出。由于 $S=\{H\}\cup\{T\}$,根据公理2有,$P(S)=P(\{H\}\cup\{T\})=1$,又基本事件 H,T 互斥,故由有限可加性,$P(\{H\}\cup\{T\})=P(\{H\})+P(\{T\})=1$,因此,$P(\{H\})=P(\{T\})=1/2$。设一试验的样本空间 $S=\{s_1, s_2,$

$\cdots, s_n\}$，若样本点是等可能的，即

$$P(\{s_1\}) = P(\{s_2\}) = \cdots = P(\{s_n\})$$

由于基本事件是两两互斥的，故有

$$\begin{aligned} P(S) &= P(\{s_1\} \cup \{s_2\} \cup \cdots \cup \{s_n\}) \\ &= P(\{s_1\}) + P(\{s_2\}) + \cdots + P(\{s_n\}) \\ &= 1 \end{aligned}$$

即

$$P(\{s_i\}) = \frac{1}{n}, \quad i = 1, 2, \cdots, n$$

若事件 A 包含 k 个基本事件，则 $A = \{s_{i_1}, s_{i_2}, \cdots, s_{i_k}\}$，故有

$$\begin{aligned} P(A) &= P(\{s_{i_1}\} \cup \{s_{i_2}\} \cup \cdots \cup \{s_{i_k}\}) \\ &= P(\{s_{i_1}\}) + P(\{s_{i_2}\}) + \cdots + P(\{s_{i_k}\}) \\ &= \frac{k}{n} \end{aligned}$$

这就是古典概率定义的公式，容易看出，它是概率的公理化定义的一个特例。如果等可能性不成立，就需要先定出每个样本点的概率。设样本空间为有限，$S = \{s_1, s_2, \cdots, s_n\}$，$\mathscr{F}$包含 S 的全体子集（有 2^n 个），若能对样本点 $s_1, s_2, \cdots, s_n$ 给定一列总和为 1 的非负数值 $p_1, p_2, \cdots, p_n$，则对于任意 $A \in \mathscr{F}$，都可定义一个符合公理的概率函数

$$P(A) = \sum_{\{i: s_i \in A\}} p_i$$

在样本空间为可列，即 $S = \{s_1, s_2, \cdots\}$ 时，也有类似结果，此时可列的一列非负数值满足 $\sum_{i=1}^{\infty} p_i = 1$。

到目前为止我们都是在给定一个样本空间 S 的情况下来讨论概率的，许多时候，我们可以有新的信息，例如已知事件 B 发生，则事件 B 发生的条件下事件 A 的概率，称为条件概率，记为 $P(A|B)$。在一个样本空间 S 下，已知事件 B 发生，意味着 B 的对立事件 B^C 不发生，这就是说，现在样本空间更新为一个新的样本空间，它不包含 B^C 中的样本点。以掷均匀骰子的例子来说，$S=\{1, 2, \cdots, 6\}$，现在已知事件 $B=\{1, 3, 5\}$ 发生，则事件 $A=\{1\}$，即掷出 1 点的概率已不是 1/6，而是 1/3，因为已知 B 发生，则 $B^C=\{2, 4, 6\}$ 不可能发生，因此试验的可能结果是 $\{1, 3, 5\}$，就是说样本空间 S 变成了 B, $P(B|B)=1$，在这个新样本空间 $B=\{1, 3, 5\}$ 上，掷出 1 点的概率是 $P(A|B)=1/3$。对于初始样本空间 S, $P(B)=3/6$, $P(A\cap B)=1/6$，容易明白，

$$P(A|B)=\frac{1}{3}=\frac{1/6}{3/6}=\frac{P(A\cap B)}{P(B)}$$

对于古典概型的一般情形，设 S 包含 n 个样本点，事件 B 包含 m 个，$m>0$，而事件 $A\cap B$ 包含 k 个样本点，则

$$P(A|B)=\frac{k}{m}=\frac{k/n}{m/n}=\frac{P(A\cap B)}{P(B)}$$

由此就引出条件概率的一般定义，设概率空间为 $(S, \mathscr{F}, P)$, $B\in\mathscr{F}$，且 $P(B)>0$，对于任意 $A\in\mathscr{F}$，在事件 B 发生的条件下，事件 A 的条件概率定义为

$$P(A|B)=\frac{P(A\cap B)}{P(B)}$$

$P(A|B)$ 也是 $\mathscr{F}$ 上的一个概率测度，也记为 $P_B(A)$，而 $(S, \mathscr{F}, P_B)$ 也是一个概率空间，称为条件概率空间。容易证明 P_B 满足概率公理：1) 对任意 $A\in\mathscr{F}$，显然 $P(A|B)\geqslant 0$，满足公理 1。2) $P(S|B)=P(S\cap B)/P(B)=P(B)/P(B)=1$，满足公理 2。3) 若设 $A_1, A_2, \cdots$

两两不交,则

$$P_B(\bigcup_{i=1}^{\infty} A_i | B) = \frac{P\left((\bigcup_{i=1}^{\infty} A_i)B\right)}{P(B)} = \frac{P\left(\bigcup_{i=1}^{\infty} A_iB\right)}{P(B)}$$

$$= \sum_{i=1}^{\infty} \frac{P(A_iB)}{P(B)} = \sum_{i=1}^{\infty} P(A_i | B)$$

满足公理 3。可见,条件概率也是满足概率公理的概率测度,因此,概率的性质对于条件概率来说都同样成立。由条件概率的定义,立刻可以得到

$$P(AB) = P(B)P(A|B)$$

称为乘法公式,这可以推广到 n 个事件的情形,即

$$P(A_1A_2\cdots A_n)$$
$$= P(A_1)P(A_2 | A_1)P(A_3 | A_1A_2)\cdots P(A_n | A_1A_2\cdots A_{n-1})$$

其中要求 $P(A_1A_2\cdots A_{n-1}) > 0$。若 $P(A|B) = P(A)$,也就是说事件 B 的发生对事件 A 的概率没有影响(没有提供信息),则有

$$P(AB) = P(A)P(B)$$

称两事件 A,B 相互独立。推广到多个事件的情形,设从 $A_1, A_2, \cdots$ 中任意取 k 个 $A_{i_1}, A_{i_2}, \cdots, A_{i_k}$,若

$$P(A_{i_1}A_{i_2}\cdots A_{i_k}) = P(A_{i_1})P(A_{i_2})\cdots P(A_{i_k})$$

则称事件 $A_1, A_2, \cdots$ 相互独立。由此可知,n 个相互独立的事件,其中任意 k 个事件(任意一部分)也相互独立。

5.3 随机变量

上一节着重讨论了样本空间,样本空间上的集类 $\mathscr{F}$(其中元素

为事件)，以及事件的概率。在掷一颗均匀的骰子这样的试验中，可以定义许多事件，最基本的如掷出 1 点，掷出 2 点，……，掷出 6 点，这是 6 个基本事件，把它们概括起来，我们可以说，"掷一颗均匀的骰子掷出的点数 X"，X 就是一个随机变量。这个例子中试验的可能结果(样本点)是直接用数来表示的，其他的一些例子中也有样本点不是直接用数来表述的，如抛硬币的两个可能结果是"正面"和"反面"，但我们可以令"正面 $=1$"，而"反面 $=0$"，这样也可以说"抛一枚硬币的成功数 X"(如出现正面称"成功")。这两个例子中的数值都用来表示分类，还有许多例子，试验结果本身就是一个数，如从一大批人中抽出一人其身高，从全校学生中抽取一人其上学期的 GPA，或某班级概率论课程的缺课人数，某医院一天的急诊人数……这些都是随机变量，其若干重要特征在于：1) X 的取值范围对应试验的全部可能结果(样本空间)。2) 试验前，不能预先确定 X 取什么值(试验前不能预先确知结果是什么)，即 X 的取值是不确定的，或说是随机的。3) X 取什么值有一定的概率(试验的可能结果有其概率)，或说 X 依一定概率取值。4) 试验结束后，X 的取值才确定，即 X 的取值由试验结果决定，一旦 X 取到一个值 x，这时就无概率可言了。引进随机变量的概念之所以重要，在于它在样本空间和实数集之间建立了联系，其结果是对于事件及其概率的研究就转变为对于随机变量的研究(以变量数学为工具)。

以下从一个简单例子开始，来给出随机变量及其概率函数的严格定义。设想抛掷一枚均匀的硬币 3 次，以 H 表示出现正面(head)，T 表示出现反面(tail)，以 X 记出现正面的次数，则试验的样本空间 S、由样本空间到实数集(即随机变量的值域)的映射(即随机变量 X)，以及样本空间 S 上的概率函数 P 和随机变量 X 的概率函数 P_X 的构造，如表 5-1。

表 5-1 随机变量的定义及随机变量的概率函数

样本空间 S		$X=X(s_j)=x_i$	$P(\{s_j \in S: X(s_j)=x_i\})$	$P_X(X=x_i)$
s_1	TTT	0	1/8	1/8
s_2	HTT	1		
s_3	THT	1	3/8	3/8
s_4	TTH	1		
s_5	HHT	2		
s_6	HTH	2	3/8	3/8
s_7	THH	2		
s_8	HHH	3	1/8	1/8

表 5-1 中,样本空间 S 中的每一个样本点,X 都有一个数与之对应,记样本空间 $S=\{s\}$,则 $X=X(s)$ 是定义在样本空间 S 上的单值实值函数,其定义域是样本空间 S,值域是实数集$\{0, 1, 2, 3\}$。样本空间 S 到实数集的映射,或者是不同样本点与不同实数的对应,或者是多个样本点都与同一个实数对应,如 s_2, s_3, s_4 都对应 $X=1$。几个样本点的集合是一个事件,X 取值为 1,无非就是试验的结果为$\{s_2, s_3, s_4\}$这集合中的任一样本点,或者说,就是事件$\{s_2, s_3, s_4\}$发生,因此"X 取值为 1"是一事件,记为$\{X=1\}$,本例中还易看出这事件是"掷得 1 次正面"。单个样本点(单点集),以及对于样本空间的全体子集,情形都与此类似,例如$\{s_1, s_2, s_3, s_4\}$,就是事件$\{X \leqslant 1\}$。一个试验的结果如何(事件的发生)是随机的,因此 X 的取值是随机的,或说 X 的取值随试验而定,它有一定的概率。一般地,我们不仅关心函数 $X(s)$ 取什么值,还关心它取某些值的概率,这意味着对 $X(s)$ 这函数有一限制,即$\{X(s) \in B\}$要有概率(是一事件),其中 B 是一个实数上的点集。由于我们只对事件域 $\mathscr{F}$ 中的集合(事件) 定义了概率,这等于要求$\{s: X(s) \in B\} \in$

$\mathscr{F}$,即满足 $X(s) \in B$ 的样本空间中的子集都属于 $\mathscr{F}$。现在,我们就可以给出随机变量的定义,设$(S, \mathscr{F})$ 是一可测空间,$X(s)$ 是定义在 $S=\{s\}$ 上的单值实函数,如果

$$\{s: X(s) \in B\} \in \mathscr{F} \tag{5.3.1}$$

则称 $X(s)$ 为随机变量。可见,随机变量的概念是对于给定的 σ 代数 $\mathscr{F}$ 而言的,或者说,只有在与 $X(s)$ 的值相关的概率问题有意义时,$X(s)$ 才称为随机变量(霍尔姆斯,1958)。

定义在 S 上的满足条件$\{s: X(s) \in B\} \in \mathscr{F}$的单值函数 $X(s)$,无非就是,有一个从原样本空间 S 到新样本空间 S' 的映射(S' 是实数的集合),$X(s)$ 的值属于 S',对于 S' 的每个子集 B,在 S 中都有一个子集是它的原像,记为 $X^{-1}(B)$,称之为 B 的逆像,X^{-1} 称逆映射。设 $\mathscr{F}_X$ 是 S' 中其原像 $X^{-1}(B) \in \mathscr{F}$ 的一切子集构成的集类,则 $\mathscr{F}_X$ 也是 σ 域,而且我们有

$$P_X(B) = P\{X^{-1}(B)\} \tag{5.3.2}$$

其中,$P\{X^{-1}(B)\}$ 是样本空间 S 上的概率函数,$P_X(B)$ 是定义在 S' 上的集合函数,它对于 S' 满足概率公理,因此,$P_X(B)$ 是 S' 上的一个概率函数,称之为 X 的概率函数(或概率分布,简称分布)。对于表5-1中的例子,我们感兴趣于 $X(s)$ 取每一个值时的概率,此时 $\{X = x_i\}$ 的逆像是$\{s_j \in S: X(s_j) = x_i\}$,因此我们有

$$P_X(X = x_i) = P(\{s_j \in S: X(s_j) = x_i\}) \tag{5.3.3}$$

上式中,右端的函数 P 是样本空间 $S=\{s\}$ 上的概率函数,其中 $s_j \in S$ 满足 $X(s_j) = x_i$,左端的函数 P_X 是定义在随机变量 $X(s)$ 的值域(样本空间 S')上的概率函数,这就给出了 S' 上 X 的一个概率函数 P_X 的严格定义。本例中 S' 是有限集,对于 S' 是可数集时情形类似。随机变量 X 取值为有限或可数(可列)时,称为离散型随机变量。一般地,设 x 是 S' 中 X 的任一取值,称

$$f_X(x) = P_X(X = x) \tag{5.3.4}$$

为随机变量 X 的概率质量函数(probability mass function, pmf),把表 5-1 中第 2 列和第 4 列简成:

x	0	1	2	3
$P_X(X = x)$	1/8	3/8	3/8	1/8

则本例中的概率质量函数就可以由上表清楚地描述出来,这被称为概率分布列,简称分布列。

对于 S' 是不可数集的情形,由于 X 的取值是不可列的,即它充满实数轴上的一个区间,此时 X 称为连续型随机变量。现在设 $\mathscr{F}_X$ 是 $\mathbb{R}$ 上的 Borel 域,对于 $B \in \mathscr{B}_1$,若取 $B = (-\infty, x]$,则 $\mathscr{B}_1$ 中的一切子集,包括所有区间和单点集无非是集 $(-\infty, x]$ 的并、交、补运算构成的集,如 $\{b\} = \bigcap_{n=1}^{\infty}(b - 1/n, b]$, $(a, b) = (a, b] - \{b\}$, $[a, b] = (a, b] + \{a\}$, $[a, b) = [a, b] - \{b\}$,等等。换句话说,$\mathscr{B}_1$ 可由 $(-\infty, x]$ 生成。现在可以把随机变量的定义说成是:一个定义在样本空间 S 上的单值实函数 $X(s)$,对于任一实数 $x \in \mathbb{R}$,如果

$$\{s: X(s) \leqslant x\} \in \mathscr{F} \tag{5.3.5}$$

则 $X(s)$ 称为随机变量。这里,函数 $X(s)$ 把样本空间 S 映射到全体实数的集合 $\mathbb{R}$(样本空间 S')上,$B = (-\infty, x]$ 的逆像是 $X^{-1}(B) = X^{-1}(-\infty, x] = \{s: X(s) \leqslant x\}$,按式(5.3.2),对于 $x \in \mathbb{R}$,我们有

$$P_X\{(-\infty, x]\} = P(\{s: X(s) \leqslant x\}) \tag{5.3.6}$$

其中函数

$$F_X(x) = P_X\{(-\infty, x]\} = P_X(X(s) \leqslant x) \tag{5.3.7}$$

称为随机变量 X 的分布函数,记为 $X \sim F_X(x)$,称 X 服从 $F_X(x)$,

在不引起歧义的情况下,可省去下标,如 $F_X(x)$ 简记作 $F(x)$。由 $F(x)$ 的定义可以推出分布函数的一些重要性质:

1) 对于 $a<b$,有 $F(a)\leqslant F(b)$,即 $F(x)$ 是单调非减函数,这是由于

$$F(b)-F(a)=P(X\leqslant b)-P(X\leqslant a)=P(a<X\leqslant b)\geqslant 0$$

2) 对于 $a_1>a_2>\cdots>a_n>\cdots>b$,则 $\bigcap_{n=1}^{\infty}(b<X\leqslant a_n)=\varnothing$,根据连续性定理(王梓坤,1976),有

$$\begin{aligned}\lim_{n\to\infty}F(a_n)-F(b)&=\lim_{n\to\infty}[F(a_n)-F(b)]\\&=\lim_{n\to\infty}P(b<X\leqslant a_n)\\&=0\end{aligned}$$

也就是,当 $a_n\to b(n\to\infty)$ 时,有 $\lim_{n\to\infty}F(a_n)=F(b)$,故知 $F(x)$ 是右连续的。

3) 对于任意 x,有 $0\leqslant F(x)\leqslant 1$,且有

$$\lim_{x\to\infty}F(x)=F(\infty)=1$$

$$\lim_{x\to-\infty}F(x)=F(-\infty)=0$$

证明与2)类似。

现在,对于 $B\in\mathscr{B}_1$,随机变量 X 的概率函数 $P_X(B)$ 就由分布函数 $F_X(x)$ 来惟一决定了,换句话说,一个随机变量可由其分布函数来完整描述。对于离散随机变量,我们可以考虑定义一个 S 映射到 $\mathbb{R}$ 的单值函数 $X=X(s)$,以表5-1的例子来说,可以验证

$$\{s:X(s)\leqslant x\}=\begin{cases}\varnothing\in\mathscr{F}, & \text{当}-\infty<x<0\\ \{s_1\}\in\mathscr{F}, & \text{当}\ 0\leqslant x<1\\ \vdots & \\ S\in\mathscr{F}, & \text{当}\ 3\leqslant x<\infty\end{cases}$$

因此 $X = X(s)$ 是一个随机变量，其定义域是 S，值域是 $\mathbb{R}$，现在我们可以写出它的分布函数：

$$F(x) = \begin{cases} 0, & \text{当} -\infty < x < 0 \\ 1/8, & \text{当} \ 0 \leqslant x < 1 \\ 4/8, & \text{当} \ 1 \leqslant x < 2 \\ 7/8, & \text{当} \ 2 \leqslant x < 3 \\ 1, & \text{当} \ 3 \leqslant x < \infty \end{cases}$$

显然，$F(x)$ 是一个阶梯函数，它在 $x_i \in S' = \{0, 1, 2, 3\}$ 时有跳跃点，其值为 $P(X = x_i)$。$F(x)$ 并不是只在 $x \in S'$ 时有意义，它在 $\mathbb{R}$ 上都有定义，因此可对任意 $x \in \mathbb{R}$ 求出 X 的分布函数，例如

$$\begin{aligned} F(2.5) &= P(X \leqslant 2.5) \\ &= P(X = 0) + P(X = 1) + P(X = 2) \\ &= \frac{7}{8} \end{aligned}$$

一般地，设离散型随机变量 X 的概率质量函数为

$$P(X = x_i) = p_i, \quad i = 1, 2, \cdots$$

则 X 的分布函数为

$$F(x) = P(X \leqslant x) = \sum_{x_i \leqslant x} P(X = x_i) = \sum_{x_i \leqslant x} p_i \quad (5.3.8)$$

上式中的求和是对满足 $x_i \leqslant x$ 的 i 求和。这就是说，对于离散随机变量，我们可以“累加”概率质量函数而得到分布函数，因此分布函数又称为累积分布函数（cumulative distribution function, cdf）。把这种离散情形时的“累加”类推到连续随机变量，则是将求和改为积分，故有

$$F(x) = P(X \leqslant x) = \int_{-\infty}^{x} f(t)\mathrm{d}t \quad (5.3.9)$$

其中，$f(x)$ 称为 X 的概率密度函数(probability density function, pdf)，简称密度函数。由式(5.3.9)可知，$f(x)$ 满足以下性质：

1) 对任意 x，都有 $f(x) \geqslant 0$

2) $\int_{-\infty}^{\infty} f(x)\mathrm{d}x = 1$

或者反之，满足以上两个性质的函数都可称为密度函数。由性质2)知，密度函数曲线 $f(x)$ 与 x 轴围成的面积为1。对于任意实数 $a \leqslant b$，我们有

$$\begin{aligned} P(a < x \leqslant b) &= P(x \leqslant b) - P(x \leqslant a) \\ &= F(b) - F(a) = \int_a^b f(x)\mathrm{d}x \end{aligned} \tag{5.3.10}$$

即 X 落在任意区间 $(a, b]$ 的概率等于密度曲线与该区间围成的面积。若 $f(x)$ 连续，由微积分基本定理可得

$$\frac{\mathrm{d}}{\mathrm{d}x}F(x) = f(x) \tag{5.3.11}$$

即 $f(x)$ 在连续点 x 处有

$$f(x) = \lim_{\Delta x \to 0^+} \frac{F(x + \Delta x) - F(x)}{\Delta x} = \lim_{\Delta x \to 0^+} \frac{P(x < X \leqslant x + \Delta x)}{\Delta x} \tag{5.3.12}$$

式(5.3.12)给出了密度函数之“密度”的含义，即连续点 x 附近区间 $(x, \Delta x]$ 的单位概率的极限，或说 x 点处无穷小区间内的单位概率，也就是 x 点处概率的密度。

作为概率论中最重要的一个连续型随机变量的分布的例子，若 X 的概率密度函数为

$$f(x) = \frac{1}{\sqrt{2\pi}\sigma} \mathrm{e}^{-(x-\mu)^2/2\sigma^2}, \quad -\infty < x < \infty \tag{5.3.13}$$

称 X 服从正态分布（normal distribution），记为 $X \sim N(\mu, \sigma^2)$，其中常数 μ，$\sigma(\sigma>0)$ 是这一正态分布（族）的两个参数，它决定曲线 $f(x)$ 的形状和位置，正态分布的图形是关于 $x=\mu$ 左右对称的钟形曲线，且当 $x=\mu$ 时取得最大值 $f(\mu)=1/\sqrt{2\pi}\sigma$。正态密度曲线的形状随参数 μ，σ 的不同而变化，若固定 μ，则 σ 越小，$f(\mu)$ 越大，其图形越高且窄，σ 称为尺度参数。若固定 σ 不变，则图形随 μ 值的变化而沿 x 轴平移，μ 称为位置参数。由式(5.3.13)，容易得 X 的分布函数

$$F(x)=\frac{1}{\sqrt{2\pi}\sigma}\int_{-\infty}^{x}\mathrm{e}^{-(t-\mu)^2/2\sigma^2}\,\mathrm{d}t \tag{5.3.14}$$

其图形是一条上升的 S 形曲线。若 $\mu=0$，$\sigma=1$，则有

$$\varphi(x)=\frac{1}{\sqrt{2\pi}}\mathrm{e}^{-x^2/2} \tag{5.3.15}$$

称 X 服从标准正态分布，记为 $X \sim N(0, 1)$，其分布函数为

$$\Phi(x)=\frac{1}{\sqrt{2\pi}}\int_{-\infty}^{x}\mathrm{e}^{-t^2/2}\,\mathrm{d}t \tag{5.3.16}$$

式(5.3.16)实际上是通过一个线性变换从式(5.3.14)而得，设

$$Z=\frac{X-\mu}{\sigma} \tag{5.3.17}$$

则

$$\begin{aligned}P(Z\leqslant z)&=P\left(\frac{X-\mu}{\sigma}\leqslant z\right)\\&=P(X\leqslant\mu+\sigma z)\\&=\frac{1}{\sqrt{2\pi}\sigma}\int_{-\infty}^{\mu+\sigma z}\mathrm{e}^{-(t-\mu)^2/2\sigma^2}\,\mathrm{d}t\end{aligned}$$

做变量替换 $u=(t-\mu)/\sigma$，则有

$$P(Z\leqslant z)=\frac{1}{\sqrt{2\pi}}\int_{-\infty}^{z}\mathrm{e}^{-u^2/2}\mathrm{d}u$$

可见 $P(Z\leqslant z)$ 是标准正态分布的分布函数，式(5.3.17)就是一个随机变量 X 的标准化。这样，与正态随机变量有关的概率都可借助标准正态分布来计算(查标准正态分布表)，因为若 $X\sim N(\mu,\sigma^2)$，则其分布函数可写成

$$F(x)=P(X\leqslant x)=P\left(\frac{X-\mu}{\sigma}\leqslant\frac{x-\mu}{\sigma}\right)=\Phi\left(\frac{x-\mu}{\sigma}\right)$$

对于任意区间 $(a,b]$，则有

$$\begin{aligned}P(a<x\leqslant b)&=P(x\leqslant b)-P(x\leqslant a)\\&=\Phi\left(\frac{b-\mu}{\sigma}\right)-\Phi\left(\frac{a-\mu}{\sigma}\right)\end{aligned}$$

由于标准正态分布 $\varphi(x)$ 的图形是关于纵轴左右对称的，故有

$$\Phi(-x)=1-\Phi(x)$$

则

$$\begin{aligned}P(|X-\mu|\leqslant\sigma)&=P(|Z|\leqslant 1)=\Phi(1)-\Phi(-1)\\&=2\Phi(1)-1=0.682\,6\\P(|X-\mu|\leqslant 2\sigma)&=P(|Z|\leqslant 2)=\Phi(2)-\Phi(-2)\\&=2\Phi(2)-1=0.954\,4\\P(|X-\mu|\leqslant 3\sigma)&=P(|Z|\leqslant 3)=\Phi(3)-\Phi(-3)\\&=2\Phi(3)-1=0.997\,4\end{aligned}$$

参数 μ 是 X 的期望(均值)，σ 是标准差(见下节)，故上式是说，正态随机变量 X 落在距离均值正负一个标准差范围之内的概率是

68.26%，三个标准差范围之内则是99.74%。对于标准正态分布，我们还可以引入分位点的概念，设 $X \sim N(0, 1)$，若 z_α 满足

$$P(X > z_\alpha) = \alpha, \quad 0 < \alpha < 1 \tag{5.3.18}$$

则称 z_α 为标准正态分布的上 α 分位点，α 是 X 取值大于 z_α 的概率，即 $\varphi(x)$ 图形上右侧尾端超过 z_α 的区域的面积。由于 $\varphi(x)$ 是左右对称的，易知

$$z_{1-\alpha} = - z_\alpha$$

我们很快会看到，分位点的概念在统计推断上有其用处。

以上的讨论限于单个随机变量的情况，如前述，样本空间 S 映射到 $\mathbb{R}$ 的函数称为一维随机变量，类似地，S 映射到 n 维欧氏空间 $\mathbb{R}^n$ 的函数称为 n 维随机向量或 n 维随机变量。以 $n=2$ 的情形为例，设 $X_1(s)$ 和 $X_2(s)$ 是定义在 S 上的随机变量，又设 $B \in \mathscr{B}_2$，即 B 为 $\mathbb{R}^2$ 上的二维 Borel 集，则 $X(s) = (X_1(s), X_2(s))$ 构成一个二维随机向量或二维随机变量，如果

$$\{s: X(s) \in B\} \in \mathscr{F}$$

现在我们有

$$P_X(B) = P(\{s: X(s) \in B\})$$

$P_X(B)$ 称为 $X(s)$ 的概率分布，或 $X_1(s)$，$X_2(s)$ 的联合分布。和一维随机变量时类似，称二元函数

$$\begin{aligned} F_X(x_1, x_2) &= P_X(X_1(s) \leqslant x_1, X_2(s) \leqslant x_2) \\ &= P_X(\{X_1(s) \leqslant x_1\} \cap \{X_2(s) \leqslant x_2\}) \end{aligned} \tag{5.3.19}$$

为随机向量 $X(s)$ 的分布函数，或 $X_1(s)$，$X_2(s)$ 的联合分布函数，简记为 $P(X_1 \leqslant x_1, X_2 \leqslant x_2)$，这相当于平面上随机点 (X_1, X_2)

落在(x_1, x_2)左下方的矩形区域内的概率。对于离散型随机向量的情形,设(X, Y)为二维随机向量,则(X, Y)的取值(x_i, y_j)是有限对或无限可数对,(X, Y)的概率质量函数或X, Y的联合概率质量函数为

$$P(X = x_i, Y = y_j) = p_{ij}, i, j = 1, 2, \cdots \quad (5.3.20)$$

(X, Y)的分布函数,或X, Y的联合分布函数为

$$F(x, y) = P(X \leqslant x, Y \leqslant y) = \sum_{x_i \leqslant x} \sum_{y_j \leqslant y} p_{ij} \quad (5.3.21)$$

如果对于非负函数$f(x, y)$,(X, Y)的分布函数为

$$F(x, y) = P(X \leqslant x, Y \leqslant y) = \int_{-\infty}^{x} \int_{-\infty}^{y} f(u, v) \mathrm{d}v \mathrm{d}u \quad (5.3.22)$$

则(X, Y)是连续型二维随机向量,$f(x, y)$称为(X, Y)的概率密度函数,或称为X, Y的联合密度函数。

上述联合分布包含了二维随机向量的所有信息,例如由联合分布可以导出二维随机向量的两个分量的分布(称边缘分布),可以求出给定一个分量的取值的条件下,另一个分量的概率分布,即条件分布。条件分布是研究随机变量之间关系的一个有用工具。设(X, Y)为离散型二维随机向量,若已知$X = x_i$,设$P(X = x_i) > 0$,则根据5.2节条件概率的定义,有

$$P(Y = y_j \mid X = x_i) = \frac{P(X = x_i, Y = y_j)}{P(X = x_i)} = \frac{p_{ij}}{\sum_{j=1}^{\infty} p_{ij}} \quad (5.3.23)$$

称为Y在$X = x_i$条件下的条件概率质量函数(条件分布列)。其中

$$P(X = x_i) = \sum_{j=1}^{\infty} p_{ij} \tag{5.3.24}$$

是 X 的边缘概率质量函数(边缘分布列)。对于连续型随机变量,则将上式中概率质量函数换成概率密度函数,设(X, Y) 是连续型,其联合密度函数为 $f(x, y)$,边缘概率密度函数为 $f_X(x)$ 和 $f_Y(y)$,则 $X = x$ 条件下,Y 的条件概率密度函数为

$$f(y|x) = \frac{f(x, y)}{f_X(x)}, \quad f_X(x) > 0 \tag{5.3.25}$$

其中边缘概率密度函数

$$f_X(x) = \int_{-\infty}^{\infty} f(x, y)\mathrm{d}y \tag{5.3.26}$$

一般来说,在 $X = x$ 的条件下,Y 的条件分布随 X 取值不同而不同,这表明 X 对 Y 的概率分布是有影响的。如果这种影响不存在,则 X 和 Y 是相互独立的。这就有随机变量独立性的定义:称 X 和 Y 是独立随机变量,如果对 $x, y \in \mathbb{R}$,有

$$f(x, y) = f_Y(y) f_X(x) \tag{5.3.27}$$

X 和 Y 是离散型时,有

$$P(X = x_i, Y = y_j) = P(X = x_i)P(Y = y_j) \tag{5.3.28}$$

以上结果都可以推广到 n 维随机向量的情形。

5.4　数学期望

期望一词的日常含义是对得到什么有所期望,而能得到什么如有一定概率,则所得之期望自然与概率有关,例如参加抽奖,中奖得 5 000 元,设满 10 000 人次开奖,则抽奖一次的中奖概率为

$\frac{1}{10\ 000}$,则我们对所得的期望是$\frac{1}{10\ 000}\times 5\ 000=0.5$元。这颇不符合我们的期望(我们期望中5 000元),但抽奖的实质即是如此,在概率意义上,能"期望"的不过是0.5元。历史上,数学期望的概念被认为源于十七世纪法国数学家帕斯卡(Blaise Pascal, 1623—1662)与费尔马(P. de Fermat, 1601—1665)的一组通信,其中提出了有关"分赌本问题"的解法。这个著名的分赌本问题可简化叙述如下:甲乙两人赌博,各出赌注100元,每局各人获胜概率相等,约定先胜3局者赢得全部赌注,现在进行到甲胜2局而乙胜1局,因故终止,问200元赌注应如何分配才公平?历史上这问题有许多"解法",例如其中最简单的一种是按已赢局数的比例来分,即甲得全部赌注的2/3而乙得1/3,但这是按赌局的结果来分(实际上改变了约定的规则),更公平的分法是不改规则,这就需要诉诸与概率有关的期望。设想继续赌2局,则获胜的可能结果不外是:

甲甲、甲乙、乙甲、乙乙

前三种情况都使甲先胜3局,最后一种使乙先胜3局,也就是说,甲先胜3局的概率是3/4而乙先胜3局的概率是1/4,因此在甲胜2局而乙胜1局的情况下,甲能"期望"得到的是:

$$200\times\frac{3}{4}+0\times\frac{1}{4}=150$$

而乙能"期望"得到的是:

$$0\times\frac{3}{4}+200\times\frac{1}{4}=50$$

1654年帕斯卡和费尔马引进的概念是"赌博的值",而术语"期望"则由惠更斯在此3年后明确提出(陈希孺,2002)[8]。现在考虑一个随机变量X,以此表示在甲胜2局而乙胜1局情况下继续赌下去甲的最终所得,则甲要么得200元(甲先胜3局)要么得0元(乙先胜3局),即X的可能取值是200和0,其概率分别为3/4和1/4,则X的期望值(甲的期望),等于X的可能取值与其相应概率的乘积之和。把这情况一般化,设X为离散随机变量,$f(x)$为其概率质量函数,则X的数学期望,记为$E(X)$或EX,定义为

$$E(X)=\sum_{x}xf(x) \tag{5.4.1}$$

其中,若X只取有限个可能值(如k个),则数学期望总存在:

$$E(X)=\sum_{i=1}^{k}x_if(x_i)=\sum_{i=1}^{k}x_ip_i \tag{5.4.2}$$

若X有无限可数个可能取值,则要使数学期望

$$E(X)=\sum_{i=1}^{\infty}x_if(x_i)$$

存在,需满足

$$\sum_{i=1}^{\infty}|x_i|f(x_i)<\infty$$

即要求无穷级数$\sum_{i=1}^{\infty}x_if(x_i)$绝对收敛。根据级数理论,如果$\sum_{i=1}^{\infty}|x_i|f(x_i)$不收敛,则$\sum_{i=1}^{\infty}x_if(x_i)$各项排列次序的改变,可使其或者不收敛,或者收敛于任意指定值,这意味着$E(X)$不存在。

随机变量X的数学期望,又称为随机变量X的均值,其含义是X的取值以其概率为权数求加权平均。由概率的频率解释很容易说明这一点:设一试验重复n次,X的n次取值中n_i次取值为$x_i(i=1, 2, \cdots, k)$,则X的均值

$$\bar{X}=\frac{1}{n}(x_1n_1+x_2n_2+\cdots+x_kn_k)$$

$$=x_1\frac{n_1}{n}+x_2\frac{n_2}{n}+\cdots+x_k\frac{n_k}{n}$$

其中n_i/n是事件$\{X=x_i\}$在n次试验中出现的频率，当$n\to\infty$时，n_i/n趋近于概率p_i，则$\bar{X}$趋近于$E(X)=\sum_{i=1}^{n}x_ip_i$，因此，$X$的数学期望就可看成大量重复试验下，$X$在各次试验中取值的平均。

对于连续随机变量的情况，则以积分代替求和，设X有密度函数$f(x)$，如果

$$\int_{-\infty}^{\infty}|x|f(x)\mathrm{d}x<\infty$$

则

$$E(X)=\int_{-\infty}^{\infty}xf(x)\mathrm{d}x \tag{5.4.3}$$

称为随机变量X的数学期望，或分布$f(x)$的数学期望，若积分$\int_{-\infty}^{\infty}|x|f(x)\mathrm{d}x$不收敛，则$E(X)$不存在。

对于随机变量X的函数，即$g(X)$，若X有概率质量函数或密度函数$f(x)$，则当X为离散随机变量，如果

$$\sum_{x}|g(x)|f(x)<\infty$$

则有

$$E[g(X)]=\sum_{x}g(x)f(x) \tag{5.4.4}$$

当X为连续随机变量，如果

$$\int_{-\infty}^{\infty}|g(x)|f(x)\mathrm{d}x<\infty$$

则有

$$E[g(X)] = \int_{-\infty}^{\infty} g(x) f(x) \mathrm{d}x \qquad (5.4.5)$$

式(5.4.4)和(5.4.5)是说,对于随机变量的函数 $g(X)$ 的期望 $E[g(X)]$,并非一定要按期望的定义(5.4.1)或(5.4.3),先求出 $g(X)$ 的概率质量函数或密度函数(g 复杂时,$g(X)$ 的分布实际上很难求),而可以直接利用 X 的分布 $f(x)$ 来求。式(5.4.4)和(5.4.5)的一般性证明较为复杂,此处就 X 是离散型且取值为有限的情况加以证明。由于 $g(X)$ 的取值与 X 的取值不必是一一对应的,即对于 X 的取值 x_i,$g(x_i)$ 可以有相重的,设 $g(X)$ 取值为 $g_i(i = 1, 2, \cdots, m)$ 时 X 的取值有 $x_{i1}, \cdots, x_{ik_i}$,则

$$P[g(X) = g_i] = \sum_{j=1}^{k_i} f(x_{ij})$$

因此,

$$E[g(X)] = \sum_{i=1}^{m} g_i P[g(X) = g_i] = \sum_{i=1}^{m} g_i \sum_{j=1}^{k_i} f(x_{ij})$$
$$= \sum_{i=1}^{m} \sum_{j=1}^{k_i} g_i f(x_{ij}) = \sum_{x} g(x) f(x)$$

数学期望还有许多其他的良好性质,这些性质在应用上都十分有用:

1) 若 c 为常数,则 $E(c) = c$。这等于把常数看作随机变量 X 仅取一个值 c,则 $P(X = c) = 1$,故 $E(c) = c \times 1 = c$。

2) 若设 $g(X) = cX$,其中 c 是常数,则

$$E(cX) = cE(X) \qquad (5.4.6)$$

这只需利用式(5.4.4)和(5.4.5),并把 c 从求和号或积分号中提

出来即可得证。

3) 设 X, Y 是随机变量，则

$$E(X+Y)=E(X)+E(Y) \tag{5.4.7}$$

即两个随机变量和的期望，等于各变量期望之和。其证明如下：若 X, Y 是离散随机变量，则

$$E(X+Y)=\sum_{i, j}(x_i+y_j)p_{ij}=\sum_{i, j}x_i p_{ij}+\sum_{i, j}y_j p_{ij}$$

其中

$$\sum_{i, j}x_i p_{ij}=\sum_{i}x_i\sum_{j}p_{ij}=\sum_{i}x_i P(X=x_i)=E(X)$$

以及类似地

$$\sum_{i, j}y_j p_{ij}=E(Y)$$

故得证。若 X, Y 是连续随机变量，则

$$\begin{aligned}E(X+Y)&=\int_{-\infty}^{\infty}\int_{-\infty}^{\infty}(x+y)f(x, y)\mathrm{d}x\mathrm{d}y\\&=\int_{-\infty}^{\infty}\int_{-\infty}^{\infty}xf(x, y)\mathrm{d}x\mathrm{d}y+\int_{-\infty}^{\infty}\int_{-\infty}^{\infty}yf(x, y)\mathrm{d}x\mathrm{d}y\\&=E(X)+E(Y)\end{aligned}$$

其中 $\int_{-\infty}^{\infty}f(x, y)\mathrm{d}y=f_X(x)$，$\int_{-\infty}^{\infty}f(x, y)\mathrm{d}x=f_Y(x)$。这个结论可以推广到 n 个随机变量之和的情况，即

$$E(X_1+X_2+\cdots+X_n)=E(X_1)+E(X_2)+\cdots+E(X_n) \tag{5.4.8}$$

4) 设 X, Y 是相互独立的随机变量，则

$$E(XY)=E(X)E(Y) \tag{5.4.9}$$

即两个独立随机变量之积的期望等于各变量期望之积。容易证明:X, Y 为离散型时,有 $p_{ij} = P(X = x_i, Y = y_j) = P(X = x_i)P(Y = y_j)$,则

$$\begin{aligned} E(XY) &= \sum_{i,\, j} x_i y_j p_{ij} = \sum_{i,\, j} x_i y_j P(X = x_i) P(Y = y_j) \\ &= \sum_i x_i P(X = x_i) \sum_j y_j P(Y = y_j) \\ &= E(X)E(Y) \end{aligned}$$

X, Y 为连续型时,有 $f(x,\, y) = f_X(x) f_Y(y)$,则

$$\begin{aligned} E(XY) &= \int_{-\infty}^{\infty}\int_{-\infty}^{\infty} xyf(x,\, y)\mathrm{d}x\mathrm{d}y \\ &= \int_{-\infty}^{\infty} xf_X(x)\mathrm{d}x \int_{-\infty}^{\infty} yf_Y(y)\mathrm{d}y \\ &= E(X)E(Y) \end{aligned}$$

这个结论也可推广到 n 个独立随机变量之积的情况,即

$$E(X_1 X_2 \cdots X_n) = E(X_1)E(X_2)\cdots E(X_n) \tag{5.4.10}$$

上述性质 3)和 4)都要假定各变量的期望都存在。

数学期望 $E(X)$ 是随机变量 X 的均值,而 X 的取值未必正好是 $E(X)$,毋宁说总是与 $E(X)$ 有所偏离,偏离的量 $X - E(X)$ 有正有负,因此不能取 $X - E(X)$ 的均值来度量“平均”偏离的程度(即散布程度),为避免正负相抵,数学处理上比较方便的是取 $X - E(X)$ 的平方的均值来度量 X 偏离 $E(X)$ 的散布程度。设 X 是一个随机变量,有分布 $F(x)$,若 $E[(X - EX)^2]$ 存在,则

$$Var(X) = E[(X - EX)^2] \tag{5.4.11}$$

称为随机变量 X 或分布 $F(x)$ 的方差,其正的平方根 $\sqrt{Var(X)}$ 称为标准差。由上式,容易得到

$$
\begin{aligned}
Var(X) &= E[(X-EX)^2] = E[X^2 - 2XEX + (EX)^2] \\
&= E(X^2) - 2EXEX + E[(EX)^2] \\
&= E(X^2) - (EX)^2
\end{aligned}
\tag{5.4.12}
$$

这个性质在计算时比方差的定义(5.4.11)式更常用。由方差的定义,方差小,意味着 X 的取值平均来讲更集中在 $E(X)$ 附近;方差大,则 X 的取值平均来讲更为分散。方差是随机变量 X 的函数 $g(X)=(X-EX)^2$ 的期望,故根据期望的定义,对于离散型随机变量,有

$$Var(X) = \sum_{i=1}^{\infty} (x_i - EX)^2 p_i$$

对于连续型随机变量,则

$$Var(X) = \int_{-\infty}^{\infty} (x-EX)^2 f(x)\mathrm{d}x$$

由方差的定义和数学期望的性质,还可推出方差的许多有用的性质:

1) 若 c 是常数,则 $Var(c)=E[c-E(c)]^2=E(c-c)^2=0$。即常数的方差为0。

2) 若 c 是常数,则由于 $E(cX)=cE(X)$,有

$$
\begin{aligned}
Var(cX) &= E[cX - E(cX)]^2 \\
&= c^2E(X-EX)^2 = c^2Var(X)
\end{aligned}
\tag{5.4.13}
$$

由于 $E(X+c)=E(X)+E(c)=E(X)+c$,有

$$
\begin{aligned}
Var(X+c) &= E[(X+c)-E(X+c)]^2 \\
&= E(X-EX)^2 = Var(X)
\end{aligned}
\tag{5.4.14}
$$

3) 若 X, Y 是相互独立的随机变量,由于 $E(X+Y)=E(X)+$

$E(Y)$,有

$$\begin{aligned}Var(X+Y) &= E[(X+Y)-E(X+Y)]^2 \\ &= E(X-EX+Y-EY)^2 \\ &= E(X-EX)^2+E(Y-EY)^2+ \\ &\quad 2E[(X-EX)(Y-EY)]\end{aligned} \tag{5.4.15}$$

其中第三项

$$\begin{aligned}&2E[(X-EX)(Y-EY)] \\ &= 2E[XY-XE(Y)-YE(X)+E(X)E(Y)] \\ &= 2[E(XY)-E(X)E(Y)-E(Y)E(X)+E(X)E(Y)] \\ &= 2[E(XY)-E(X)E(Y)] \\ &= 0\end{aligned} \tag{5.4.16}$$

上式最后一个等式用到 $E(XY)=E(X)E(Y)$,故有

$$Var(X+Y)=Var(X)+Var(Y) \tag{5.4.17}$$

即独立随机变量和的方差等于各变量方差之和。这一性质可以推广到 n 个独立随机变量之和的情况。

对于二维随机变量 (X, Y),称

$$Cov(X, Y)=E[(X-EX)(Y-EY)] \tag{5.4.18}$$

为 X, Y 的协方差,从式(5.4.16)的推导可看到

$$Cov(X, Y)=E(XY)-E(X)E(Y) \tag{5.4.19}$$

而且,若 X, Y 相互独立,则 X, Y 的协方差为0,但反之则不然,即不能由 X, Y 的协方差为0得出 X, Y 相互独立。$Cov(X, Y)=0$ 时,称 X, Y 不相关。因此,独立与相关是两个不同的概念,独立导致不相关,但反之不成立。现在由式(5.4.19)可知,若 $Cov(X, Y)=0$,则 $E(XY)=E(X)E(Y)$。同样,式(5.4.15)可写为

$$Var(X+Y)=Var(X)+Var(Y)+2Cov(X, Y) \tag{5.4.20}$$

且当 $Cov(X, Y)=0$,即 X, Y 不相关时,有

$$Var(X+Y)=Var(X)+Var(Y)$$

由协方差的定义还可直接推出一些有用的性质,例如

$$Cov(X, Y)=Cov(Y, X)$$

以及,若 a, b 为常数,则

$$Cov(aX, bY)=abCov(X, Y)$$

如果对随机变量 X, Y 进行标准化处理,就可消除协方差的量纲,记 $Var(X)=\sigma_X^2$, $Var(Y)=\sigma_Y^2$,则

$$Cov\left(\frac{X-EX}{\sigma_X}, \frac{Y-EY}{\sigma_Y}\right)=\frac{Cov(X, Y)}{\sigma_X\sigma_Y}=\rho_{XY} \tag{5.4.21}$$

称为 X, Y 的相关系数,记为 ρ_{XY},这也就是标准化随机变量的协方差。

期望和方差都是某种矩(moment),矩是随机变量的一类重要的数字特征。设 X 为随机变量,c 为常数,k 为正整数,则

$$E[(X-c)^k]$$

称为 X 关于点 c 的 k 阶矩。若 $c=E(X)$,称

$$\mu_k=E[(X-EX)^k]$$

为 X 的 k 阶中心矩。X 的方差 $Var(X)$ 就是二阶中心矩

$$\mu_2=E[(X-EX)^2]$$

若 $c=0$,称

$$\mu_k'=E(X^k)$$

为 X 的k 阶原点矩。X 的期望$E(X)$ 即是一阶原点矩

$$\mu_1' = E(X)$$

根据(5.4.4)和(5.4.5),容易写出,对于离散型随机变量

$$\mu_k' = E(X^k) = \sum_i x_i^k p_i$$

对于连续型随机变量

$$\mu_k' = E(X^k) = \int_{-\infty}^{\infty} x^k f(x) \mathrm{d}x$$

由定义式还可得到

$$\mu_1 = 0$$
$$\mu_2 = \mu_2' - \mu_1'^2$$

等等。矩的概念我们将在第 6 章进一步用到。

上一节最后的部分,我们定义了条件分布,条件分布是随机变量X和Y的相依关系在概率上的完全的描述。条件分布的数学期望,称为条件数学期望,即给定 X 取值的条件下,Y 的条件分布的期望,记为$E(Y|X=x)$,简记为$E(Y|x)$。若(X, Y) 为二维离散随机变量,则

$$E(Y|X=x) = \sum_j y_j P(Y=y_j|X=x) \quad (5.4.22)$$

若 (X, Y) 为二维连续随机变量,则

$$E(Y|X=x) = \int_{-\infty}^{\infty} yf(y|x) \mathrm{d}y \quad (5.4.23)$$

条件期望由于是条件分布之期望,因此具有数学期望的一切性质。值得注意的是,$E(Y|x)$ 是 x 的函数,因此可以记

$$g(x) = E(Y|x)$$

若把条件期望看成是随机变量 X 的函数,记为

$$g(X) = E(Y|X)$$

则可将 $E(Y|x)$ 看成是 $X = x$ 时 $E(Y|X)$ 的取值。设二维连续随机变量 (X, Y) 的联合密度函数为 $f(x, y)$,X, Y 的边缘密度函数分别为 $f_X(x)$,$f_Y(y)$, 则

$$\begin{aligned}E(Y) &= \int_{-\infty}^{\infty} y f_Y(y)\mathrm{d}y = \int_{-\infty}^{\infty}\int_{-\infty}^{\infty} y f(x, y)\mathrm{d}x\mathrm{d}y \\ &= \int_{-\infty}^{\infty}\int_{-\infty}^{\infty} y f(y|x) f_X(x)\mathrm{d}x\mathrm{d}y \\ &= \int_{-\infty}^{\infty}\left[\int_{-\infty}^{\infty} y f(y|x)\mathrm{d}y\right] f_X(x)\mathrm{d}x\end{aligned}$$

其中用到(5.3.27),即 $f(x, y) = f(y|x) f_X(x)$。上式方括号中的积分是 $E(Y|x)$, 故有

$$\begin{aligned}E(Y) &= \int_{-\infty}^{\infty} E(Y|x) f_X(x)\mathrm{d}x = \int_{-\infty}^{\infty} g(x) f_X(x)\mathrm{d}x \\ &= E[g(X)] = E[E(Y|X)] \qquad (5.4.24)\end{aligned}$$

式(5.4.24)称为期望迭代定理,我们很快将多次用到它(第 7 章和第 8 章)。

第6章 统计推断

6.1 总体与样本

在第3章中,我们在元素集合的意义上给出了总体和样本的定义,简单来说,总体是元素(个体)的集,样本则是总体的子集。在抽样调查的角度,我们关心的是组成总体的个体,因为个体是观察单位。但在研究的角度上,我们直接关心的并不是这些个体,而是有关个体的各种研究变量。例如,我们感兴趣的是大学生的学习成绩这个变量,每个学生都有一个学习成绩变量的值,如学生甲的绩点是3.5,学生乙的绩点是3.7,等等。但在抽样并观测前,我们并不知道每个学生的绩点。现在我们随机抽取一个学生来观测其绩点,则观测结果将是全部可能绩点值中的一个,至于到底会是哪一个值,则是不确定的,是随机的。因此,从一群学生中抽取一个学生,其学习成绩是一个随机变量,这里抽样是一个随机试验。现在,我们已经成功地把注意力从由个体(本例中是学生)组成的总体,转到这一总体中全部学生的学习成绩(一堆数),进而转到随机抽取一个学生其学习成绩是一个随机变量(所有可能取值中随机抽取一个)。——学习成绩既是一个随机变量,则它就有概率分布,这个概率分布刻画了总体(一堆数)的概率性质,数理统计学中,把这一随机变量的概率分布,称为总体分布,简称总体。因此,“总体就是一个概率分布”(陈希孺,2000)[153]。

我们不妨再举一例,以进一步说明总体这个概念的含义。例如称一物体的重量,用一把秤去称一次,其量测结果是一切可能量测结果中的一个,也就是说,量测结果是一个随机变量。这个例子中,"一切可能量测结果"并不像我们在学生成绩的例子中那样可以全部列出来,因为"一切"意味着无限,而我们不可能进行无限次的量测。为了说明问题,不妨把"一切可能量测结果"称为总体,则称一次就相当于制造了一个个体(一个量测值)。量测结果是随机的,如果我们假定量测结果服从正态分布,这就给总体规定了分布,不过此时意味着:1)秤是无限精确的。2)我们称无限次。这里涉及到英国统计学家 R. A. 费歇尔提出的"无限总体"的概念。实际问题中总体总是有限的,如本例中我们不可能称无限次。此外,秤只能精确到一定程度,因此即使设想称无限次,量测结果也是可列的。因此现实问题中的总体分布都是离散型的,缺乏一个简洁的数学形式。引进无限总体的概念,意味着在个体数很大时,可以用连续分布去逼近离散分布。这就是我们说"量测结果服从正态分布"的含义,类似地,我们也可以在近似的意义上说,从很大的学生数中抽出一个学生其成绩服从正态分布。这样,就对上述两个例子中的总体规定了一个分布——一个包含两个参数的正态分布 $N(\mu,\sigma^2)$,而且我们都称它们为正态总体,它们是同一类总体,在统计问题的处理上也是完全相同的。当然在这两个正态总体中,参数 μ,σ^2 未必相同。正态分布由于两个未知参数未必相同,因此是一个概率分布族。这样,一个总体的概念严格来说,是指"概率分布族的一员"(陈希孺,2000)[154]。

从上述讲法来看,总体似乎是一个"难以捉摸"的概念,因为它有时被用作"全部个体的集合",有时被用作"随机试验的全部可能结果的集合"(也即"样本空间"),最后又被理解为一个"概率分布"或"概率分布族的一员"。可以把这些不同的说法看作是"不同方面的叙述"或"不同目的的叙述",真正重要的是,当谈到总体时我们要能分辨,总体这一术语是在什么意义上来使用的,因为这些不同的用法,都在不同的意义上有其用处,并且也有助于我们对总体概念的理解。

有了总体的清晰概念之后,样本概念的理解就颇为容易了。因为相应地就有,"样本是从总体中抽出的部分个体""样本是样本空间中的一部分"或者"样本是由样本空间中的样本点组成的集合"。最后,我们当然要把样本理解为随机变量,或者一组随机变量。我们可以继续用上述学生成绩的例子来说明。从 N 个学生中随机抽取 n 个,则我们得到包含 n 个学生的样本。现在我们的兴趣不在于学生个体,而在于由观测这 n 个学生得到的学生成绩,记为 X_1, X_2, …, X_n,其中 n 称为样本大小或样本量。现在每个 X_i, $i=1$, 2, …, n,不过是一个数值,称为第 i 个样本,而 X_1, X_2, …, X_n 是一组数值,把它称为一组样本,就是一组观测数据或样本数据。现在我们继续考察对于学生总体的抽样过程,并进一步把这一过程看作是从 N 个可能取值中抽取一个的随机试验。实际上,从一个概率分布为 $f(x, \theta)$ 的总体 X 中,"随机抽取"一个样本 X_i,不过是在相同的意义上,从不同出发点说了同一件事情——如前所述,所谓总体 X,或 X 的概率分布,不过就是相应于一个随机试验,一个随机变量 X 的全部可能结果中任取一个可能结果的概率分布。这就是说,我们在把总体定义为"一个概率分布"时,就暗含着对样本 X_i 的定义:X_i 的分布就是 $f(x, \theta)$。也是在这个意义上,甚至直接就可以把总体分布定义为"当样本容量为1时的样本分布"(陈希孺 等,2009)[11]。对于 $X_i (i=1, 2, \cdots, n)$ 来说,如果样本是一个一个抽取且每抽一个都放回的,则 X_1, X_2, …, X_n 都是独立的且有相同分布 $f(x, \theta)$,称为独立同分布的样本(i. i. d.)。如果样本抽取是不放回的,则第二次抽取时,总体中的个体就少了一个,其分布略有变化,但是这种变化在总体中个体数极大,或者在无限总体的情况下,其分布变化可以忽略不计或者分布并无变化。这样,一组随机样本 $X_1, X_2, \cdots, X_n$ 就是一组随机变量。这一组随机变量的观测值或实现值,把它记为 $x_1, x_2, \cdots, x_n$,就是一组样本数据或称观测数据。样本既是一组随机变量,又是一组观测数据,这被称为"样本的二重性"(陈希孺 等,2009)[21]。

样本的这种"二重性",实际上就是我们要把样本看作是随机变量,或者说我们现在能够把样本当作随机变量来处理,这对于数理统计学家来说,是"一件平凡的事"(陈希孺 等,2009)[11],但它确实是有些"不平凡的"。因为如果只把样本看成是一组数据(数值),虽然不能说样本不包含总体信息,因为无论如何样本总是来自于总体的,但样本与总体之间就没有一个清楚的(可明说的)关联。这就是为什么一种根深蒂固的日常观念是大大地值得质疑的,这种日常观念认为,只要我们从总体中按"科学的方法"抽样,则所得样本即具有对总体的"代表性",例如简单随机样本是有代表性的,等等。不得不说,或者这样的表述是含糊不清的,或者这样的观念是误导的。这些误导的一种最常见的后果,是日常情形中人们往往把由样本数据计算所得的描述性统计结果,直接推论到总体,而并未意识到这样做是错的(这事情没这么简单)。不妨举一个简单但十分明显的例子,从一个班的学生中抽取一个简单随机样本(用随机数表),样本容量为 5,计算出 5 名学生的平均成绩为 85 分,我们马上可以知道,由此推出全班学生的平均成绩是 85 分未必是对的,因为再抽一个 5 名学生的样本,其平均成绩不一定还是 85 分,而可能是 75 分或其他什么分数。这个例子要实际验证一下非常容易,当然,如果从全校学生中抽取 100 名学生,实际验证一下也未必是难事。这就是把样本仅看作数据时的实际情况,"直接推论"在逻辑上(因而方法上)是错的,一是因为没有依据(用的是归纳法),二是不能合乎逻辑地说明,85 分或 75 分或其他什么分数,究竟哪个才对。但一旦我们把样本作为随机变量来看待,样本就包含了更多的总体信息,即概率分布方面的信息,换句话说,样本分布给出了样本的完整刻画。当然,这种刻画是概率意义上的,除此而外,样本就没有更多关于总体的信息了。

以上例子表明,利用样本数据推论总体时,样本的随机性是不可忽略的,或者我们说,(样本)数据是有随机性的。因此在数理统计学上,"随机样本"是在包含随机性的意义上,或说在概率分布的意义上,来给出其严格的定义的:设 $X_1, X_2, \cdots, X_n$ 是具有相同概率密度函数 $f(x, \theta)$ 的一组相互独立的随机变量,则称 $(X_1, X_2, \cdots, X_n)$ 是来自代表着总体的密度分布 $f(x, \theta)$ 的一个容量为 n 的随机样本,简称为样本。这就是当我们说"从总体中抽出一个大小为 n 的随机样本"在概率意义上的含义。如前面讨论,$X_1, X_2, \cdots, X_n$,是一组取自分布 $f(x, \theta)$ 的独立同分布样本,现在我们把 $(X_1, X_2, \cdots, X_n)$ 这一 n 维随机变量称为(一个)样本,则它的分布是 n 个具有相同概率密度的独立随机变量的联合分布,这个分布也称它为"样本分布"(这与把 X_i 称为一个样本,且都独立同分布,不至于引起混淆),是对这一样本(容量为 n)的最为完整的刻画(其中包含了未知参数 θ),或者我们就称它为样本 $X_i (i = 1, 2, \cdots, n)$ 的联合概率密度:

$$\prod_{i=1}^{n} f(x_i, \theta) = f(x_1, \theta) f(x_2, \theta) \cdots f(x_n, \theta)$$

随机样本的定义中,$f(x, \theta)$ 代表一个"总体分布"或一个总体 (X),其中 θ 是未知参数。因此,说总体由总体分布 $f(x, \theta)$ 来刻画,或者说上述容量为 n 的样本由"样本分布"来刻画,基本上是同一个含义(在独立同分布的情况下)。例如,设 $f(x, \theta)$ 是一个正态分布 $N(\mu, \sigma^2)$ 的密度函数,$(X_1, X_2, \cdots, X_n)$ 是来自于此正态总体 $N(\mu, \sigma^2)$ 的一个随机样本,其中包含两个未知参数,即 $\theta_1 = \mu$, $\theta_2 = \sigma^2$,或 $\theta = (\mu, \sigma^2)$,则样本 $(X_1, X_2, \cdots, X_n)$ 的联合分布为:

$$f(x_1, x_2, \cdots, x_n; \mu, \sigma^2) = (\sqrt{2\pi\sigma^2})^{-n}\exp\left(-\frac{1}{2\sigma^2}\sum_{i=1}^{n}(x_i-\mu)^2\right)$$

这个联合密度在用最大似然法估计参数时就有它的用处。需要注意,上式是基于能够得到 X_i 是独立同分布这一假定的,这意味着“抽取”X_i 是没有“偏颇”的,换言之,总体中的个体被抽取的机会不偏不倚,即等概率抽取。还值得注意的是,对于实际问题,正态总体也总是一种假定(因为总体的情形没有信息或证据可资证明)。多数时候这种假定可认为近似成立,以前述称重的例子来说,称量误差一般可认为是由大量小的彼此独立的随机性误差累加而成,因此根据中心极限定理,称量误差近似服从正态分布,假定所用的秤没有系统误差,即假定称量误差的均值为 0,于是称量结果 X_i 服从 $N(\mu, \sigma^2)$,其中 μ 是物体的称量结果的均值(或认为是物体的真实重量),而方差 σ^2 则描述了秤的精度。在这个例子中,X_i 独立同分布,意味着称量是在“同样条件下”,并且“独立”地进行的,这一假定相当于上述“等概率抽取”所要求的“没有偏倚”。

6.2 统计量与抽样分布

对于上述学生平均成绩的例子来说,我们从样本 $X_1, X_2, \cdots, X_n$ 中求出均值

$$\bar{X} = \frac{1}{n}\sum_{i=1}^{n} X_i = \frac{1}{n}(X_1 + X_2 + \cdots + X_n)$$

目的是以此来估计总体中学生的平均成绩。假设 $X_1, X_2, \cdots, X_n$ 独立同分布,且服从正态分布 $N(\mu, \sigma^2)$,则 $X_1 + X_2 + \cdots + X_n$ 也服从正态分布,也就是说,$\bar{X}$ 也服从正态分布,这样,这个估计的统计性质就由这一分布决定了。这里 $\bar{X}$ 称为统计量,它的值(称为统计

值)是由样本数据计算而得,即

$$\bar{x}=\frac{1}{n}\sum_{i=1}^{n}x_i=\frac{1}{n}(x_1+x_2+\cdots+x_n)$$

很明显,我们是把统计量 $\bar{X}$ 看成是随机变量,而 $\bar{x}$ 是这个随机变量的实现值。统计量是样本的函数,即它只依赖于样本,而与总体分布中的未知参数无关。但是例如 $\bar{X}-\mu$ 就不是一个统计量,因为它包含正态分布 $N(\mu, \sigma^2)$ 中的一个未知参数 μ。统计量是对样本信息的一种有目的的“加工”,以便把一堆杂乱无章的样本数据中的信息“汇总”起来,得到某些有意义的“说法”,例如,“班级平均成绩”用来说明这个班级的学习情况。对于估计总体分布中的参数而言,统计量都是根据需要“构造”出来的,例如上述样本均值 $\bar{X}$,用于估计未知参数 μ,即总体的均值。这种用于估计的统计量,又称为估计量,显然估计量是一个随机变量,如估计量 $\bar{X}$,而它的实现值 $\bar{x}$,称为估计值。统计量既是一个随机变量,那么它就有概率分布,例如前面我们说 $\bar{X}$ 服从正态分布。值得一提的是,统计量的分布是包含参数的,这与统计量作为样本的函数不包含参数并没有矛盾,事实上,如果统计量的分布不包含参数,那么统计量也就没什么用处了。一个统计量的概率分布,也被称为该统计量的抽样分布,这是由于统计量由样本计算而得,而样本则来自于抽样。抽样分布就刻画了(来自样本的)统计量的(抽样的)随机性。

样本均值是最为常用的统计量,另一个同样常用的统计量是样本方差,设 $X_1, X_2, \cdots, X_n$ 是来自总体 X 的样本,则样本均值

$$\bar{X}=\frac{1}{n}\sum_{i=1}^{n}X_i=\frac{1}{n}(X_1+X_2+\cdots+X_n) \qquad (6.2.1)$$

而样本方差为

$$S^2=\frac{1}{n-1}\sum_{i=1}^{n}(X_i-\bar{X})^2 \qquad (6.2.2)$$

样本方差度量了 X_i 的散布程度(平均意义上),可用于估计总体分布的方差。式中 $n-1$,称为 S^2 的自由度,它也是样本量的一种度量。自由度的含义是,X_i 中每个样本的取值都可自由变动,应有 n 个自由度,由于计算了 $\bar{X}$,现在有 $n-1$ 个取值可自由变动,剩下的一个取值则受 $\bar{X}$ 的约束,不可自由变动,因此自由度就成为 $n-1$。也可以换个说法,S^2 是 n 个数 $X_i-\bar{X}$ 的平方和,但这 n 个数有一个约束,即 $\sum_{i=1}^{n}(X_i-\bar{X})=0$,因此 S^2 的自由度是 $n-1$。取样本方差的正平方根,就得到样本标准差

$$S=\sqrt{S^2}=\sqrt{\frac{1}{n-1}\sum_{i=1}^{n}(X_i-\bar{X})^2}$$

我们知道,随机变量 X 的期望和方差是两个矩量,分别为一阶原点矩和二阶中心矩,这是一个随机变量的矩的两个特例。相应地,样本均值和样本方差也是样本矩的两个特例。样本矩是一类重要的统计量。与 k 阶总体矩(原点矩和中心矩)相对应的样本矩是

$$m'_k=\frac{1}{n}\sum_{i=1}^{n}X_i^k \tag{6.2.3}$$

称为样本 k 阶原点矩,以及

$$m_k=\frac{1}{n}\sum_{i=1}^{n}(X_i-\bar{X})^k \tag{6.2.4}$$

称为样本 k 阶中心矩,显然

$$m'_1=\frac{1}{n}\sum_{i=1}^{n}X_i,\ m_2=\frac{1}{n}\sum_{i=1}^{n}(X_i-\bar{X})^2$$

分别是样本均值和“样本方差”。其中“样本方差”与式(6.2.2)有

所不同，后者对自由度作了修正，因此可用于总体方差的无偏估计。对应于总体矩（又称为理论矩），样本矩也称为经验矩，即可把它看作是经验分布函数的矩。设总体有分布函数 $F(x)$，其 k 阶原点矩和中心矩为 μ'_k 和 μ_k，由于分布函数 F 未知，故其矩也未知。现在有从 $F(x)$ 中抽出的独立同分布样本 X_1，…，X_n，可以构造一个离散分布 F_n，它在每个取值 X_i 处的概率均为 $1/n$（n 个样本 X_1，…，X_n 的地位平等），定义 $F_n(x)$ 为：

$$F_n(x)=\frac{S(x)}{n}=P\{X_i\leqslant x\}$$

其中 $S(x)$ 是 X_1，…，X_n 中不大于 x 的个数，$S(x)/n$ 就是事件 $\{X_i\leqslant x\}$ 的概率，故 $F_n(x)$ 是一个分布函数，称为样本 X_i 的经验分布函数。按（总体）矩的定义计算 $F_n(x)$ 的 k 阶原点矩和中心矩，其结果就等于 m'_k 和 m_k。不妨先以原点矩为例来说明，一阶原点矩即 $E(X)$，对于 $F_n(x)$ 这个离散分布，根据期望的定义，有

$$\mu'_1=E(X_i)=\sum_{i=1}^{n}\frac{1}{n}X_i=\frac{1}{n}\sum_{i=1}^{n}X_i=m'_1$$

对于 k 阶原点矩，由于 X_i^k 是 X_i 的函数，则根据关于随机变量函数的期望的定理，有

$$\mu'_k=E(X_i^k)=\sum_{i=1}^{n}\frac{1}{n}X_i^k=\frac{1}{n}\sum_{i=1}^{n}X_i^k=m'_k$$

k 阶中心矩的情形与此类似，无非是：

$$\begin{aligned}\mu_k&=E[(X_i-EX_i)^k]=\sum_{i=1}^{n}\frac{1}{n}\left(X_i-\frac{1}{n}\sum_{i=1}^{n}X_i\right)^k\\&=\frac{1}{n}\sum_{i=1}^{n}(X_i-\bar{X})^k=m_k\end{aligned}$$

这样,经验矩无非就是经验分布函数的矩,也就是,样本矩即是分布 $F(x)$ 的经验分布函数 $F_n(x)$ 的矩。对于经验分布函数 $F_n(x)$,1933 年格里纹科(Glivenko)证明了对于任一实数 x,当 $n\to\infty$ 时,记$D_n=\sup\limits_{-\infty<x<\infty}|F_n(x)-F(x)|$,则有

$$P\{\lim_{n\to\infty}D_n=0\}=1$$

这是说当 $n\to\infty$ 时,$F_n(x)$ 以概率1一致收敛于 $F(x)$,因此可以认为,当 n 足够大时,$F_n(x)$ 是 $F(x)$ 的一个很好的近似,这就是经典统计推断中以样本推断总体的理论依据,例如对于矩法估计,格里纹科定理在一个理论高度上给出了矩法估计中用样本矩来估计(替换)总体矩的依据: n 足够大时,$F_n(x)$ 既然是 $F(x)$ 的一个很好的近似,则经验矩(样本矩)是总体矩的一个很好的近似。

统计推断中,仅知道统计量的样本函数形式常常是不够的,例如进行区间估计或假设检验时,都需要知道统计量的确切分布。对于样本均值,可以从正态总体分布导出它的精确(抽样)分布,也可以根据中心极限定理得到它的渐近分布。设总体 X 有均值μ 和方差σ^2,$X_1,\cdots,X_n$ 是来自X 的独立同分布样本,则容易得到样本均值 $\bar{X}$ 的期望为

$$E(\bar{X})=E\left(\frac{1}{n}\sum_{i=1}^{n}X_i\right)=\frac{1}{n}\sum_{i=1}^{n}EX_i=\frac{1}{n}\sum_{i=1}^{n}\mu=\mu$$

方差为

$$\begin{aligned}Var(\bar{X})&=Var\left(\frac{1}{n}\sum_{i=1}^{n}X_i\right)=\left(\frac{1}{n}\right)^2\sum_{i=1}^{n}Var(X_i)\\&=\left(\frac{1}{n}\right)^2\sum_{i=1}^{n}\sigma^2=\frac{\sigma^2}{n}\end{aligned}$$

设总体 X 服从正态分布,即 $X\sim N(\mu,\sigma^2)$,则由有限个独立正态随机变量的线性组合仍服从正态分布的结论(证明参见茆诗松

等,2004)可知,样本均值$\bar{X}=(X_1+\cdots+X_n)/n$也服从正态分布,此正态分布的形状由上述样本均值的期望和方差这两个参数决定,因此有

$$\bar{X} \sim N(\mu, \sigma^2/n)$$

当总体分布未知或不为正态时,则由中心极限定理可知,当$n \to \infty$时,有限个随机变量和的分布极限收敛于正态分布,由于$X_1, \cdots, X_n$独立同分布于X,则样本均值的期望和方差分别为μ和σ^2/n,故样本均值的渐近分布(asymptotic distribution)为$N(\mu, \sigma^2/n)$,常记为

$$\bar{X} \overset{a}{\sim} N(\mu, \sigma^2/n)$$

统计量是样本的函数,如果总体分布已知并且有来自该总体的独立同分布样本,则理论上统计量的精确分布就可由此定出,但多数情形下都不像上述样本均值的情况那么"简单",实际情况是,要推导多数统计量的分布一般来说是困难的。好在一些最为常用的统计量的分布已经导出并证明,例如χ^2分布、t分布和F分布,常称为三大统计分布,在统计推断中有着十分重要的作用,这些分布实际上基于标准正态分布而导出(证明可参阅陈希孺 等,2000),其分布的密度函数中都不含参数(因而分布就成为"已知的")。

1) χ^2分布。设$X_1, \cdots, X_n$是来自总体$N(0, 1)$的独立同分布样本,则统计量

$$\chi^2 = \sum_{i=1}^{n} X_i^2$$

服从自由度为n的χ^2分布(读为卡方分布),记为$\chi^2 \sim \chi_n^2$,n为独立随机变量的个数。χ_n^2分布的密度函数为

$$k_n(x)=\begin{cases}\dfrac{1}{2^{n/2}\Gamma\left(\dfrac{n}{2}\right)}\mathrm{e}^{-x/2}x^{\frac{n}{2}-1}, & x>0\\ 0, & x\leqslant 0\end{cases}$$

这个密度函数称为皮尔逊卡方密度，由英国统计学家 K. 皮尔逊的工作而得名，其图形是取值为非负的偏态分布。还可证明，χ^2 分布的期望 $E(\chi^2)$ 为自由度 n，方差 $Var(\chi^2)$ 为 $2n$。自由度不同，χ^2 分布的形状就不同。对于给定正数 $\alpha(0<\alpha<1)$，卡方分布的上 α 分位点是满足

$$P\{\chi^2>\chi^2_{n,\alpha}\}=\int_{\chi^2_{n,\alpha}}^{\infty}k_n(x)\mathrm{d}x=\alpha$$

的点 $\chi^2_{n,\alpha}$。很明显，自由度 n 不同，卡方分布在上分位点 $\chi^2_{n,\alpha}$ 右侧的尾部面积就不同。

2) t 分布。设随机变量 X_1, X_2 独立，$X_1\sim N(0,1)$，$X_2\sim\chi^2_n$，则随机变量

$$T=\frac{X_1}{\sqrt{X_2/n}}$$

服从自由度为 n 的 t 分布，记为 $T\sim t_n$，t_n 即著名的学生(Student)分布，是因 1908 年戈塞特(Gosset)以笔名 Student 发表而得名。t_n 分布的密度函数为

$$t_n(x)=\frac{\Gamma\left(\dfrac{n+1}{2}\right)}{\sqrt{\pi n}\,\Gamma\left(\dfrac{n}{2}\right)}\left(1+\frac{x^2}{n}\right)^{-\frac{n+1}{2}},\quad -\infty<x<\infty$$

$t_n(x)$ 的图形在 $t=0$ 处关于纵轴对称，形状与标准正态分布相似，但其峰较标准正态分布低一些，两侧尾部面积较标准正态分布大

一些。当自由度 n 很大时,t 分布接近于标准正态分布,但当 n 较小,t 分布与标准正态分布就相差较大,正因如此,t 分布对于小样本统计推断有着重要意义。对于给定 $\alpha(0<\alpha<1)$,满足

$$P\{T>t_{n,\alpha}\}=\int_{t_{n,\alpha}}^{\infty}t_n(x)\mathrm{d}x=\alpha$$

的点 $t_{n,\alpha}$ 称为 t_n 分布的上 α 分位点,由于 $t_n(x)$ 的图形是对称的,故有

$$t_{n,1-\alpha}=-t_{n,\alpha}$$

3) F 分布。设随机变量 X_1, X_2 独立,$X_1\sim\chi_m^2$, $X_2\sim\chi_n^2$,则

$$F=\frac{X_1/m}{X_2/n}$$

服从自由度 m 和 n 的 F 分布,记为 $F\sim F_{m,n}$。$F_{m,n}$ 分布的密度函数为

$$f_{m,n}(x)=\begin{cases}\dfrac{\Gamma\left(\dfrac{m+n}{2}\right)}{\Gamma(m/2)\Gamma(n/2)}m^{m/2}n^{n/2}x^{\frac{m}{2}-1}(n+mx)^{-\frac{1}{2}(m+n)}, & x>0\\ 0, & x\leqslant 0\end{cases}$$

这个密度函数的图形也是只取非负值的偏态分布,其形状取决于两个自由度 m 和 n。给定 $\alpha(0<\alpha<1)$,F 分布的上 α 分位点为满足

$$P\{F>F_{m,n,\alpha}\}=\int_{F_{m,n,\alpha}}^{\infty}f_{m,n}(x)\mathrm{d}x=\alpha$$

的点 $F_{m,n,\alpha}$。

χ^2 分布、t 分布和 F 分布在统计上有着广泛的应用,还更在于由它们可以得到一些十分有用的重要性质,例如设 X_1, …, X_n 是

来自正态总体 $X \sim N(\mu, \sigma^2)$ 的独立同分布样本，样本均值为 $\bar{X}$，样本方差为 S^2，则有

$$\frac{(n-1)S^2}{\sigma^2} \sim \chi^2_{n-1}$$

以及 $\bar{X}$ 和 S^2 相互独立这两个性质(证明可参见盛骤 等，2008)，再由 t 分布定义：

$$\frac{\bar{X}-\mu}{\sigma/\sqrt{n}} \Big/ \sqrt{\frac{(n-1)S^2}{\sigma^2}/(n-1)} \sim t_{n-1}$$

其中 $\dfrac{\bar{X}-\mu}{\sigma/n} \sim N(0, 1)$，整理上式左边，可得

$$\frac{\bar{X}-\mu}{S/\sqrt{n}} \sim t_{n-1}$$

上式的用处在后面章节中很快就都能看到。

6.3　点估计

前面已多次提到以样本均值来估计总体的均值，这是最常见的参数估计的一个例子。总体均值(即随机变量 X 的期望)是总体分布 X 的一个参数，它在数轴上是一个点，因此这个例子中是以样本均值这一个点去估计参数这一个点，称为点估计。由于样本的随机性，我们前面已经通过学习成绩的例子说明了参数的点估计并不是某种确定性意义上的东西，否则在方法上就是“武断”的。现在我们似乎可以看出，以样本计算出的样本均值去估计总体的均值，能得到的到底是什么——应该把它概括为“在概率意义上的近似”。换个说法，这问题就成为如何来看什么叫做“一个点估计究竟有多精确”，这就是点估计的评价问题。这问题初看很简

单,例如两个用于估计参数θ的估计量$\hat{\theta}_1$和$\hat{\theta}_2$,那么就看哪个估计量的误差小,哪个就是好的估计量。但问题在于,参数θ是未知的,因此估计的误差也未知。更需考虑的问题还在于,估计量的值(即估计值)与样本有关,由样本计算得到的估计值随样本不同而不同。一个好的估计量,由于抽到一个"不幸"的样本,其估计值也可能与参数差得较远,而一个不甚好的估计量,也可能碰巧抽到一个样本使得计算得到的估计值与参数十分接近。仍以学习成绩为例,设$X_1, \cdots, X_n$是总体X的样本,很明显,学习成绩的样本均值$\bar{X}$是比X_1好的一个估计量,后者仅取一名学生的成绩来估计总体均值,丢弃了样本中的大部分信息。但我们不能排除这样的情况:碰巧X_1的估计值比$\bar{X}$更接近于总体均值。以上讨论中我们使用了三个术语,估计、估计量和估计值。估计一词或指估计量,或指估计值(根据上下文不至于混淆),而重要的是区别估计量和估计值。可以看到,"评价"一个估计值没有什么意义(因为无法从一个个别的样本去评价,这讲法本身就行不通),但评价一个估计量的优劣,我们将寄希望于抽到一个样本后计算出的估计值应是有用的——此即"评价一个估计的优劣"意味着什么,或者一个好的估计能得到什么,这关乎估计量的优良性准则(例如相合性,无偏性和有效性等)。从上述例子中还可看到,任何一个统计量都可以是参数的一个点估计量,或者说,样本的任何一个函数都可称为一个点估计量,但重要的是,任何点估计量都需要经过评估才能确立其价值,这对于上述例子中用样本均值估计总体均值这种基于直观的自然选择是这样,对于采用一些方法来合理选择估计量也是如此。矩法和最大似然法是两种最为常见的点估计方法,应当指出,由它们求得的点估计量,其优劣并无当然保证,求估计量和评价估计量是某种一体两面的事情,有时从估计量的评价反过来可提出新的估计量(例如作修正)。

6.3.1　矩估计法

设 $f(x, \theta)$ 是总体 X 的密度函数(当 X 为连续随机变量)或概率质量函数(当 X 为离散随机变量),其中 $\theta=(\theta_1, \cdots, \theta_k)$ 是总体分布中的未知参数,点估计问题就是如何根据来自总体 X 的随机样本 $X_1, \cdots, X_n$(独立同分布样本)对参数 θ 作出估计,或者,对 $\theta_1, \cdots, \theta_k$ 中的一部分,也可以对 $\theta_1, \cdots, \theta_k$ 的函数 $g(\theta_1, \cdots, \theta_k)$ 作出估计。例如对参数 θ_1 作出估计,就是要构造(或选择)一个合理的统计量 $\hat{\theta}_1(X_1, \cdots, X_n)$,用它的实现值 $\hat{\theta}_1(x_1, \cdots, x_n)$ 作为未知参数 θ_1 的估计值(一个近似值)。类似地,如果 $\hat{\theta}_1, \cdots, \hat{\theta}_k$ 是 $\theta_1, \cdots, \theta_k$ 的估计值,则 $g(\hat{\theta}_1, \cdots, \hat{\theta}_k)$ 就可作为 $g(\theta_1, \cdots, \theta_k)$ 的估计值。

矩估计法是英国统计学家 K. 皮尔逊在 19 世纪末至 20 世纪初提出来的。设 $f(x, \theta)$ 为随机变量 X 的密度函数或概率质量函数,$X_1, \cdots, X_n$ 是来自 X 的样本,则总体分布 X 的前 k 阶原点矩(中心矩也可以)

$$\mu_l'=E(X^l)=\int_{-\infty}^{\infty} x^l f(x, \theta)\mathrm{d}x$$

或

$$\mu_l'=E(X^l)=\sum_i x_i^l f(x_i, \theta)$$

如果存在,其中 $l=1, \cdots, k$,则 μ_l' 依赖于 θ,或说 μ_l' 可表为参数 $\theta_1, \cdots, \theta_k$ 的函数:

$$\begin{gathered}
\mu_1'=g_1(\theta_1, \cdots, \theta_k)\\
\mu_2'=g_2(\theta_1, \cdots, \theta_k)\\
\vdots\\
\mu_k'=g_k(\theta_1, \cdots, \theta_k)
\end{gathered}$$

假定从上述方程组能解出

$$\theta_1 = h_1(\mu'_1, \mu'_2, \cdots, \mu'_k)$$
$$\theta_2 = h_2(\mu'_1, \mu'_2, \cdots, \mu'_k)$$
$$\vdots$$
$$\theta_k = h_k(\mu'_1, \mu'_2, \cdots, \mu'_k)$$

则以样本矩 $(l = 1, \cdots, k)$

$$m'_l = \frac{1}{n}\sum_{i=1}^{n} X_i^l$$

代替(估计)总体矩 μ'_l,即以 $m'_1, m'_2, \cdots, m'_k$ 分别代替 $\mu'_1, \mu'_2, \cdots, \mu'_k$,就以

$$\hat{\theta}_1 = h_1(m'_1, m'_2, \cdots, m'_k)$$
$$\hat{\theta}_2 = h_2(m'_1, m'_2, \cdots, m'_k)$$
$$\vdots$$
$$\hat{\theta}_k = h_k(m'_1, m'_2, \cdots, m'_k)$$

来估计 $\theta_1, \cdots, \theta_k$。以样本矩来估计总体矩的依据已如 6.2 节所述(Glivenko 定理)。以下不妨看一个矩法估计的简单例子:设 $X_1, \cdots, X_n$ 是来自总体 X 的样本,X 有均值 μ 和方差 σ^2,但均未知,现在要求 μ 和 σ^2 的矩估计量。按上述做法,有

$$\mu'_1 = E(X) = \mu$$
$$\mu'_2 = E(X^2) = Var(X) + [E(X)]^2 = \sigma^2 + \mu^2$$

可解得

$$\mu = \mu'_1$$
$$\sigma^2 = \mu'_2 - \mu^2 = \mu'_2 - \mu'^2_1$$

以样本矩 m'_1, m'_2 代替总体矩 μ'_1, μ'_2,得矩估计量

$$\hat{\mu}=m_1'=\frac{1}{n}\sum_{i=1}^{n}X_i=\bar{X}$$

$$\hat{\sigma}^2=m_2'-m_1'^2=\frac{1}{n}\sum_{i=1}^{n}X_i^2-\left(\frac{1}{n}\sum_{i=1}^{n}X_i\right)^2$$

$$=\frac{1}{n}\sum_{i=1}^{n}X_i^2-\bar{X}^2=\frac{1}{n}\sum_{i=1}^{n}(X_i-\bar{X})^2$$

稍后将证明，$\hat{\mu}$ 是 μ 的无偏估计，但 $\hat{\sigma}^2$ 对方差 σ^2 的估计却不是无偏的，这就是为什么 6.2 节中提到的样本方差不是 $\frac{1}{n}\sum_{i=1}^{n}(X_i-\bar{X})^2$，而是 $S^2=\frac{1}{n-1}\sum_{i=1}^{n}(X_i-\bar{X})^2$，后者对自由度作了修正而提出一个新的无偏估计量。从这个例子还可以看到，使用矩估计法不必知道分布的形式，这也是矩法特别有用的地方。使用矩法几乎总能求出估计值，但不足是多数情况下，矩法导出的估计量往往需要改进（修正）。

6.3.2　最大似然估计法

与矩估计法不同的是，最大似然估计法要求知道分布的形式，其思想最早始于高斯的误差理论，但把它作为一个一般的估计方法提出来的是 R. A. 费歇尔（1921 年）。相对其他估计方法，最大似然估计法一般来说更为优良，是使用广泛也最为流行的求估计量的方法。设 $X_1, \cdots, X_n$ 是来自总体分布 $f(x;\theta_1,\cdots,\theta_k)$ 的独立同分布样本，则样本 $(X_1,\cdots,X_n)$ 的密度函数（或概率质量函数，当 X 为离散随机变量时）为

$$L(x_1,\cdots,x_n;\theta_1,\cdots,\theta_k)=\prod_{i=1}^{n}f(x_i;\theta_1,\cdots,\theta_k)$$

把 $\theta_1,\cdots,\theta_k$ 看作固定，$X_1,\cdots,X_n$ 取不同值 $x_1,\cdots,x_n$ 时，L 是

密度函数或概率质量函数,就是说,如果

$$L(x_1', \cdots, x_n'; \theta_1, \cdots, \theta_k) > L(x_1'', \cdots, x_n''; \theta_1, \cdots, \theta_k)$$

则观察点 $(x_1', \cdots, x_n')$ 比 $(x_1'', \cdots, x_n'')$ 出现的可能性大。现在已经得到一个观察点即样本(值),即相当于固定 $X_1, \cdots, X_n$ 的取值,如果

$$L(x_1, \cdots, x_n; \theta_1', \cdots, \theta_k') > L(x_1, \cdots, x_n; \theta_1'', \cdots, \theta_k'')$$

那么参数 $(\theta_1, \cdots, \theta_k)$ 是 $(\theta_1', \cdots, \theta_k')$ 的可能性,比它是 $(\theta_1'', \cdots, \theta_k'')$ 的可能性大,如果有 $(\hat{\theta}_1, \cdots, \hat{\theta}_k)$,使参数 $(\theta_1, \cdots, \theta_k)$ 是它的可能性为最大,即

$$L(x_1, \cdots, x_n; \hat{\theta}_1, \cdots, \hat{\theta}_k) = \max_{\theta_1, \cdots, \theta_k} L(x_1, \cdots, x_n; \theta_1, \cdots, \theta_k)$$

那么就以 $(\hat{\theta}_1, \cdots, \hat{\theta}_k)$ 作为 $(\theta_1, \cdots, \theta_k)$ 的估计值,因为它最可能是参数 $(\theta_1, \cdots, \theta_k)$,称 $(\hat{\theta}_1, \cdots, \hat{\theta}_k)$ 是 $(\theta_1, \cdots, \theta_k)$ 的最大似然估计。如果要估计 $g(\theta_1, \cdots, \theta_k)$,那么 $g(\hat{\theta}_1, \cdots, \hat{\theta}_k)$ 是它的最大似然估计。当 $X_1, \cdots, X_n$ 固定而把 L 看作是 $\theta_1, \cdots, \theta_k$ 的函数,记

$$L(\theta) = L(x_1, \cdots, x_n; \theta_1, \cdots, \theta_k) = \prod_{i=1}^{n} f(x_i; \theta_1, \cdots, \theta_k)$$

其中 $\theta = (\theta_1, \cdots, \theta_k)$,称 $L(\theta)$ 为似然函数。就是说,最大似然估计法是取使似然函数值最大的参数值 $\hat{\theta}$ 作为未知参数 θ 的估计值,此处 $\hat{\theta} = (\hat{\theta}_1, \cdots, \hat{\theta}_k)$。现在求解 $\hat{\theta}$ 不过就是微分学中求最大值的问题,如果 $L(\theta)$ 的偏导数存在,似然方程组

$$\frac{\partial L(\theta)}{\partial \theta_i} = 0, \quad i = 1, \cdots, k$$

的解即是 $\hat{\theta}$。由于要使 $L(\theta)$ 最大,只需 $\ln L(\theta)$ 最大($\ln x$ 是 x 的单调增函数),故 $\hat{\theta}$ 也可由对数似然方程组

$$\frac{\partial \ln L(\theta)}{\partial \theta_i} = 0, \quad i = 1, \cdots, k$$

求解而得到,通常用对数似然方程组求解往往较为方便。这里需注意,方程组都必须有唯一解,且又能验证它是似然函数的一个最大值点。以下举一例说明求最大似然估计的过程:设 $X_1, \cdots, X_n$ 是取自正态总体 $X \sim N(\mu, \sigma^2)$ 的独立同分布样本,求 μ, σ^2 的最大似然估计。由于 X 的概率密度为

$$f(x; \mu, \sigma^2) = \frac{1}{\sqrt{2\pi}\sigma} \exp\left[-\frac{1}{2\sigma^2}(x-\mu)^2\right]$$

则似然函数为

$$\begin{aligned} L(\mu, \sigma^2) &= \prod_{i=1}^{n} \frac{1}{\sqrt{2\pi}\sigma} \exp\left[-\frac{1}{2\sigma^2}(x_i-\mu)^2\right] \\ &= (2\pi)^{-n/2}(\sigma^2)^{-n/2} \exp\left[-\frac{1}{2\sigma^2}\sum_{i=1}^{n}(x_i-\mu)^2\right] \end{aligned}$$

取对数

$$\ln L = -\frac{n}{2}\ln(2\pi) - \frac{n}{2}\ln \sigma^2 - \frac{1}{2\sigma^2}\sum_{i=1}^{n}(x_i-\mu)^2$$

分别对 μ, σ^2 求偏导且令其为 0,得似然方程组

$$\begin{cases} \dfrac{\partial}{\partial \mu}\ln L = \dfrac{1}{\sigma^2}\left(\sum\limits_{i=1}^{n} x_i - n\mu\right) = 0 \\ \dfrac{\partial}{\partial \sigma^2}\ln L = -\dfrac{n}{2\sigma^2} + \dfrac{1}{2(\sigma^2)^2}\sum\limits_{i=1}^{n}(x_i-\mu)^2 = 0 \end{cases}$$

由第一式,得

$$\hat{\mu} = \frac{1}{n}\sum_{i=1}^{n} x_i = \bar{x}$$

代入第二式,得

$$\hat{\sigma}^2 = \frac{1}{n}\sum_{i=1}^{n} (x_i - \bar{x})^2$$

μ 和 σ^2 的最大似然估计量为

$$\hat{\mu} = \frac{1}{n}\sum_{i=1}^{n} X_i = \bar{X}$$

$$\hat{\sigma}^2 = \frac{1}{n}\sum_{i=1}^{n} (X_i - \bar{X})^2$$

可以看到,μ 和 σ^2 的最大似然估计与矩估计,结果是相同的。

6.4 点估计的优良性准则

如前述,评价一个估计的优劣,这个问题的本身以及用什么准则来评估,都并非简单。设 $f(x, \theta)$ 是分布 X 的密度函数,其中 $\theta = (\theta_1, \cdots, \theta_k)$, $X_1, \cdots, X_n$ 是来自 X 的样本,θ 的估计量 $\hat{\theta}(X_1, \cdots, X_n)$ 是样本的函数, $\hat{\theta}$ 不同就得到不同的估计量, 直观地看, $|\hat{\theta}(X_1, \cdots, X_n) - \theta|$ 越小,$\hat{\theta}$ 就越好,但 $\hat{\theta}(X_1, \cdots, X_n)$ 是一个随机变量,其值与样本有关,而 θ 未知,θ 取值于其参数空间(θ 的所有可能取值)。因此,如何评价一个估计与未知参数有多"接近",就需要一些有意义的标准来加以评价,这些用于评价的优良性准则自然要从估计量的分布性质着手。

6.4.1 无偏性

设 $g(\theta)$ 是 θ 的函数,其中 $\theta = (\theta_1, \cdots, \theta_k)$, $\hat{g}(X_1, \cdots, X_n)$ 是 $g(\theta)$ 的估计量,如果对任何可能的 θ, 有

$$E_\theta[\hat{g}(X_1, \cdots, X_n)] = g(\theta)$$

则称 $\hat{g}(X_1, \cdots, X_n)$ 是 $g(\theta)$ 的无偏估计量。如估计的是参数 θ，那么上式就简单地是

$$E_\theta[\hat{\theta}(X_1, \cdots, X_n)] = \theta$$

或更简单地,并把 E_θ 中下标省去,就是

$$E(\hat{\theta}) = \theta$$

无偏性的含义不是说以估计值 $\hat{\theta}(x_1, \cdots, x_n)$ 去估计参数 θ 的值，其结果是“无偏”(刚好相等)的,而是说

$$E[\hat{\theta}(X_1, \cdots, X_n)] - \theta = E[\hat{\theta}(X_1, \cdots, X_n) - \theta] = 0$$

这意思是以 $\hat{\theta}(X_1, \cdots, X_n)$ 估计 θ,对于不同的样本(值),估计值 $\hat{\theta}(x_1, \cdots, x_n)$ 有时偏低有时偏高,把这些偏差在概率上平均起来(求期望),其值为 0。因此无偏性实际上是要求没有系统偏差，但随机误差总是存在的。

设 $X_1, \cdots, X_n$ 是总体 X 的独立同分布样本,如果 X 的 k 阶原点矩 $\mu'_k = E(X^k)$ 存在,按无偏性定义,容易看出样本 k 阶原点矩 $m'_k = \frac{1}{n}\sum_{i=1}^{n} X_i^k$ 是 μ'_k 的无偏估计量:

$$E(m'_k) = \frac{1}{n}\sum_{i=1}^{n} E(X_i^k) = E(X^k) = \mu'_k$$

当 $k = 1$ 时,样本一阶原点矩即样本均值,它是一阶原点矩 $E(X)$ 即总体均值的无偏估计。但对中心矩来说,情况就不是这样了。例如,样本二阶中心矩

$$m_2 = \frac{1}{n}\sum_{i=1}^{n}(X_i - \overline{X})^2$$

就不是二阶中心矩 $E(X - EX)^2$ 的无偏估计量:

$$
\begin{aligned}
E(m_2) &= \frac{1}{n}E\Big[\sum_{i=1}^{n}(X_i-\bar{X})^2\Big]=\frac{1}{n}E\Big[\sum_{i=1}^{n}X_i^2-n\bar{X}^2\Big] \\
&= \frac{1}{n}\sum_{i=1}^{n}E(X_i^2)-E(\bar{X}^2)=E(X^2)-E(\bar{X}^2) \\
&= Var(X)+[E(X)]^2-Var(\bar{X})-[E(\bar{X})]^2 \\
&= Var(X)-Var(\bar{X})=Var(X)-\frac{1}{n}Var(X) \\
&= \frac{n-1}{n}Var(X)=\frac{n-1}{n}\sigma^2
\end{aligned}
$$

其中用到$[E(X)]^2=[E(\bar{X})]^2$,σ^2为总体X的方差,即$Var(X)=E(X-EX)^2=\sigma^2$,可见样本二阶中心矩$m_2$不是总体方差的无偏估计,相差了一个常数因子$\frac{n-1}{n}$,因此如对$m_2$作如下修正:

$$S^2=\frac{n}{n-1}m_2=\frac{1}{n-1}\sum_{i=1}^{n}(X_i-\bar{X})^2$$

则

$$E(S^2)=\frac{n}{n-1}E(m_2)=\sigma^2$$

即S^2是总体方差的无偏估计,S^2称为样本方差。小样本时,要用S^2作为总体方差的无偏估计量,因为此时如用m_2作估计将系统地偏小。而当样本大小$n\to\infty$,则有$E(m_2)\to\sigma^2$,因此m_2是总体方差的渐近无偏估计量,在样本足够大时,m_2可近似看成是σ^2的无偏估计。此外,无偏性一般不具有不变性,即若$\hat{\theta}$是θ的无偏估计,则$g(\hat{\theta})$不必是$g(\theta)$的无偏估计。例如S^2是总体分布的方差σ^2的无偏估计,但S不是总体分布的标准差σ的无偏估计,考虑到

$$\sigma^2=E(S^2)=Var(S)+[E(S)]^2$$

其中$Var(S) \geqslant 0$(方差总为非负),故有$E(S) \leqslant \sigma$,即以S估计σ总是系统地偏低的。

6.4.2　有效性

一个未知参数往往可以有不止一个无偏估计,有时一个无偏估计量也可能相当糟糕,例如前面提到过以X的样本$X_1, \cdots, X_n$中的X_1去估计总体分布X的均值,由于X_1是独立同分布样本,$E(X_1) = E(X) = \mu$,因此X_1也是μ的无偏估计量,但直觉上看,X_1不是一个好的估计量,远不如样本均值$\bar{X}$为优。一个参数的众多无偏估计量中如何挑选出最优的估计量?一种可供选择的准则是均方误差准则。以估计量$\hat{\theta}(X_1, \cdots, X_n)$去估计$\theta$,其误差是$\hat{\theta}(X_1, \cdots, X_n) - \theta$,这是一个随机变量,取其平方以消除正负相抵,再取其期望:

$$E_\theta[\hat{\theta}(X_1, \cdots, X_n) - \theta]^2$$

称为估计量$\hat{\theta}$的均方误差(mean squared error, MSE),记为$MSE_\theta(\hat{\theta})$,简为$MSE(\hat{\theta})$。均方误差(误差平方的平均),度量了估计量$\hat{\theta}$和参数θ的平均"误差"。一个小的$MSE(\hat{\theta})$,表示$\hat{\theta}$的误差平均来讲较小,因而是较优的估计量。但这不是说(不能保证)抽取一个样本计算出的估计值$\hat{\theta}(x_1, \cdots, x_n)$有小的误差,因为刚好抽到一个误差大的样本也是可能的,最多这种可能性比较小而已。由于

$$\begin{aligned} MSE(\hat{\theta}) &= E(\hat{\theta} - \theta)^2 = E[\hat{\theta} - E(\hat{\theta}) + E(\hat{\theta}) - \theta]^2 \\ &= E[\hat{\theta} - E(\hat{\theta})]^2 + [E(\hat{\theta}) - \theta]^2 \\ &= Var(\hat{\theta}) + [E(\hat{\theta}) - \theta]^2 \end{aligned}$$

其中$E(\hat{\theta}) - \theta$是估计量$\hat{\theta}$的系统偏差,因此均方误差实际上由估计量$\hat{\theta}$的方差和偏差平方两部分组成。对于无偏估计量$\hat{\theta}$,$E(\hat{\theta}) - \theta = 0$,则

$$MSE(\hat{\theta}) = Var(\hat{\theta})$$

这样,用均方误差准则比较无偏估计量,就可归结为方差的比较,在“最小方差准则”下容易给出无偏估计量的有效性以及最小方差无偏估计的定义。设 $\hat{\theta}_1(X_1, \cdots, X_n)$ 和 $\hat{\theta}_2(X_1, \cdots, X_n)$ 是 θ 的两个无偏估计量,如果对 θ 的任何可能取的值,都有

$$Var(\hat{\theta}_1) \leqslant Var(\hat{\theta}_2)$$

且至少有一个 θ 使不等号严格成立,则称 $\hat{\theta}_1$ 比 $\hat{\theta}_2$ 有效。现在就容易说清楚,何以样本均值 $\bar{X}$ 优于 X_1(如前述):$Var(\bar{X}) = \sigma^2/n$,而 $Var(X_1) = \sigma^2$,因而 $\bar{X}$ 比 X_1 更有效,方差小者为优。设 $\hat{\theta}(X_1, \cdots, X_n)$ 是 θ 的一个无偏估计量,$\tilde{\theta}(X_1, \cdots, X_n)$ 是 θ 的其他任意一个无偏估计量,如果对 θ 的任何可能取的值,都有

$$Var(\hat{\theta}) \leqslant Var(\tilde{\theta})$$

则 $\hat{\theta}$ 是所有无偏估计量中最优的估计量,称 $\hat{\theta}$ 是 θ 的最小方差无偏(minimum variance unbiased)估计,简称为 MVU 估计。

6.4.3　相合性

估计量的无偏性和有效性都是在给定样本大小情况下的优良性准则。我们已经看到,一个估计有多好,也就是它与参数有多接近,这意味着要评估一个估计量与参数的关系,无偏性是说估计量的分布是以参数为中心的,而有效性是说这一分布的散布程度以小为好。如果一个无偏估计量较另一个更有效,则得到一个离参数给定距离的估计值,其概率相对较小,换句话说,好的无偏估计量围绕参数的随机波动较小,这种波动越小,抽取一个样本后得到远离参数的估计值的概率就越小。到目前为止,对于由一个估计量如何得到一个估计值非常接近参数仍没有什么明确保证,除非估计量的方差非常小甚或为 0。

仍以样本均值 $\bar{X}$ 估计总体均值 μ 为例，样本均值的方差为 $Var(\bar{X})=\sigma^2/n$，可见如果 n 足够大，则 $Var(\bar{X})$ 足够小，当 $n\to\infty$，则 $Var(\bar{X})\to 0$。因此，随着 n 的增大，$\bar{X}$ 的分布越来越收窄于 μ，也就是说，随着 n 越来越大，$\bar{X}$ 接近 μ 的概率就越来越大，当 $n\to\infty$，$\bar{X}$ 收敛于 μ 的概率为 1。这其实就是大数定理，只不过现在是着眼于估计的观点来讲，即若 $X_1, \cdots, X_n$ 是均值为 μ 的（总体）分布 X 的独立同分布样本，记 $\bar{X}_n=\frac{1}{n}\sum_{i=1}^{n}X_i$，则对任给 $\varepsilon>0$，有

$$\lim_{n\to\infty}P(|\bar{X}_n-\mu|<\varepsilon)=1$$

这是说，（估计量）$\bar{X}_n$ 任意接近（总体均值）μ 的概率随 n 的增加越来越大以至为 1，称 $\bar{X}_n$ 依概率收敛于 μ。就是说，随样本大小的增加，我们有越来越大的把握说，以样本均值估计总体均值，其误差任意小，当样本大小为无穷大时（虽然实际不会这样），我们就有绝对的把握，因为此时 $\bar{X}_n$ 与 μ 相重合了，因此把 $\bar{X}_n$ 称为 μ 的"相合"估计。

这样就引出相合性（也称为一致性）的一般定义。设 $X_1, \cdots, X_n$ 是总体分布的样本，$g(\theta)$ 是总体分布参数 θ 的函数，$\theta=(\theta_1, \cdots, \theta_k)$，$\hat{g}_n(X_1, \cdots, X_n)$ 是 $g(\theta)$ 的估计量，如果对任给 $\varepsilon>0$，有

$$\lim_{n\to\infty}P_\theta(|\hat{g}_n(X_1, \cdots, X_n)-g(\theta)|<\varepsilon)=1$$

且对 θ 的任一可能取的值都成立，则称 $\hat{g}_n(X_1, \cdots, X_n)$ 是 $g(\theta)$ 的相合估计量。这就是说，当样本大小无限增加时，估计量依概率收敛于被估计的参数值。相合性是随样本大小增加时估计量的统计性质，称为估计量的大样本性质或渐近性质，这与无偏性和有效性是在给定样本大小下的统计性质有所不同，后者称为估计量的小样本性质或有限样本性质。可以看到，如果一个估计不是相合估计，那么即使样本大小趋于无穷，都不能使它依概率收敛于被估参数，或者说，无论样本大小增加多少，也不能在趋近 1 的概率下把

被估参数估计到任意精度。这样的估计量就没有什么用处,因此,相合性是对一个估计量的基本要求,如果满足相合性,那么只要样本足够大,我们就能较为"放心"地去估计了,这就是大样本近似,虽然多大样本算大并非一概而论。

和样本均值一样,常见的矩估计量的相合性,一般都可以基于大数定理来证明。例如,样本 k 阶原点矩 m'_k 是总体 k 阶原点矩 μ'_k 的相合估计量,样本二阶中心矩 m_2 是总体方差的相合估计量,样本方差 S^2 也是总体方差的相合估计(因其与 m_2 只相差一个因子 $n/(n-1)$,当 $n\to\infty$ 时,$n/(n-1)$ 趋于 1),样本标准差 S 是总体标准差 σ 的一个相合估计(虽然不是无偏估计)。最大似然估计在很一般条件下也有相合性,但其证明则较为复杂了。

6.5 区间估计

参数估计的另一种形式是区间估计,即不是用一个点,而是用一个区间去估计未知参数。在区间估计的情况下,利用一个好的估计量的某个函数(枢轴量)的确切分布,可以求出给定概率下一个覆盖参数的随机区间(区间估计量)。这样有了样本以后,就把参数估计在两界限(区间估计值)之间,这就给出了参数的估计范围(区间),以及这样估计的可信程度。

先以一个例子来说明。设 $X_1, \cdots, X_n$ 是来自正态总体 X 的样本,$X\sim N(\mu, \sigma^2)$,其中 μ 未知,σ^2 假定为已知。则样本均值 $\bar{X}$ 的分布为 $N(\mu, \sigma^2/n)$, 将其标准化,有

$$\frac{\bar{X}-\mu}{\sigma/\sqrt{n}}\sim N(0, 1)$$

这样得到一个样本均值和参数的函数,即 $Z=\sqrt{n}(\bar{X}-\mu)/\sigma$,但它的分布不依赖于参数,以 Φ 记 $N(0, 1)$ 的分布函数,则由 $N(0, 1)$

的上 $\alpha/2$ 分位点的定义，有

$$P\left(-z_{\alpha/2} \leqslant \frac{\bar{X}-\mu}{\sigma/\sqrt{n}} \leqslant z_{\alpha/2}\right) = \Phi(z_{\alpha/2}) - \Phi(-z_{\alpha/2})$$
$$= (1-\alpha/2) - \alpha/2 = 1-\alpha$$

上式可改写为

$$P\left(\bar{X} - \frac{\sigma}{\sqrt{n}} z_{\alpha/2} \leqslant \mu \leqslant \bar{X} + \frac{\sigma}{\sqrt{n}} z_{\alpha/2}\right) = 1-\alpha$$

这是说，区间

$$\left[\bar{X} - \frac{\sigma}{\sqrt{n}} z_{\alpha/2},\ \bar{X} + \frac{\sigma}{\sqrt{n}} z_{\alpha/2}\right]$$

包含 μ 的概率是 $1-\alpha$。注意由于样本均值 $\bar{X}$ 是随机变量，因此这个区间是随机的，称此随机区间为 μ 的一个区间估计量。一旦以样本值 x_1, …, x_n 计算出 $\bar{X}$ 的值 $\bar{x}$，就得到区间估计值

$$\left[\bar{x} - \frac{\sigma}{\sqrt{n}} z_{\alpha/2},\ \bar{x} + \frac{\sigma}{\sqrt{n}} z_{\alpha/2}\right]$$

我们就把 μ 估计在这区间上。值得强调的是，这已经不是一个随机区间，因为一旦计算出区间估计值，区间的上下限不过是两个数值，则 μ 要么落在这区间要么不落在这区间（而且我们无法确切知道到底是哪种情况），因此我们不能说"μ 落在此区间上的概率为 $1-\alpha$"，因为这里没有概率可言。作为区间估计量，随机区间可以有一个频率解释：对于所有可能的样本得到的区间估计值，其中有 $100(1-\alpha)\%$ 包含 μ，而有 $100\alpha\%$ 不包含 μ。因此，由任一样本计算得到的区间估计值，说此区间包含 μ，其可信程度是 $100(1-\alpha)\%$。这样，我们称随机区间（区间估计量）是置信系数为 $1-\alpha$ 的置信区间。

由上述例子,容易引入区间估计的一般定义:为简单计,设总体 X 的分布只包含一个参数 θ(更一般的 $\theta=(\theta_1, \cdots \theta_k)$ 且估计 $g(\theta)$ 的情形类似),θ 于其参数空间 Θ 取值,$X_1, \cdots, X_n$ 是 X 的样本,则对给定 $\alpha(0<\alpha<1)$,如果有两个统计量 $\hat{\theta}_1=\hat{\theta}_1(X_1, \cdots, X_n)$ 和 $\hat{\theta}_2=\hat{\theta}_2(X_1, \cdots, X_n)$,对于一切 θ, 有

$$P_\theta(\hat{\theta}_1 \leqslant \theta \leqslant \hat{\theta}_2)=1-\alpha$$

则称随机区间 $[\hat{\theta}_1, \hat{\theta}_2]$ 为 θ 的置信系数为 $1-\alpha$ 的置信区间(也称区间估计),$\hat{\theta}_1$ 和 $\hat{\theta}_2$ 分别称置信下限和置信上限。当 X 为离散型随机变量时,给定 α 常不能使概率 P_θ 刚好等于 $1-\alpha$,此时取概率不小于 $1-\alpha$, 即有

$$P_\theta(\hat{\theta}_1 \leqslant \theta \leqslant \hat{\theta}_2) \geqslant 1-\alpha$$

称 $1-\alpha$ 为置信水平。随机区间 $[\hat{\theta}_1, \hat{\theta}_2]$ 是一个区间估计量,因此一旦有了样本,即 $X_i=x_i(i=1, \cdots, n)$,就可把 θ 估计在区间 $[\hat{\theta}_1(x_1, \cdots, x_n), \hat{\theta}_2(x_1, \cdots, x_n)]$ 上,其可信程度为 $1-\alpha$,即我们有 $100(1-\alpha)\%$ 的把握可以如此估计,这也称为 $100(1-\alpha)\%$ 的区间估计。与点估计不同的是,区间估计把 θ 估计在一个范围,看起来没有点估计值那么"精准",但它明确给出了估计的误差范围,而且能得到关于 θ 的这个估计的某种自信或保证,即 $100(1-\alpha)\%$ 的置信水平,这是一个信心的度量。我们自然希望能以最大的信心或保证(尽量可靠地)把 θ 估计在最小的区间上,但这两个要求是矛盾的。奈曼(Neyman)的一个早已被广泛接受的原则是先保证可信程度,在这前提下寻找精度好的区间。这涉及较深的区间估计的理论问题。

前面样本均值的区间估计,是枢轴量法的一个例子,这是寻找区间估计常用的一般方法,其两个步骤是:1)先找一个与要估计的参数 θ(或 $g(\theta)$,类似) 有关的统计量,一般是 θ 的良好点估计

$T(X_1, \cdots, X_n)$，构造一个其分布与参数（分布中所有参数）无关的函数 $S(T, \theta)$，如例子中 $\sqrt{n}(\bar{X}-\mu)/\sigma$ 服从 $N(0, 1)$，S 称为枢轴量。2) 对于给定的 $\alpha(0 < \alpha < 1)$，适当选择两个常数 $a < b$，使

$$P(a \leqslant S(T, \theta) \leqslant b) = 1-\alpha$$

如果不等式 $a \leqslant S(T, \theta) \leqslant b$ 等价变形为 $\hat{\theta}_1 \leqslant \theta \leqslant \hat{\theta}_2$，其中 $\hat{\theta}_1$ 和 $\hat{\theta}_2$ 只与 T, a, b 有关而与未知参数无关，就有

$$P_\theta(\hat{\theta}_1 \leqslant \theta \leqslant \hat{\theta}_2) = 1-\alpha$$

则 $[\hat{\theta}_1, \hat{\theta}_2]$ 是 θ 的 $1-\alpha$ 置信区间。其中关键在于：1) 构造枢轴量 S（其精确分布与参数无关）。2) $a < b$ 的选择可以有很多，最好的是使 $E_\theta(\hat{\theta}_2 - \hat{\theta}_1)$ 即置信区间的平均长度尽量小，但多数时候很难做到，实用上常选择 $P(S < a) = P(S > b) = \alpha/2$，即枢轴量分布的上 $\alpha/2$ 分位点和上 $1-\alpha/2$ 分位点，这对于例子中枢轴量服从 $N(0, 1)$ 来说，容易看出由于标准正态分布是单峰对称的，因此选择 $b = -a = z_{\alpha/2}$，置信区间是最小的。

在前面的例子中，总体分布 $X \sim N(\mu, \sigma^2)$ 的一个参数 σ^2 是假定为已知，但实际情况中 σ^2 一般是未知的，因此如以 $\sqrt{n}(\bar{X}-\mu)/\sigma$ 作为枢轴量就行不通，虽然其分布仍为 $N(0, 1)$ 与参数无关，但 $\hat{\theta}_1$ 和 $\hat{\theta}_2$ 却与未知 σ^2 有关，即置信区间

$$\left[\bar{X} - \frac{\sigma}{\sqrt{n}} z_{\alpha/2}, \bar{X} + \frac{\sigma}{\sqrt{n}} z_{\alpha/2}\right]$$

包含未知的 σ，因此不能求得 $[\hat{\theta}_1, \hat{\theta}_2]$。由于 S^2 是 σ^2 的无偏估计，因此用 S 替代 σ，则其分布就成为（6.2 节末已指出）

$$\frac{\bar{X}-\mu}{S/\sqrt{n}} \sim t_{n-1}$$

其中 t_{n-1} 不依赖于任何参数，因此用作枢轴量，则有

$$P\left(-t_{n-1,\,\alpha/2} \leqslant \frac{\bar{X}-\mu}{S/\sqrt{n}} \leqslant t_{n-1,\,\alpha/2}\right) = \Phi(t_{n-1,\,\alpha/2}) - \Phi(-t_{n-1,\,\alpha/2})$$
$$= (1-\alpha/2) - \alpha/2$$
$$= 1-\alpha$$

等价地有

$$P\left(\bar{X} - \frac{S}{\sqrt{n}} t_{n-1,\,\alpha/2} \leqslant \mu \leqslant \bar{X} + \frac{S}{\sqrt{n}} t_{n-1,\,\alpha/2}\right) = 1-\alpha$$

故 μ 的 $1-\alpha$ 置信区间为

$$\left[\bar{X} \pm \frac{S}{\sqrt{n}} t_{n-1,\,\alpha/2}\right]$$

6.6 假设检验

前面讨论了总体分布的参数估计问题,其中点估计的评估是根据估计量概率分布的两个数字特征,即它的期望和方差,而区间估计则需要知道枢轴量的确切分布,这样在给定的置信水平下可把总体参数估计在一个区间内。参数估计是要根据样本对总体分布中的未知参数作出估计,与参数估计问题在逻辑上有所不同,假设检验是先提出有关总体参数的一个假设,然后利用抽取的一个随机样本,按一定法则来判断这一假设是否成立。

以一个例子来说明假设检验问题:设某一公司进口一批大米,每袋大米标有"包装重量:10 kg",合同约定货到后买方进行抽样验收。现随机抽取 n 袋,称得重量为 $X_1, \cdots, X_n$,均值 $\bar{X}=9.8$ kg。问:这批大米可否接受?这问题看起来显然不简单,首先当然不能任取一袋看它的重量是否达到 10 kg,其次,即使随机抽取 n 袋,其均值 $\bar{X}$ 也随抽到样本的不同而不同,因而 $\bar{X}$ 是一个随机变量,也不能就以9.8 kg小于10 kg来判断是否接受。还需看到，“包装重量：10 kg”，其含义并不是指任取一袋大米都刚好是10 kg，而是围绕10 kg上下有小的随机波动。如果我们假定任取一袋大米其重量服从正态分布$X \sim N(\theta, \sigma^2)$，则“包装重量：10 kg”无非是指该正态总体的均值$\theta=10$ kg，θ是总体分布的一个参数。现在问题就成为：要利用样本均值$\bar{X}$来判断总体分布的一个参数θ是否不小于10 kg，即$H_0:\theta \geqslant 10$(kg)是否成立的问题。H_0是关于总体参数θ的一个假设，称为原假设(null hypothesis，零假设)，其对立假设是$H_1:\theta<10$(kg)，称为备择假设(alternative hypothesis)。如果原假设不成立(被拒绝)，则接受备择假设，即总体均值小于10 kg，因此这批大米将拒收。这一对假设把$\theta \in \Theta$(参数θ的所有可能取值)分成两部分，即$H_0:\theta \in \Theta_0$和$H_1:\theta \in \Theta_1$，其中$\Theta_0=\{\theta:\theta \geqslant 10\}$，$\Theta_1=\{\theta:\theta<10\}$，$\Theta_0$是$\Theta$的子集而$\Theta_1$是$\Theta_0$的补集。一般地，$H_0:\theta \geqslant \theta_0$对$H_1:\theta<\theta_0$称为一个假设检验问题(如本例中$\theta_0$取为10)，即针对$H_1$检验$H_0$。

现在要根据样本均值$\bar{X}$来作决策，由于$\bar{X}$是随机的，直观上看，如果$\bar{X}$的值远小于10，我们就有理由怀疑H_0的正确性，问题在于要小到什么程度我们才拒绝H_0，而且无论如何，这样决策总还有犯错误的可能，那么这种可能性要多小我们或可容忍?不妨设$\bar{X} \leqslant C$时拒绝H_0(即认为H_0不成立)，C称为临界值，则当样本$\boldsymbol{X}=(X_1, \cdots, X_n)$的取值属于样本空间$S$(样本$\boldsymbol{X}$的所有可能取值)的一个子集

$$R=\{(x_1, \cdots, x_n):\bar{X} \leqslant C\}$$

就拒绝H_0，R称为拒绝域或否定域，即$(x_1, \cdots, x_n) \in R$时，拒绝H_0，从而接受H_1。相应地，当$(x_1, \cdots, x_n) \in R^c$时，不能拒绝$H_0$，或在本例中称接受$H_0$，$R^c$称为接受域，它是样本空间$S$中$R$的补集。一旦定出拒绝域，就定出了检验的法则，但如前述，按此

法则进行检验,仍有可能犯以下两种错误之一:一种是 H_0 实际上是正确的,但被拒绝了,这称为第一类错误(Type I Error)。另一种是 H_0 实际上不正确(即 H_1 实际上正确),但没拒绝 H_0(或称接受 H_0),称为第二类错误(Type II Error)。犯第一类错误的概率是

$$\alpha_1(\theta) = P_\theta(\boldsymbol{X} \in R), \quad 当\ \theta \in \Theta_0$$

而犯第二类错误的概率是

$$\alpha_2(\theta) = P_\theta(\boldsymbol{X} \in R^c), \quad 当\ \theta \in \Theta_1$$

显然有 $P_\theta(\boldsymbol{X} \in R^c) = 1 - P_\theta(\boldsymbol{X} \in R)$,因此 $P_\theta(\boldsymbol{X} \in R)$ 包含了一个拒绝域为 R 的检验的全部信息。这就引出功效函数的定义 —— 一个检验的功效函数是原假设 H_0 被拒绝的概率,即 $(x_1, \cdots, x_n) \in R$ 时拒绝 H_0 的概率,它是定义在 θ 的参数空间 Θ 上的函数:

$$\beta(\theta) = P_\theta(\boldsymbol{X} \in R), \quad \theta \in \Theta = \Theta_0 \cup \Theta_1$$

当 $\theta \in \Theta_1$,也就是备择假设正确,而原假设不正确时,我们希望 $\beta(\theta)$ 尽量大,即希望以大的概率否定原假设,因此 $\beta(\theta)$ 大就意味着检验有“功效”。相反,当 $\theta \in \Theta_0$,也就是原假设正确时,我们希望 $\beta(\theta)$ 尽量小,这意味着拒绝原假设所犯错误的概率小(当然这时仍称“功效”算不上妥帖了)。简单说,我们希望功效函数在 H_0 上尽量小而在 H_1 上尽量大,如何评价同一个原假设的两个不同的检验,就要看哪个更符合这个要求。两类错误的概率 $\alpha_1(\theta)$ 和 $\alpha_2(\theta)$ 都可以用功效函数来表示:

$$\alpha_1(\theta) = P_\theta(\boldsymbol{X} \in R), \qquad 当\ \theta \in \Theta_0$$
$$\alpha_2(\theta) = 1 - P_\theta(\boldsymbol{X} \in R), \quad 当\ \theta \in \Theta_1$$

我们自然希望一个检验犯两类错误的概率都尽量小,也就是,当 $\theta \in \Theta_0$ 时,我们要求功效函数要小,而当 $\theta \in \Theta_1$ 时功效函数要大,

但这是相矛盾的。与区间估计理论中采取先保证可靠度(选择达到指定值的置信系数)一样,在假设检验中也是先保证第一类错误的概率不超过一个很小的指定值 $\alpha(0 \leqslant \alpha \leqslant 1)$, 这就是 Neyman 和 Pearson 提出的水平为 α 的“显著性检验”的概念。设一个检验的功效函数为 $\beta(\theta)$,对任意 $\theta \in \Theta_0$, 如果

$$\beta(\theta) \leqslant \alpha$$

则称此检验为一个检验水平为 α 的显著性检验,α 也称为显著性水平。显著性检验的目的是控制第一类错误的概率,这在希望支持(或证明)研究中的某个假设这样的场合是重要的,此时把该研究假设作为备择假设,则通过一个很小的水平为 α 的检验,支持一个实际上为假的研究假设的概率就很小。

给定显著性水平 α 后,就可定出 $\bar{X} \leqslant C$ 中的临界值 C,也即定出检验的拒绝域 R。对于本例,由于假定 $X \sim N(\theta, \sigma^2)$, 则有

$$Z = \frac{\bar{X} - \theta}{\sigma / \sqrt{n}} \sim N(0, 1)$$

Z 称为标准化检验统计量(也简称为检验统计量), 它服从标准正态分布 $N(0, 1)$,记其分布函数为 Φ, 则有

$$\beta(\theta) = P_\theta(\bar{X} \leqslant C) = P_\theta\left(\frac{\bar{X} - \theta}{\sigma / \sqrt{n}} \leqslant \frac{C - \theta}{\sigma / \sqrt{n}}\right) = \Phi\left(\frac{C - \theta}{\sigma / \sqrt{n}}\right)$$

这个功效函数是 θ 的单调减函数,即随 θ 增加,$\sqrt{n}(C - \theta)/\sigma$ 则下降,故 $\beta(\theta)$ 下降,因此,对任意 $\theta \geqslant \theta_0$(本例中 $\theta \geqslant 10$),要使 $\beta(\theta) \leqslant \alpha$,只要 $\beta(\theta_0) = \alpha$, 即

$$\beta(\theta_0) = \Phi\left(\frac{C - \theta_0}{\sigma / \sqrt{n}}\right) = \alpha$$

由 $N(0, 1)$ 分布的上 α 分位点的定义,有

$$\Phi\left(\frac{C-\theta_0}{\sigma/\sqrt{n}}\right)=\Phi(z_{1-\alpha})=\Phi(-z_\alpha)=\alpha$$

故

$$\frac{C-\theta_0}{\sigma/\sqrt{n}}=z_{1-\alpha}=-z_\alpha$$

得

$$C=\theta_0-\frac{\sigma}{\sqrt{n}}z_\alpha$$

拒绝域为:

$$R=\left\{(x_1,\cdots,x_n):\bar{X}\leqslant\theta_0-\frac{\sigma}{\sqrt{n}}z_\alpha\right\}$$

或

$$R=\left\{(x_1,\cdots,x_n):\frac{\bar{X}-\theta_0}{\sigma/\sqrt{n}}\leqslant-z_\alpha\right\}$$

当样本观测值属于 R,则拒绝 H_0,这是一个左侧对立假设检验的例子。类似地,对于右侧检验问题 $H_0:\theta\leqslant\theta_0$ 对 $H_1:\theta>\theta_0$,功效函数为:

$$\beta(\theta)=P_\theta(\bar{X}\geqslant C)=P_\theta\left(\frac{\bar{X}-\theta}{\sigma/\sqrt{n}}\geqslant\frac{C-\theta}{\sigma/\sqrt{n}}\right)$$
$$=1-\Phi\left(\frac{C-\theta}{\sigma/\sqrt{n}}\right)$$

可见,$\beta(\theta)$ 是 θ 的单调增函数,对于 $\theta\leqslant\theta_0$,要使 $\beta(\theta)\leqslant\alpha$,只要 $\beta(\theta_0)=\alpha$,即

$$\beta(\theta_0)=1-\Phi\left(\frac{C-\theta_0}{\sigma/\sqrt{n}}\right)=\alpha$$

则有

$$\Phi\left(\frac{C-\theta_0}{\sigma/\sqrt{n}}\right)=1-\alpha$$

$$\Phi\left(\frac{C-\theta_0}{\sigma/\sqrt{n}}\right)=\Phi(z_\alpha)$$

故得

$$\frac{C-\theta_0}{\sigma/\sqrt{n}}=z_\alpha$$

则

$$C=\theta_0+\frac{\sigma}{\sqrt{n}}z_\alpha$$

拒绝域为：

$$R=\left\{(x_1,\cdots,x_n):\bar{X}\geqslant\theta_0+\frac{\sigma}{\sqrt{n}}z_\alpha\right\}$$

或

$$R=\left\{(x_1,\cdots,x_n):\frac{\bar{X}-\theta_0}{\sigma/\sqrt{n}}\geqslant z_\alpha\right\}$$

这是右侧对立假设检验的拒绝域，左侧检验和右侧检验合称为单侧对立假设检验。

在我们的例子中，假定 σ^2 已知，如 $\sigma^2=0.09$ kg, $n=100$，设显著性水平 $\alpha=0.05$，查标准正态分布表可知 $z_\alpha=1.645$，则

$$C=10-\frac{0.3}{10}\times 1.645=9.95$$

拒绝域为 $R=\{\bar{X}\leqslant 9.95\}$。本节开头的问题是抽取一个样本得样本均值 $\bar{X}=9.8$ kg，$9.8<9.95$，可见样本观测值属于拒绝域，因此在0.05的显著性水平下，拒绝原假设 $H_0:\theta\geqslant 10$(kg)，即认为备择假设 $H_1:\theta<10$(kg) 成立，结论是这批大米应拒收。

实际情况中，总体方差 σ^2 一般是未知的，因此就要用样本方差 S^2 来估计 σ^2，此时检验统计量的分布就从 $N(0, 1)$ 变为自由度为 $n-1$ 的 t 分布：

$$T=\frac{\bar{X}-\theta}{S/\sqrt{n}}\sim t_{n-1}$$

因而 z_α 就要改为 $t_{n-1,\alpha}$，则对于左侧检验，拒绝域成为：

$$R=\left\{(x_1, \cdots, x_n):\bar{X}\leqslant\theta_0-\frac{S}{\sqrt{n}}t_{n-1,\alpha}\right\}$$

或

$$R=\left\{(x_1, \cdots, x_n):\frac{\bar{X}-\theta_0}{S/\sqrt{n}}\leqslant -t_{n-1,\alpha}\right\}$$

对于右侧检验，拒绝域成为：

$$R=\left\{(x_1, \cdots, x_n):\bar{X}\geqslant\theta_0+\frac{S}{\sqrt{n}}t_{n-1,\alpha}\right\}$$

或

$$R=\left\{(x_1, \cdots, x_n):\frac{\bar{X}-\theta_0}{S/\sqrt{n}}\geqslant t_{n-1,\alpha}\right\}$$

本节的例子还可改写一下，如果不是买方抽样验收，而是卖方发货前抽样验收，道理很明显，因为如果总体均值大于10 kg，则卖方将亏本，而如果小于10 kg，卖方将承担退货的违约责任，因此检

验问题就成为，$H_0:\theta=10(\mathrm{kg})$ 对 $H_1:\theta\neq 10(\mathrm{kg})$。容易看到，直观上一个合理的检验法则是：当样本均值 $\bar{X}$ 离 θ_0（例子中 $\theta_0=10$）较远，即 $|\bar{X}-\theta_0|$ 较大时，拒绝 H_0。设 $|\bar{X}-\theta_0|\geqslant C$，检验水平为 α，这就等于要求

$$\begin{aligned}\alpha=\beta(\theta_0)&=P_{\theta_0}(|\bar{X}-\theta_0|\geqslant C)\\&=P_{\theta_0}\left(\left|\frac{\bar{X}-\theta_0}{\sigma/\sqrt{n}}\right|\geqslant\frac{C}{\sigma/\sqrt{n}}\right)\\&=1-\Phi\left(\frac{C}{\sigma/\sqrt{n}}\right)+\Phi\left(-\frac{C}{\sigma/\sqrt{n}}\right)\\&=2-2\Phi\left(\frac{C}{\sigma/\sqrt{n}}\right)\end{aligned}$$

即

$$\Phi\left(\frac{C}{\sigma/\sqrt{n}}\right)=1-\alpha/2$$

故得

$$\frac{C}{\sigma/\sqrt{n}}=z_{\alpha/2}$$

则

$$C=\frac{\sigma}{\sqrt{n}}z_{\alpha/2}$$

拒绝域为

$$R=\left\{(x_1,\cdots,x_n):|\bar{X}-\theta_0|\geqslant\frac{\sigma}{\sqrt{n}}z_{\alpha/2}\right\}$$

或

$$R=\left\{(x_1, \cdots, x_n): \left|\frac{\bar{X}-\theta_0}{\sigma/\sqrt{n}}\right| \geqslant z_{\alpha/2}\right\}$$

这样，当样本观测值满足

$$|z|=\left|\frac{\bar{X}-\theta_0}{\sigma/\sqrt{n}}\right| \geqslant z_{\alpha/2}$$

则拒绝 H_0。这是一个双侧备择假设检验的例子。如果总体方差 σ^2 未知，就要用到 t_{n-1} 分布，则显著性水平为 α 的拒绝域就成为：

$$R=\left\{(x_1, \cdots, x_n): \left|\frac{\bar{X}-\theta_0}{S/\sqrt{n}}\right| \geqslant t_{n-1, \alpha/2}\right\}$$

以上讨论中都是给定显著性水平 α 后，定出临界值 C，就定出拒绝域 R，这是假设检验的经典方法，称为临界值法。假设检验还可以使用 p 值，我们以上述总体方差 σ^2 未知时的右侧检验为例来说明，按临界值法，此时一个显著性水平为 α 的拒绝域为

$$R=\{(x_1, \cdots, x_n): T \geqslant t_{n-1, \alpha}\}$$

其中 $T=\sqrt{n}(\bar{X}-\theta_0)/S$ 是检验统计量，它在 H_0 下服从 t_{n-1} 分布，T 是样本的函数，$T=T(X_1,\cdots,X_n)$。一旦有了样本 $(x_1,\cdots,x_n)$，则 $T(x_1,\cdots,x_n) \geqslant t_{n-1,\alpha}$ 时拒绝 H_0。在这个例子中，概率

$$p(x_1, \cdots, x_n)=P(T(X_1, \cdots, X_n) \geqslant T(x_1, \cdots, x_n))$$

就是这个右侧检验的 p 值，容易看出，这个概率值就是 T 的观测值大于等于 $T(x_1, \cdots, x_n)$ 的区间与 t_{n-1} 分布密度曲线围成的（尾部）面积。以 t 记 $T(x_1, \cdots, x_n)$，我们知道，若 $t \geqslant t_{n-1,\alpha}$，则拒绝 H_0，容易明白，此时 p 值 $\leqslant \alpha$，反之，$t < t_{n-1, \alpha}$，则不能拒绝 H_0，此时 p 值 $> \alpha$。现在拒绝域是

$$R=\{(x_1, \cdots, x_n): p(x_1, \cdots, x_n) \leqslant \alpha\}$$

也就是说，一旦计算出的 p 值小于显著性水平 α，则拒绝 H_0。对于一切不小于这个 p 值的 α，拒绝 H_0 所犯错误的最大概率是 α。α 小到等于 p 值，拒绝 H_0 所犯错误的最大概率就等于 p 值，因此一个检验的最小显著性水平等于 p 值，α 小于 p 值将不能拒绝 H_0。p 值越小，越是拒绝 H_0 在概率上的证据，这就是通常所说"十分显著"的意思，但能否拒绝 H_0 总是取决于我们对第一类错误的容忍度。这里讨论的是一个特例（但它是一个有用的例子），因为本例中 p 值不依赖于正态分布的参数 (θ,σ^2)，它与 σ 无关。一般情况下的 p 值的一个定义是

$$p(x_1, \cdots, x_n) = \sup_{\theta\in\Theta_0} P_\theta(W(X_1, \cdots, X_2) \geqslant W(x_1, \cdots, x_n))$$

其中 $\theta \in \Theta_0$ 就是原假设 H_0，$W(X_1, \cdots, X_2)$ 是一个检验统计量，且 W 大倾向于拒绝 H_0。从这个一般定义可以推导 $p(x_1, \cdots, x_n) = P(T \geqslant t)$，具体证明可参见卡塞拉 等(2009)。对于正态总体均值的 t 检验，现在我们容易得出不同检验问题的 p 值：

$$H_0:\theta \leqslant \theta_0 \text{ 对 } H_1:\theta > \theta_0, p \text{ 值} = P(T \geqslant t)$$
$$H_0:\theta \geqslant \theta_0 \text{ 对 } H_1:\theta < \theta_0, p \text{ 值} = P(T \leqslant t)$$
$$H_0:\theta = \theta_0 \text{ 对 } H_1:\theta \neq \theta_0, p \text{ 值} = P(|T| \geqslant |t|)$$

第 7 章 简单回归

7.1 回归分析是什么

社会科学定量研究中，许多问题涉及到一个变量与另一个变量(或多个变量)之间的关系。例如，第1章我们曾经提到两项研究，在高校大学生“消费水平研究”中，如果我们感兴趣的是大学生在校消费水平与其家庭收入之间的关系，这就是说，就我们关注的变量 (Y)，我们提出了一个“理论”，即消费水平 Y 与家庭收入 X 有关，我们倾向于假设家庭收入高的学生，其消费水平也高。一旦有了数据，我们就希望可以尝试检验这一理论(假设)。在“学习成绩研究”中，我们也可以对检验这样的假设感兴趣，例如高中成绩 X 对大学成绩 Y 有影响，高中成绩好的学生其大学成绩也好。这看起来很简单，但问题在于，这里所关注的变量 Y 同时还受其他许多因素的影响，消费水平除了受收入水平影响外，还受到诸如性别、年级、消费偏好、节约意识等因素的影响。影响大学成绩的其他因素也为数众多，例如学习能力与勤奋程度，以及性别、年级、专业，家庭背景(父母的职业和教育程度)，等等。而且事实上，除了这里已经列出的，总还有一些我们还没想到的影响因素，包括许多随机因素，都对变量 Y 有影响。要检验我们所提出的理论，即 X 对 Y 的影响，这意味着必须控制其他因素对 Y 的影响，在这个前提下，我们谈 X 对 Y 的影响才有(实际)意义。也就是说，所谓“检验一个理论”，是在“其他条件都相同”或“其他条件不变”(ceteris paribus)(伍德里奇,2010)[12]的前提下来说的。我们感兴趣的是一个变量对另一变量的“净影响”或“净效应”。要控制所有其他影响 Y 的变量,在社会科学领域中通常都非常困难,甚至根本就是不可能的。但我们很快就能看到,在一定程度或一定意义上,回归分析提供了解决这一问题的基础且经典的方法。

上述两个例子中,变量 Y 通常被称为因变量、被解释变量或被预测变量,变量 X 称为自变量、解释变量或预测变量。因变量与自变量的称呼延用自函数关系的名称,虽非妥当,但已习用。由于影响 Y 的“其他因素”的存在,X 只在一定程度上决定 Y,变量 Y 与 X 之间的关系并非严格的函数关系。给定 X 的值,Y 的取值并不是确定的,因而 Y 是一个随机变量。在绝对的意义上,现实世界中的变量本质上都是随机变量,因为由于众多其他因素,包括随机性因素的影响,由于测量误差的存在,都可使得一个变量的取值是不可预知的,不确定性的。回归分析中,因变量 Y 总是作为随机变量来看待,但自变量 X 是否被视为随机变量,其情形多少有些复杂:例如在工农业试验中,研究农作物产量怎样受到播种量 X_1 和施肥量 X_2 的影响,播种量和施肥量的取值可看成是可以由人控制的(忽略称量之测量误差),此时自变量 X_1 和 X_2 就可以看成是非随机的。但多数时候,尤其在社会科学中,因变量 Y 与自变量 X(或一组自变量 X_1, X_2, …, X_k)是从总体中随机抽取的个体量测而得,如前面例子中的消费水平与家庭收入、大学成绩与中学成绩,都是这种情况,因而自变量除了根据我们在研究中提出的理论或假设而在“地位”上有所不同,本质上与因变量一样,也都是随机变量。但在回归分析中,把自变量看成是非随机的,可以使回归分析理论大大简化。而且还有两个理由,使得把自变量作为非随机处理的方法,可以有其合理性:其一是自变量作为随机变量的“条件化”处理,即把所做的分析看作是在“给定随机变量 X 的取值的条件下"(给定 X 的取值 $x_1, x_2, \cdots, x_n$)进行的。当然,这样做也有其问题或不足:"条件化"意义下,要像自变量非随机时那样进行重复性研究就不可能,因为重复抽取一个样本,X 的取值原则上不可能刚好一样。其二,如果(X, Y) 的联合分布是正态的,则固定 X 取值的条件下来考察 Y,就基本上无异于 X 为非随机时的方法。换句话说,"从一切实用的方面看,是否把 X 看作随机的都无关紧要。"(陈希孺 等,1987)[7] 实际上,(X, Y) 的联合分布是非正态时,(X, Y) 的分布簇是非参数性的,此时就谈不上实参数的问题(陈希孺 等,1987)[69]。

这样,回归分析就可在下述意义下被加以讨论:因变量 Y 是一个随机变量,可以在自变量 X 的取值为已知的条件下,通过一定的概率分布来描述。概率分布是一个随机变量的最完整的刻画,但基于实际应用的目的,以及数学上处理的方便,我们更感兴趣的是这一概率分布的某些数字特征(往往有其实际的意义),例如数学期望(均值)就是一个重要的且有着我们所关注的实际意义的数字特征。在自变量 X 取值为 x 的条件下,因变量 Y 的条件期望或条件均值 $E(Y|X=x)$,简记为 $E(Y|x)$,是 x 的函数,其函数形式未知,记为 f,称为 Y 关于 x 的回归函数,也常称为理论回归函数或总体回归函数,以区别于由数据计算所得的样本回归函数。用理论回归函数 $E(Y|x)$ 去逼近 Y,在均方误差最小的意义上是最优的。换个通俗的说法就是,在给定 X 取值为 x 时,用 Y 的均值去估计或预测 Y,其误差总的来说是最小的。因为可以证明,设 ξ 是一个随机变量,则 $E(\xi-c)^2$ 在 $c=E(\xi)$ 时为最小。用回归函数 $E(Y|x)$ 去逼近 Y,其误差记为 ε,则有

$$\varepsilon = Y - E(Y|x)$$

故有

$$Y = E(Y|x) + \varepsilon \tag{7.1.1}$$

这就意味着，Y 的值可以看成由两个部分组成，一部分是依赖于 x 的系统性部分或确定性部分，它由我们已考虑的自变量 X 的影响所致。另一部分则来自于众多未加考虑的其他因素，包括随机因素的影响，可以把它们都看成是随机误差。或者说，众多未加考虑的“其他因素”的影响现在都归之于随机误差。ε 称为随机误差项，它是一个“不可观测”的随机变量。“其他因素”中如果有某些是“可观测”的，我们就可以把它从随机误差项中“提出”来，使之成为系统性部分，否则就被保留在“不可观测”的随机误差项中。式(7.1.1)称为回归模型，或总体回归模型。这里“模型”的含义，换个角度来讲，意味着现在我们从实际的问题出发，关于变量间的关系提出了一种“设定”，考虑因变量 Y 与一组自变量 $X_1, \cdots, X_k$，则模型为

$$Y = f(X_1, \cdots, X_k) + \varepsilon \tag{7.1.2}$$

当自变量视为随机，则在给定 $X_1, \cdots, X_k$ 的值为 $x_1, \cdots, x_k$ 的条件下，我们假定 $E(\varepsilon | x_1, \cdots, x_k) = 0$，于是有

$$f(x_1, \cdots, x_k) = E(Y | x_1, \cdots, x_k) \tag{7.1.3}$$

此处的叙述，无非是为了强调，当我们讨论回归函数时，如果从实际的问题出发，或从模型出发，就意味着我们已经提出了一个假定，即误差项的条件期望为零的假定：

$$E(\varepsilon | x_1, \cdots, x_k) = 0 \tag{7.1.4}$$

实际问题中，理论回归函数总是未知的，回归分析的任务就在于根据 $X_1, \cdots, X_k$ 和 Y 的观察值，来估计这一回归函数，以及由此而来的统计推断问题(如假设检验或区间估计问题)。对于回归函数 f，如果对其形式不作任何假定，这就属于非参数回归。应用上更常见的是假定 f 的函数形式已知，但包含若干未知参数。其中数学上最简单，因而也发展得最为完善，且应用上也最为广泛

的,是把 f 的函数形式假定为线性,即

$$f(x_1, \cdots, x_k) = E(Y|x_1, \cdots, x_k) = \beta_0 + \beta_1 X_1 + \cdots + \beta_k X_k \tag{7.1.5}$$

式中包括 $k+1$ 个未知参数 $\beta_0, \beta_1, \cdots, \beta_k$,其中 β_0 称为截距参数,$\beta_1, \cdots, \beta_k$ 称为斜率参数,也称为回归系数。线性形式的假定,是对回归函数的一种近似。在自变量取值范围不大,或者回归函数 f 这个曲面的"弯曲"程度也不大的情况下,线性函数就还是一种不错的近似,也就是说,我们可以用一个平面(线性函数)来近似替代这个曲面。线性函数假定之所以有意义,还在于一些形式上非线性的回归函数,都可以通过变量的代换,而转为线性函数的形式,这就大大拓展了线性回归方法的应用。例如,对于一个实际问题,假如其回归模型如下:

$$\log Y = \beta_0 + \beta_1 \log X_1 + \beta_2 X_2 + \beta_3 X_2^2 + \varepsilon$$

则我们可以令 $Y' = \log Y$, $Z_1 = \log X_1$, $Z_2 = X_2$, $Z_3 = X_2^2$,而使其转化为线性回归模型:

$$Y' = \beta_0 + \beta_1 Z_1 + \beta_2 Z_2 + \beta_3 Z_3 + \varepsilon$$

在这个意义上,"线性"假定,一般强调的是"线性于参数",也就是说,模型对于未知参数来说是线性的,各个 $\beta_j (j = 0, 1, \cdots, k)$ 都以一次项出现。

一旦对回归函数 f 的形式作出了线性的假定,并且有了来自总体的随机样本,就可以求解出参数估计值 $\hat{\beta}_0, \hat{\beta}_1, \cdots, \hat{\beta}_k$,并用它们对未知参数 $\beta_0, \beta_1, \cdots, \beta_k$ 作出估计。这样回归函数

$$f(x_1, \cdots, x_k) = E(Y|x_1, \cdots, x_k) = \beta_0 + \beta_1 X_1 + \cdots + \beta_k X_k$$

就用

$$\hat{f}(x_1, \cdots, x_k) = \hat{Y} = \hat{\beta}_0 + \hat{\beta}_1 X_1 + \cdots + \hat{\beta}_k X_k \tag{7.1.6}$$

来估计，式(7.1.6)被称为样本回归函数或经验回归函数，这也就是对因变量 Y 的均值(条件期望)作出了估计。$\hat{\beta}_j(j=1, \cdots, k)$ 则估计了相应的自变量 X_j 在其他自变量保持不变(其他条件不变)的情况下，对因变量 Y 的均值的影响，即 Y 的期望值如何随自变量 X_j 的变化而变化。值得指出的是，回归函数问题有别于预测问题，预测问题是指在特定自变量取值下，预测因变量 Y 的取值。设在 $X_{i1}, \cdots, X_{ik}$ 处进行观察(下标 i 表示第 i 次观察)，则从回归模型上来看，此时误差项为 ε_i，因变量 Y 的值为 Y_i，则

$$Y_i = f(x_{i1}, \cdots, x_{ik}) + \varepsilon_i \tag{7.1.7}$$

为了预测 y_i，以 $\hat{f}(x_{i1}, \cdots, x_{ik})$ 来估计 $f(x_{i1}, \cdots, x_{ik})$，但 ε_i 是随机变量，只能依据 $E(\varepsilon_i)=0$，即误差项的均值为 0 而将它估计为 0，这样 Y_i 的预测值就取为回归函数 $f(x_1, \cdots, x_k)$ 在 $X_{i1}, \cdots, X_{ik}$ 处的估计：

$$\hat{Y}_i = \hat{f}(x_{i1}, \cdots, x_{ik}) \tag{7.1.8}$$

这就意味着预测问题中包括两种“误差”：一个是估计回归函数的误差，还有一个是第 i 次观察的误差项 ε_i。而这两项“误差”$e_i = Y_i - \hat{Y}_i$，则称为残差。模型参数的估计方法之一，就是在“最小化残差平方和”这个准则下，求解 $\hat{\beta}_j(j=0, 1, \cdots, k)$，这就是普通最小二乘法(ordinary least squares, OLS)。实际上，以最小二乘法求解模型参数的估计值 $\hat{\beta}_j$，不过就是利用样本数据进行的代数运算(重要的倒是 $\hat{\beta}_j$ 是作为 β_j 的估计值)，而更重要的是有关模型参数估计量的统计性质(如无偏性、有效性等)以及进一步的统计推断问题，而这些都基于一系列的基本假定(尤其关于误差项的假定)，这包括我们在上文中已初步提到的“线性于参数”“随机样本”“零条件期望”，还有很快将涉及到的“同方差假定”以及“正态性假定”，这是一组标准假定集，称为经典线性模型假定，其中前四个又

称为高斯-马尔可夫假定(Gauss-Markov assumption)。

7.2 简单回归模型

回归函数假定为线性的最简单的情形,是只包含一个自变量的线性函数,这是一个依赖于 x 的确定性的函数:

$$E(Y|x)=\beta_0+\beta_1 X \tag{7.2.1}$$

令 $\varepsilon=Y-E(Y|x)$,则有

$$Y=E(Y|x)+\varepsilon$$

由式(7.2.1),因此,

$$Y=\beta_0+\beta_1 X+\varepsilon \tag{7.2.2}$$

上式称为一元线性回归模型,或简单回归模型。其中因变量 Y 和误差项 ε 是随机变量。自变量 X 在此也作为随机变量,因此用大写字母表示,但如第7.1节所述,由于回归函数是 X 取值为 x 的条件下 Y 的条件期望,这样,对自变量 X 就按"条件化"作了处理,因此今后自变量 X 的分布实际上就无需考虑,这就使得数学上大为简化。"条件化处理"实际上与把自变量 X 看作在重复样本中固定不变的处理方法在技术上类似,也就是说,在统计推导及其结果上这就无异于把 X 视为非随机的。但"条件化"的好处是,它使我们能把零条件均值这个假定合乎逻辑地明确提出来,同时也符合社会科学的实际情形,而把自变量 X 看作非随机,则意味着误差项与自变量总是独立的。简单回归模型中,除自变量 X 外的其他影响 Y 的因素,都被归入到误差项 ε 中,这对于误差项的条件均值为零的假定是颇为不利的。因为 $E(\varepsilon|x)=0$ 意味着误差项的期望不依赖于自变量 X 的取值,而且,误差项与自变量之间也不相关,后者的证明很容易,由于

$$E(\varepsilon|x)=0 \tag{7.2.3}$$

根据期望迭代定理有

$$E(\varepsilon)=E[E(\varepsilon|x)]=0 \tag{7.2.4}$$

因此有

$$Cov(\varepsilon, X)=E(\varepsilon X)-E(X)E(\varepsilon)=E(\varepsilon X)=0 \tag{7.2.5}$$

其中最后一个等式仍用到期望迭代定理，即

$$E(\varepsilon X)=E[E(\varepsilon X|x)]=E[xE(\varepsilon)]=E(0)=0$$

因此，只要误差项中包含与X相关的变量，误差项条件均值为零的这个假定就会不成立，现在由于模型中只包含了一个自变量，这种可能性就大大增加了，甚至可以说，在简单回归模型的情况下，多数时候都会使得这一假定变得不成立。以本章开头的例子来说，大学成绩是因变量Y，高中成绩是自变量X，但是可以设想误差项例如包括了“学习天赋”这个变量，则显然它与高中成绩也相关，这时自变量高中成绩就成为所谓的内生解释变量（endogenous explanatory variable）。反过来说，如果误差项中不包含与X相关的变量，则X是外生解释变量（exogenous explanatory variable）。误差项的零条件均值假定，是一个关键的假定，其含义可以包括两个方面：一是只有在它成立时，才能由简单回归模型导出回归函数，换句话说，以后根据随机样本数据来估计回归函数，意味着这个假定已经被用到了。二是有了零条件均值假定（加上随机样本假定），今后就能够推导出模型参数估计量的无偏性。

由于在简单回归模型中假定误差项的条件均值为零通常都不太现实，因此在回归模型中明确地包括更多自变量的多元回归模型显然比简单回归模型更值得考虑。换句话说，对于一项具体的研究来说，一元回归分析通常不具备多少实用上的意义。不过，由于数学上足够简单以及书写上的方便，一元回归分析对于阐明回归分析的概念则相当有用。

设 (X_i, Y_i)，$i=1, \cdots, n$ 是来自总体的一个容量为 n 的随机样本，或者换个说法，对 (X, Y) 进行了 n 次独立的观察，则根据"样本二重性"（见 6.1 节），X_i，Y_i 分别是 X，Y 的独立同分布样本，其分布就是总体分布（随机变量 X，Y 的分布），因此由回归模型（7.2.2），对于每个 i，可以写出：

$$Y_i = \beta_0 + \beta_1 X_i + \varepsilon_i \tag{7.2.6}$$

其中，Y_i 和误差项 ε_i 均为随机变量，X_i 也作为随机变量。ε_i 是第 i 次观察时的随机误差，由于各次观察独立，ε_i 也是独立同分布的，且其分布就是 ε 的分布，因此式（7.2.3）可写为

$$E(\varepsilon_i \mid x_i) = 0 \tag{7.2.7}$$

可以看到，式（7.2.6）和（7.2.7）是由样本的概率性质和式（7.2.2）决定的，它们也是对回归模型进行统计推断的依据。这样我们就可以用 (X_i, Y_i) 的值 (x_i, y_i)，也就是根据样本数据，来求 β_0 和 β_1 的估计值 $\hat{\beta}_0$ 和 $\hat{\beta}_1$ 的解，并且得到

$$\hat{Y}_i = \hat{\beta}_0 + \hat{\beta}_1 X_i \tag{7.2.8}$$

这就拟合了一个回归方程，或称样本回归函数或经验回归函数，其图形就称为回归线或回归直线。

7.3　简单回归模型的参数估计

利用样本数据 (X_i, Y_i)，$i=1, \cdots, n$ 来估计模型（7.2.6）中的未知参数 β_0 和 β_1，可以有不同的方法，这取决于估计时所依据的法则。普通最小二乘法（OLS）依据的是使得残差平方和最小的法则。矩法（method of moment，MM）则是用样本矩替代总体矩，

从而求解估计值。我们很快可以看到,这里两种估计方法的结果是相同的。我们先从数学推导上看起来最简单的方法开始。

7.3.1　矩法估计

从式(7.2.7)即 $E(\varepsilon_i|x_i)=0$,可得两个总体矩条件(参见(7.2.4)和(7.2.5)式):

$$E(\varepsilon_i)=0$$

和

$$Cov(\varepsilon_i,X_i)=E(\varepsilon_i X_i)=0$$

由式(7.2.6)有,$\varepsilon_i=Y_i-\beta_0-\beta_1 X_i$,代入上二式,就有

$$E(Y_i-\beta_0-\beta_1 X_i)=0 \tag{7.3.1}$$

和

$$E[X_i(Y_i-\beta_0-\beta_1 X_i)]=0 \tag{7.3.2}$$

式(7.3.1)和(7.3.2)左端是两个一阶总体矩,以相应的样本矩替换,则有

$$\frac{1}{n}\sum_{i=1}^{n}(Y_i-\hat{\beta}_0-\hat{\beta}_1 X_i)=0 \tag{7.3.3}$$

$$\frac{1}{n}\sum_{i=1}^{n}X_i(Y_i-\hat{\beta}_0-\hat{\beta}_1 X_i)=0 \tag{7.3.4}$$

利用求和运算的性质,可将(7.3.3)写为

$$\bar{Y}=\hat{\beta}_0+\hat{\beta}_1\bar{X} \tag{7.3.5}$$

其中

$$\bar{X}=\frac{1}{n}\sum_{i=1}^{n}X_i,\ \bar{Y}=\frac{1}{n}\sum_{i=1}^{n}Y_i$$

分别是 X_i 和 Y_i 的样本均值，由(7.3.5)得

$$\hat{\beta}_0 = \bar{Y} - \hat{\beta}_1 \bar{X} \tag{7.3.6}$$

去掉(7.3.4)中的 $\frac{1}{n}$，并以(7.3.6)代入，得

$$\sum_{i=1}^{n} X_i[(Y_i - (\bar{Y} - \hat{\beta}_1 \bar{X}) - \hat{\beta}_1 X_i)] = 0$$

整理后得

$$\sum_{i=1}^{n} X_i(Y_i - \bar{Y}) = \hat{\beta}_1 \sum_{i=1}^{n} X_i(X_i - \bar{X})$$

根据以下两个求和运算的性质：

$$\sum_{i=1}^{n} X_i(X_i - \bar{X}) = \sum_{i=1}^{n} (X_i - \bar{X})^2$$

$$\sum_{i=1}^{n} X_i(Y_i - \bar{Y}) = \sum_{i=1}^{n} (X_i - \bar{X})(Y_i - \bar{Y})$$

只要

$$\sum_{i=1}^{n} (X_i - \bar{X})^2 > 0 \tag{7.3.7}$$

就是说，只要 X_i 的样本方差不为 0，即 X_i 在样本中有变异，就有

$$\hat{\beta}_1 = \frac{\sum_{i=1}^{n} (X_i - \bar{X})(Y_i - \bar{Y})}{\sum_{i=1}^{n} (X_i - \bar{X})^2} \tag{7.3.8}$$

上式表明，斜率参数的估计量 $\hat{\beta}_1$ 可以表示为 X_i 和 Y_i 的样本协方差与 X_i 的样本方差之比（分子和分母约去了 $1/(n-1)$）。还可根据以下求和运算的性质：

$$\sum_{i=1}^{n}(X_i-\bar{X})(Y_i-\bar{Y})=\sum_{i=1}^{n}(X_i-\bar{X})Y_i$$

把(7.3.8)写成

$$\hat{\beta}_1=\frac{\sum_{i=1}^{n}(X_i-\bar{X})Y_i}{\sum_{i=1}^{n}(X_i-\bar{X})^2} \tag{7.3.9}$$

令

$$k_i=\frac{(X_i-\bar{X})}{\sum_{i=1}^{n}(X_i-\bar{X})^2}$$

式(7.3.9)可写成

$$\hat{\beta}_1=\sum_{i=1}^{n}k_iY_i \tag{7.3.10}$$

而由(7.3.6)有

$$\begin{aligned}\hat{\beta}_0&=\bar{Y}-\hat{\beta}_1\bar{X}=\frac{1}{n}\sum_{i=1}^{n}Y_i-\bar{X}\sum_{i=1}^{n}k_iY_i\\&=\sum_{i=1}^{n}\left(\frac{1}{n}-\bar{X}k_i\right)Y_i=\sum_{i=1}^{n}w_iY_i\end{aligned} \tag{7.3.11}$$

其中 $w_i=\frac{1}{n}-\bar{X}k_i$。式(7.3.10)和(7.3.11)表明，以 X_i 的值为条件，k_i 和 w_i 都是常数，则模型参数的估计量 $\hat{\beta}_0$ 和 $\hat{\beta}_1$ 都是 Y_i 的线性组合。

7.3.2　普通最小二乘估计

利用样本数据 (X_i, Y_i)，$i=1, \cdots, n$，以 $\hat{\beta}_0$ 和 $\hat{\beta}_1$ 来估计参数 β_0 和 β_1，则回归函数 $\beta_0+\beta_1X$ 就以 $\hat{\beta}_0+\hat{\beta}_1X$ 来估计，如果利用

它在 X_i 处作预测,则 Y_i 的预测值就是:

$$\hat{Y}_i = \hat{\beta}_0 + \hat{\beta}_1 X_i$$

预测的偏差为

$$e_i = Y_i - \hat{Y}_i \tag{7.3.12}$$

其中,e_i 称为第 i 次观察的残差,即第 i 次观察值与预测值(也称拟合值或估计值)之差。这个偏差 $Y_i - \hat{Y}_i$, $i = 1, 2, \cdots, n$,当然越小越好,但衡量这个偏差不能通过简单求和(否则会正负相抵),一个合理的方法是先将其平方(以去掉符号的影响),再求和,记为 $Q(\hat{\beta}_0, \hat{\beta}_1)$,则有

$$\begin{aligned} Q(\hat{\beta}_0, \hat{\beta}_1) &= \sum_{i=1}^{n} e_i^2 = \sum_{i=1}^{n} (Y_i - \hat{Y}_i)^2 \\ &= \sum_{i=1}^{n} (Y_i - \hat{\beta}_0 - \hat{\beta}_1 X_i)^2 \end{aligned} \tag{7.3.13}$$

普通最小二乘法估计(OLS)的法则就是,选择 $\hat{\beta}_0$ 和 $\hat{\beta}_1$,使(7.3.13)残差平方和最小。换句话说,拟合样本回归线 $\hat{Y}_i = \hat{\beta}_0 + \hat{\beta}_1 X_i$,就是从样本数据中找出的一条离所有观察点的垂直距离最近的直线。根据微积分的知识,当 $Q(\hat{\beta}_0, \hat{\beta}_1)$ 对 $\hat{\beta}_0$, $\hat{\beta}_1$ 的一阶偏导数为 0 时,式(7.3.13)达到最小:

$$\frac{\partial Q(\hat{\beta}_0, \hat{\beta}_1)}{\partial \hat{\beta}_0} = \frac{\partial \sum_{i=1}^{n} (Y_i - \hat{\beta}_0 - \hat{\beta}_1 X_i)^2}{\partial \hat{\beta}_0} = 0$$

$$\frac{\partial Q(\hat{\beta}_0, \hat{\beta}_1)}{\partial \hat{\beta}_1} = \frac{\partial \sum_{i=1}^{n} (Y_i - \hat{\beta}_0 - \hat{\beta}_1 X_i)^2}{\partial \hat{\beta}_1} = 0$$

整理得

$$-2\sum_{i=1}^{n}(Y_i-\hat{\beta}_0-\hat{\beta}_1X_i)=0 \tag{7.3.14}$$

和

$$-2\sum_{i=1}^{n}X_i(Y_i-\hat{\beta}_0-\hat{\beta}_1X_i)=0 \tag{7.3.15}$$

上两式去掉－2，就与矩法估计中的式(7.3.3)和(7.3.4)相同$\left(\text{去掉}\frac{1}{n}\right)$。整理得

$$n\hat{\beta}_0+\hat{\beta}_1\sum_{i=1}^{n}X_i=\sum_{i=1}^{n}Y_i \tag{7.3.16}$$

和

$$\hat{\beta}_0\sum_{i=1}^{n}X_i+\hat{\beta}_1\sum_{i=1}^{n}X_i^2=\sum_{i=1}^{n}X_iY_i \tag{7.3.17}$$

式(7.3.16)和(7.3.17)称为正规方程组，由此求出 $\hat{\beta}_0$ 和 $\hat{\beta}_1$ 的解为

$$\hat{\beta}_0=\frac{\sum_{i=1}^{n}X_i^2\sum_{i=1}^{n}Y_i-\sum_{i=1}^{n}X_i\sum_{i=1}^{n}X_iY_i}{n\sum_{i=1}^{n}X_i^2-\left(\sum_{i=1}^{n}X_i\right)^2} \tag{7.3.18}$$

$$\hat{\beta}_1=\frac{n\sum_{i=1}^{n}X_iY_i-\sum_{i=1}^{n}X_i\sum_{i=1}^{n}Y_i}{n\sum_{i=1}^{n}X_i^2-\left(\sum_{i=1}^{n}X_i\right)^2} \tag{7.3.19}$$

由求和运算的性质：

$$\sum_{i=1}^{n}(X_i-\bar{X})^2=\sum_{i=1}^{n}X_i^2-\frac{1}{n}\left(\sum_{i=1}^{n}X_i\right)^2$$

以及

$$\sum_{i=1}^{n}(X_i-\bar{X})(Y_i-\bar{Y})=\sum_{i=1}^{n}X_iY_i-\frac{1}{n}\sum_{i=1}^{n}X_i\sum_{i=1}^{n}Y_i$$

式(7.3.19)可以写为

$$\hat{\beta}_1=\frac{\sum_{i=1}^{n}(X_i-\bar{X})(Y_i-\bar{Y})}{\sum_{i=1}^{n}(X_i-\bar{X})^2}$$

式(7.3.16)可以写为

$$\hat{\beta}_0=\bar{Y}-\hat{\beta}_1\bar{X}$$

可见，最小二乘估计的结果与矩法估计是一样的。$\hat{\beta}_0$ 和 $\hat{\beta}_1$ 是根据“最小化残差平方和”来选择的，因此被称为普通最小二乘估计量。由一个具体样本数据计算得到的解，是这一估计量的值，称为最小二乘估计值。

7.4　最小二乘估计的代数性质

求解出最小二乘估计值 $\hat{\beta}_0$ 和 $\hat{\beta}_1$ 后，我们就实际上得到关于一个特定样本数据的样本回归函数，或者说，这就对样本数据拟合了一个回归方程或回归线。现在我们从残差的一些性质开始，然后推导其他的一些统计量，以进一步讨论拟合 OLS 回归线的一些代数性质。也就是说，这些性质目前只涉及样本数据(样本的取值)，而尚不涉及样本的随机性。

由式(7.3.14)和(7.3.15)，或者(7.3.3)和(7.3.4)，可直接得到残差的两个性质：

$$\sum_{i=1}^{n}e_i=0 \tag{7.4.1}$$

$$\sum_{i=1}^{n} e_i X_i = 0 \tag{7.4.2}$$

式(7.4.1)表明,OLS 残差和为零,因此,残差的样本均值也为零。而(7.4.2)则是说自变量与残差的样本协方差为零:

$$\sum_{i=1}^{n} e_i X_i = \sum_{i=1}^{n} e_i (X_i - \bar{X}) = \sum_{i=1}^{n} (e_i - \bar{e})(X_i - \bar{X}) = 0$$

由(7.4.1),并对 $Y_i = \hat{Y}_i + e_i$ 求平均,可得

$$\bar{Y} = \bar{\hat{Y}} \tag{7.4.3}$$

即观察值 Y_i 的样本均值与预测值 $\hat{Y}_i$ 的样本均值相等。由(7.4.1)、(7.4.2)和(7.4.3),并根据求和运算的性质,还可证明预测值 $\hat{Y}_i$ 与残差 e_i 的样本协方差也为零:

$$\sum_{i=1}^{n} (\hat{Y}_i - \bar{Y})(e_i - \bar{e}) = \sum_{i=1}^{n} (\hat{Y}_i - \bar{Y}) e_i = \sum_{i=1}^{n} \hat{Y}_i e_i$$

$$= \sum_{i=1}^{n} (\hat{\beta}_0 + \hat{\beta}_1 X_i) e_i = 0 \tag{7.4.4}$$

观察值 Y_i 与其均值 $\bar{Y}$ 的离差 $Y_i - \bar{Y}$,其平方和称为总平方和(total sum of squares),记为 TSS,它度量了 Y_i 的样本变异,即 Y_i 在样本数据中的散布程度,则

$$\begin{aligned} TSS &= \sum_{i=1}^{n} (Y_i - \bar{Y})^2 \\ &= \sum_{i=1}^{n} [(Y_i - \hat{Y}_i) + (\hat{Y}_i - \bar{Y})]^2 \\ &= \sum_{i=1}^{n} [e_i + (\hat{Y}_i - \bar{Y})]^2 \\ &= \sum_{i=1}^{n} e_i^2 + 2\sum_{i=1}^{n} e_i (\hat{Y}_i - \bar{Y}) + \sum_{i=1}^{n} (\hat{Y}_i - \bar{Y})^2 \end{aligned}$$

由(7.4.4),上式最后一个等式的第二项等于0,因此有

$$TSS=\sum_{i=1}^{n}e_i{}^2+\sum_{i=1}^{n}(\hat{Y}_i-\bar{Y})^2 \tag{7.4.5}$$

其中,$\sum_{i=1}^{n}e_i{}^2=\sum_{i=1}^{n}(Y_i-\hat{Y}_i)^2$ 是残差平方和(residual sum of squares),记为 RSS。$\sum_{i=1}^{n}(\hat{Y}_i-\bar{Y})^2$ 称为解释平方和(explained sum of squares)或回归平方和,记为 ESS,它度量了预测值 $\hat{Y}_i$ 的样本变异(其中用到了(7.4.3)式)。式(7.4.5)可写为

$$TSS=RSS+ESS \tag{7.4.6}$$

这样,观察值的(总)样本变异被分解为未解释的变异(残差平方和),以及由回归方程解释了的变异(回归平方和)两部分。回归平方和占总平方和的比例,表示观察值的总变异中有多少可被回归方程所解释,换句话说,可以用它来度量回归线对数据拟合得有多好,即拟合优度。这个比例,称为判定系数(coefficient of determination),记为 R^2:

$$R^2=\frac{ESS}{TSS}=\frac{\sum_{i=1}^{n}(\hat{Y}_i-\bar{Y})^2}{\sum_{i=1}^{n}(Y_i-\bar{Y})^2} \tag{7.4.7}$$

由(7.4.6),R^2 也可写为

$$R^2=1-\frac{RSS}{TSS}=1-\frac{\sum_{i=1}^{n}(Y_i-\hat{Y}_i)^2}{\sum_{i=1}^{n}(Y_i-\bar{Y})^2} \tag{7.4.8}$$

从(7.4.6)可以看出,ESS 总不会大于 TSS,除非 RSS 等于零,也就是样本中所有观察点都落在回归直线上,R^2 的值介于0和1之

间,是一个非负的统计量。

关于R^2,有一些问题特别值得强调。例如,看起来R^2衡量了"自变量究竟多好地解释了因变量",对于此类的说法需要小心。应当记得,R^2的值是用样本数据计算出来的,它只说了"回归线对样本数据拟合得有多好"。而且还要注意的是,"拟合得有多好"并非指"拟合"所用的方法(因为回归方程总是用同一个估计程序估计出来的,如OLS或者矩法),而是说,以OLS来拟合回归方程或回归线,对于模型设定的不同(如自变量选择的不同或多寡),哪个使得回归线更好地拟合了样本数据。而且,这个结论局限在所抽取到的一个样本的范围之内。因此,即使得到一个很大的R^2,也不意味着就能说在总体中自变量对因变量有更多的解释能力,因为样本是随机的,R^2的值随着样本的不同而不同,抽到一个"特别"的样本并非不可能。同样,一个很低的R^2值,也不能说明回归模型就没有用处,而且这还取决于有待检验的理论中我们所讨论的变量是什么,有时在所讨论的变量下得到小的R^2值,这未必有什么不正常。到目前为止,R^2的意义还只在于,如果我们认为随机样本是足够"典型"的,那么可以由它作一种大致的判断,但这没有保证什么。不过我们很快将看到(8.5节),一旦涉及到回归模型的假设检验,R^2就还有用处。

7.5　简单回归模型的基本假定

前面我们在模型的设定和参数的估计中,已经不时涉及到有关回归分析所必不可少的基本假定,此处有必要将它们作一系统的叙述与讨论。这些假定被称为高斯-马尔可夫假定(Gauss-Markov assumption)。从某个意义上来说,一个回归分析究竟有多少实际意义,其结论有多有用,就要看这些假定在多大程度上是被满足的。此外,理解这些假定,也是进一步讨论较深的回归分析方法的基础。在简单回归情况下,这些假定的书写与讨论都颇为简单。

假定1　线性假定(回归函数假定为线性)

这对一个随机变量(因变量Y)的分布(也即总体分布)的条件期望作出了假定,也就是以另一个随机变量(自变量X)的值x为条件,此分布的条件期望是X的线性函数:

$$E(Y|x)=\beta_0+\beta_1 X \tag{7.5.1}$$

$E(Y|x)$称为回归函数,其形式f被假定为线性:$\beta_0+\beta_1 X$。式(7.5.1)在误差项的零条件均值假定(假定3) $E(\varepsilon|x)=0$成立时,等价于给出了模型的线性设定:

$$Y=\beta_0+\beta_1 X+\varepsilon \tag{7.5.2}$$

其中β_0称为截距,β_1称为斜率,是两个待估参数。ε称为误差项,意味着如果以回归函数(此处为线性)去逼近Y,其误差为ε。Y、ε以及X都被视作随机变量。"等价于"意味着,如果回归函数的线性假定是正确的,而且当$E(\varepsilon|x)=0$成立,那么模型的设定就是正确的。但很明显,在只含一个自变量的模型中,后一个前提通常很难成立,因为很容易遗漏一个重要的相关变量(与X相关),使之进入了误差项。对于线性假定,一般可以认为,在X取值范围不大时,大致是近似正确的。当回归函数实际上为非线性时,还可以通过变量代换,使之转换为线性函数(当然,实际问题中这往往需要理论上的判断,或者在一元回归情况下,可利用样本数据的散点图来判断。这可被看作是对上述"近似"的一种改进)。在这个意义上,模型的线性假定,只需要因变量"线性于参数",而并非一定要线性于自变量。当然,待估的模型总是(或被转换为)线性的。一旦有了数据并能估计出参数,我们就能在假定"模型正确"的情况下,把斜率估计值解释为自变量X变化一个单位时因变量Y的平均变化(条件期望的变化),而截距估计值无非就是自变量为零时因变

量Y的均值的取值(注意:不是因变量Y的取值!)。很显然,要能由样本数据来估计参数,并使之有用(如对于参数作出上述解释,以及进一步的假设检验等统计推断),还需要对数据作出假定。

假定2　随机样本假定(样本来自于随机抽样)

样本能用来推断总体,是由于样本中包含总体的信息,但这还只是一个定性的模糊不清的说法。因此,有必要对样本作出明确的假定。随机样本假定是说,用来推断总体的样本(X_i, Y_i), $i=1, \cdots, n$,是一个来自总体分布(X, Y)的随机样本,样本容量为n。这就在概率的意义上给出了有关样本的分布的明确规定(而不是上述定性描述)。随机抽样,意味着对于第i次观察(第i次从总体中随机抽取一个个体,测量变量X和Y,不妨设抽样是有放回的),$Y_i(i=1, \cdots, n)$都是独立同分布样本(也称为i.i.d.样本),其分布即是总体Y的分布,或者说,(样本)Y_i这个随机变量相互独立且各自的分布都是(总体)Y的分布。X_i的情况亦然(有关"总体与样本"的基础知识,可参见第6章的详细讨论)。这样,回归模型(7.5.2)可以等价地写为

$$Y_i=\beta_0+\beta_1 X_i+\varepsilon_i, \quad i=1, \cdots, n \tag{7.5.3}$$

其中,ε_i是第i次独立观察时的误差项,ε_i是不可观察的,但由X, Y的第i次独立观察而得。式(7.5.3)建立了样本与总体在概率分布上的明确联系,这样我们就能以一个具体的样本数据,即X_i, Y_i的取值x_i, y_i,来求出β_0和β_1的估计值$\hat{\beta}_0$和$\hat{\beta}_1$,同时我们还能把$\hat{\beta}_0$和$\hat{\beta}_1$看作是估计量,即它们又是由样本Y_i的分布决定的随机变量。这就使得我们能够推导估计量的统计性质,以及随后对参数进行假设检验(进一步假定误差项为正态分布,就可以推导出统计检验量的抽样分布,见8.5节)。

假定3　零条件均值假定(误差项的条件期望为零)

这是一个关于随机误差项的关键假定,其含义是以自变量X

的值为条件,误差项的条件期望为零。这比通常在数理统计中“误差项独立于自变量”的假定要弱,就是说,我们现在不需要这么强的假定。由

$$E(\varepsilon|x)=0 \tag{7.5.4}$$

很容易推出误差项的无条件期望也为零(参见(7.2.3)式):

$$E(\varepsilon)=0 \tag{7.5.5}$$

且有

$$E(\varepsilon|x)=E(\varepsilon)=0 \tag{7.5.6}$$

实际上,我们只需要以下假定:

$$E(\varepsilon|x)=E(\varepsilon) \tag{7.5.7}$$

至于上式是否要假定为零,实际上无关紧要,因为如果 $E(\varepsilon)\neq 0$,总可以把式(7.5.2)右边改写为:$\beta_0+\beta_1X+E(\varepsilon)+\varepsilon-E(\varepsilon)$,并以 $\varepsilon-E(\varepsilon)$ 为一新的误差项,则 $E[\varepsilon-E(\varepsilon)]=0$ 总成立,而 $\beta_0+E(\varepsilon)$ 作为新的截距项,不过就是重新定义了截距项而已。式(7.5.7)意味着只要求假定:误差项的均值(期望)独立于自变量 X,称它为“均值独立假定”。这也就说明了为什么我们要在回归函数或模型中保留截距项的原因。由零条件均值假定,利用期望迭代定理,还可推出误差项与自变量 X 的协方差为零(见(7.2.4)式),并根据协方差的性质有

$$Cov(\varepsilon, X)=E(\varepsilon X)=0 \tag{7.5.8}$$

对于随机样本 (X_i, Y_i), $i=1, \cdots, n$,由于 ε_i 也是独立同分布的,且其分布就是 ε 的分布,式(7.5.4)可以写为

$$E(\varepsilon_i|x_i)=0 \tag{7.5.9}$$

式(7.5.5)和(7.5.8)可以写为

$$E(\varepsilon_i) = 0 \quad (7.5.10)$$

$$E(\varepsilon_i X_i) = 0 \quad (7.5.11)$$

由式(7.5.10)和(7.5.11)就可推出矩法估计的两个一阶总体矩条件(见(7.3.1)和(7.3.2)式)。而且,普通最小二乘法(OLS)的两个一阶条件也与此相同(见(7.3.14)和(7.3.15)式)。

重要的是,需要且只需要在上述三个假定下,我们能够证明OLS估计量 $\hat{\beta}_0$ 和 $\hat{\beta}_1$ 是无偏的。当然,为了求出 $\hat{\beta}_0$ 和 $\hat{\beta}_1$ 这两个估计值,还需要有以下通常很容易满足(但仍必要)的假定(见(7.3.7)式),此处也单独列出。

假定4　样本变异假定(自变量有样本变异)

这是说,样本中自变量 $X_i(i = 1, \cdots, n)$ 的取值不完全相同。显然,除非总体 X 是个常数,抽取的样本 X_i 恰好也是个常数这种情况就很不可能。如果不幸真是如此,那么就无法求解 $\hat{\beta}_0$ 和 $\hat{\beta}_1$,因为此时 $\sum_{i=1}^{n}(X_i - \bar{X})^2 > 0$ 不成立。事实上,如果总体 X 是个常数,也就无所谓研究随着自变量 X 的变化而因变量的均值如何变化了(因为 X 不变!)

假定5　同方差假定(误差项的条件方差为常数)

为了研究最小二乘估计的有效性,就需要计算估计量 $\hat{\beta}_0$ 和 $\hat{\beta}_1$ 的方差,传统上引入一个新的假定,即误差项的同方差假定,这可以有利于得到 $\hat{\beta}_0$ 和 $\hat{\beta}_1$ 的方差的简单计算公式。实际上,由上面的讨论也可看到,在随机样本假定下,固定自变量 X 的值(看作非随机),由于 n 次观察是独立的,则误差项 ε_i 也是独立同分布的,且其分布即为误差项 ε 的分布,因此就有

$$Var(\varepsilon_i) = Var(\varepsilon) = \sigma^2, \quad i = 1, \cdots, n \quad (7.5.12)$$

这里把自变量看作非随机(当常数看待),就总是意味着误差项 ε_i 与自变量 X_i 是独立的,这是一个过强的假定,而且没有明确提出

来。因此,更好的是把自变量 X_i 也看作随机变量,并在 X_i 的取值的条件下,引入同方差假定。

这样,同方差假定表述为:以 X 的值为条件,误差项的条件方差为常数,即

$$Var(\varepsilon|x)=\sigma^2 \tag{7.5.13}$$

则在误差项的零条件均值假定下,即当 $E(\varepsilon|x)=0$,可以证明与(7.5.12)同样的结果。由方差定义:

$$Var(\varepsilon|x)=E(\varepsilon^2|x)-[E(\varepsilon|x)]^2=E(\varepsilon^2|x)=\sigma^2$$

根据期望迭代定理:

$$E(\varepsilon^2)=E[E(\varepsilon^2|x)]=E(\sigma^2)=\sigma^2$$

仍由方差定义,且 $E(\varepsilon)=0$,有

$$Var(\varepsilon)=E(\varepsilon^2)-[E(\varepsilon)]^2=E(\varepsilon^2)=\sigma^2$$

以上证明了在误差项的零条件均值假定下,有

$$Var(\varepsilon)=Var(\varepsilon|x)=\sigma^2 \tag{7.5.14}$$

即误差项的条件方差,也是它的无条件方差。σ^2 通常称为误差方差,它是一个常数。由式(7.5.2)两边求条件方差,还可得

$$Var(Y|x)=Var(\varepsilon|x)=\sigma^2 \tag{7.5.15}$$

这表明,给定 X 的值,Y 的方差是常数 σ^2。这就是说,当 $Var(\varepsilon|x)$,也就是 $Var(Y|x)$,随 X 的值变化而变化时,同方差假定就不再成立,就称出现异方差性,此时同方差假定下的估计量 $\hat{\beta}_0$ 和 $\hat{\beta}_1$ 的方差公式也就不再成立。式(7.5.13)、(7.5.14)以及(7.5.15)的随机样本形式可写成

$$Var(\varepsilon_i|x)=\sigma^2 \tag{7.5.16}$$

和

$$Var(\varepsilon_i) = Var(\varepsilon_i | x) = \sigma^2 \quad (7.5.17)$$

以及

$$Var(Y_i | x_i) = Var(\varepsilon_i | x_i) = \sigma^2 \quad (7.5.18)$$

这在推导 $\hat{\beta}_0$ 和 $\hat{\beta}_1$ 的方差公式时将会用到。

7.6　最小二乘估计的统计性质

在7.3节中，我们根据一个样本 (X_i, Y_i)，$i=1, \cdots, n$，估计了模型参数 β_0 和 β_1。这里"估计"这个说法意味着，我们以一个样本 (X_i, Y_i) 的数据 (x_i, y_i)，通过矩法或者最小二乘法求解 $\hat{\beta}_0$ 和 $\hat{\beta}_1$。由于样本 (X_i, Y_i) 是随机的，因此 $\hat{\beta}_0$ 和 $\hat{\beta}_1$ 也是随机的。也就是说，现在我们要把 $\hat{\beta}_0$ 和 $\hat{\beta}_1$ 看成随机变量，称它为估计量，而以某个估计程序(矩法或 OLS) 求出的 $\hat{\beta}_0$ 和 $\hat{\beta}_1$ 的解，是这一估计量的取值，称为估计值。$\hat{\beta}_0$ 和 $\hat{\beta}_1$ 既是随机变量，就有其概率分布(称为抽样分布，因其随机性来自随机抽样)，这就为我们用求出的估计值 $\hat{\beta}_0$ 和 $\hat{\beta}_1$，来"估计"(或者推断) 模型参数 β_0 和 β_1，提供了概率意义上的依据。本节暂不涉及估计量 $\hat{\beta}_0$ 和 $\hat{\beta}_1$ 的分布形式，而只推导其两个重要的数字特征，即 $\hat{\beta}_0$ 和 $\hat{\beta}_1$ 的期望和方差，并在7.5节模型基本假定下，证明 OLS 估计量的无偏性和有效性，即 OLS 估计量的两个重要的统计(推断)性质。

7.6.1　OLS 估计量的无偏性

我们已经知道，回归模型的参数估计量 $\hat{\beta}_0$ 和 $\hat{\beta}_1$ 是 Y_i 的线性函数。以(7.2.6)代入(7.3.10)：

$$\hat{\beta}_1 = \sum_{i=1}^{n} k_i Y_i = \sum_{i=1}^{n} k_i (\beta_0 + \beta_1 X_i + \varepsilon_i)$$

$$= \beta_0 \sum_{i=1}^{n} k_i + \beta_1 \sum_{i=1}^{n} k_i X_i + \sum_{i=1}^{n} k_i \varepsilon_i \qquad (7.6.1)$$

其中

$$k_i = \frac{(X_i - \bar{X})}{\sum_{i=1}^{n} (X_i - \bar{X})^2}$$

由求和运算的性质得：

$$\sum_{i=1}^{n} k_i = \frac{\sum_{i=1}^{n} (X_i - \bar{X})}{\sum_{i=1}^{n} (X_i - \bar{X})^2} = 0$$

$$\sum_{i=1}^{n} k_i X_i = \frac{\sum_{i=1}^{n} (X_i - \bar{X}) X_i}{\sum_{i=1}^{n} (X_i - \bar{X})^2} = \frac{\sum_{i=1}^{n} (X_i - \bar{X})^2}{\sum_{i=1}^{n} (X_i - \bar{X})^2} = 1$$

式(7.6.1)就成为

$$\hat{\beta}_1 = \beta_1 + \sum_{i=1}^{n} k_i \varepsilon_i \qquad (7.6.2)$$

对上式两边求期望：

$$E(\hat{\beta}_1) = E(\beta_1 + \sum_{i=1}^{n} k_i \varepsilon_i) = \beta_1 + E(\sum_{i=1}^{n} k_i \varepsilon_i)$$

$$= \beta_1 + \sum_{i=1}^{n} k_i E(\varepsilon_i) = \beta_1$$

其中用到零条件均值假定（假定 3）中(7.5.10)式，即 $E(\varepsilon_i) = 0$。实际上，上式推导中把 k_i 视作常数，也就是把 X_i 视作常数，这意味着或者把自变量看作非随机，或者以 X_i 的值为条件，对式(7.6.2)

求期望。$E(\hat{\beta}_1)=\beta_1$,即估计量 $\hat{\beta}_1$ 的期望等于模型参数 β_1,就是说 $\hat{\beta}_1$ 的分布是以 β_1 为中心,是对 β_1 无偏的,这就是估计量 $\hat{\beta}_1$ 的无偏性。$E(\hat{\beta}_0)$ 的推导,类似地可由(7.3.11)得出,只需注意

$$\sum_{i=1}^{n} w_i = \sum_{i=1}^{n}\left(\frac{1}{n}-\bar{X}k_i\right)=1$$

和

$$\sum_{i=1}^{n} w_i X_i = \sum_{i=1}^{n}\left(\frac{1}{n}-\bar{X}k_i\right)X_i = \frac{1}{n}\sum_{i=1}^{n} X_i - \bar{X}\sum_{i=1}^{n} k_i X_i = 0$$

即有

$$\hat{\beta}_0 = \sum_{i=1}^{n} w_i Y_i = \sum_{i=1}^{n} w_i(\beta_0+\beta_1 X_i+\varepsilon_i) = \beta_0 + \sum_{i=1}^{n} w_i \varepsilon_i \tag{7.6.3}$$

故有

$$E(\hat{\beta}_0)=\beta_0$$

应当注意到,在上述无偏性证明中,7.5 节中的假定 1 至假定 4 实际上都用到了,没有假定 1、2、4 就谈不上求解估计量的值,假定 3 如果不成立,无偏性也就无法得以证明。换句话说,四个假定中只要有一个不成立,就都无法得到估计量的无偏性。因此,实际问题中,充分考虑每个假定到底在多大程度上是能满足的,就显得相当重要。

还值得强调的是,无偏性是估计量的性质,即 $\hat{\beta}_1$ 和 $\hat{\beta}_0$ 作为随机变量的(抽样)分布性质,而不是说,我们从一个样本的数据求解得到的估计值 $\hat{\beta}_1$ 和 $\hat{\beta}_0$ 是无偏的,就能用它们"无偏地"估计模型参数。无偏估计量的一个通俗的意思是,对所有可能的样本,计算出来的估计值是以模型参数为中心而分布的,因此如果分布的散

布程度不大,从特定样本数据计算得到的估计值就“接近于”模型参数。可见,同时考虑估计量在中心位置附近的散布程度就相当必要,这个散布程度以其方差来衡量。显然,方差最小的估计量是最好的,即对于无偏估计而言,最有效。

7.6.2　OLS 估计量的有效性

我们先来推导 $\hat{\beta}_1$ 和 $\hat{\beta}_0$ 的方差公式。由(7.6.2)两边求方差,得

$$\begin{aligned} Var(\hat{\beta}_1) &= Var(\beta_1 + \sum_{i=1}^{n} k_i \varepsilon_i) \\ &= Var(\sum_{i=1}^{n} k_i \varepsilon_i) = \sum_{i=1}^{n} Var(k_i \varepsilon_i) \\ &= \sum_{i=1}^{n} k_i^2 Var(\varepsilon_i) = \sum_{i=1}^{n} k_i^2 \sigma^2 = \sigma^2 \sum_{i=1}^{n} k_i^2 \end{aligned} \tag{7.6.4}$$

其中用到同方差假定(假定 5)中(7.5.17)式,即 $Var(\varepsilon_i) = Var(\varepsilon_i | x) = \sigma^2$,由于

$$\begin{aligned} \sum_{i=1}^{n} k_i^2 &= \sum_{i=1}^{n} \left[\frac{(X_i - \bar{X})}{\sum_{i=1}^{n} (X_i - \bar{X})^2} \right]^2 = \frac{\sum_{i=1}^{n} (X_i - \bar{X})^2}{\left[\sum_{i=1}^{n} (X_i - \bar{X})^2 \right]^2} \\ &= \frac{1}{\sum_{i=1}^{n} (X_i - \bar{X})^2} \end{aligned} \tag{7.6.5}$$

故有

$$Var(\hat{\beta}_1) = \frac{\sigma^2}{\sum_{i=1}^{n} (X_i - \bar{X})^2} \tag{7.6.6}$$

类似地，由(7.6.3)两边求方差，可得

$$Var(\hat{\beta}_0) = Var\left(\beta_0 + \sum_{i=1}^{n} w_i \varepsilon_i\right) = \sigma^2 \sum_{i=1}^{n} w_i^{\ 2}$$

由于

$$\sum_{i=1}^{n} w_i^{\ 2} = \sum_{i=1}^{n} \left(\frac{1}{n} - \bar{X}k_i\right)^2 = \sum_{i=1}^{n} \left[\left(\frac{1}{n}\right)^2 - \frac{2\bar{X}k_i}{n} + (\bar{X}k_i)^2\right]$$

$$= \frac{1}{n} + \bar{X}^2 \sum_{i=1}^{n} k_i^2 = \frac{1}{n} + \frac{\bar{X}^2}{\sum_{i=1}^{n} (X_i - \bar{X})^2}$$

$$= \frac{\sum_{i=1}^{n} (X_i - \bar{X})^2 + n\bar{X}^2}{n\sum_{i=1}^{n} (X_i - \bar{X})^2} = \frac{\sum_{i=1}^{n} (X_i^2 - n\bar{X}^2 + n\bar{X}^2)}{n\sum_{i=1}^{n} (X_i - \bar{X})^2}$$

$$= \frac{\sum_{i=1}^{n} X_i^2}{n\sum_{i=1}^{n} (X_i - \bar{X})^2}$$

其中用到 $\sum_{i=1}^{n} k_i = 0$，故有

$$Var(\hat{\beta}_0) = \frac{\sum_{i=1}^{n} X_i^2}{n\sum_{i=1}^{n} (X_i - \bar{X})^2} \sigma^2 \qquad (7.6.7)$$

这样，在假定 1 至假定 4 下，并加上了一个同方差假定后，我们就推导出了 OLS 估计量的方差公式(也称为估计量的抽样方差)。式(7.6.6)和(7.6.7)是一元回归分析的估计量方差的标准公式，当同方差假定不满足时，也就是出现异方差时，$\hat{\beta}_1$ 和 $\hat{\beta}_0$ 的方差

公式就不再成立,由此,以后要讲到的回归系数的假设检验也就没有了依据,因为此时 $\hat{\beta}_1$ 的标准差公式(方差的正平方根)就不再成立,则其标准误公式也就无理。这在下一节以及 8.5 节再谈。现在我们证明 OLS 估计量在所有线性无偏估计量中具有最小方差,这称为 OLS 估计量的有效性(即最小方差线性无偏估计或最优线性无偏估计)。

设 $\tilde{\beta}_1$ 是其他估计方法得到的 β_1 的线性无偏估计量,$\hat{\beta}_1$ 是 OLS 估计量,则我们要证明的是:

$$Var(\hat{\beta}_1) \leqslant Var(\tilde{\beta}_1)$$

由于 $\tilde{\beta}_1$ 是线性无偏估计量,有

$$\begin{aligned}\tilde{\beta}_1 &= \sum_{i=1}^{n} c_i Y_i = \sum_{i=1}^{n} c_i(\beta_0 + \beta_1 X_i + \varepsilon_i) \\ &= \beta_0 \sum_{i=1}^{n} c_i + \beta_1 \sum_{i=1}^{n} c_i X_i + \sum_{i=1}^{n} c_i \varepsilon_i \end{aligned} \tag{7.6.8}$$

其中 c_i 是常数。对上式求期望:

$$E(\tilde{\beta}_1) = \beta_0 \sum_{i=1}^{n} c_i + \beta_1 \sum_{i=1}^{n} c_i X_i = \beta_1$$

其中,$\tilde{\beta}_1$ 的期望等于 β_1 是由于它是无偏估计,要使上式成立,则必须使

$$\sum_{i=1}^{n} c_i = 0,\ \sum_{i=1}^{n} c_i X_i = 1 \tag{7.6.9}$$

从而(7.6.8)成为

$$\tilde{\beta}_1 = \beta_1 + \sum_{i=1}^{n} c_i \varepsilon_i$$

上式求方差,并由同方差假定,有

$$Var(\tilde{\beta}_1)=\sum_{i=1}^{n}c_i^{\ 2}Var(\varepsilon_i)=\sum_{i=1}^{n}c_i^{\ 2}\sigma^2=\sum_{i=1}^{n}(c_i-k_i+k_i)^2\sigma^2$$

$$=\sum_{i=1}^{n}(c_i-k_i)^2\sigma^2+\sum_{i=1}^{n}k_i^{\ 2}\sigma^2+2\sum_{i=1}^{n}(c_i-k_i)k_i\sigma^2 \tag{7.6.10}$$

其中

$$k_i=\frac{(X_i-\bar{X})}{\sum_{i=1}^{n}(X_i-\bar{X})^2}$$

由(7.6.5)和(7.6.9),有

$$\sum_{i=1}^{n}(c_i-k_i)k_i=\sum_{i=1}^{n}(c_ik_i-k_i^{\ 2})=\sum_{i=1}^{n}c_ik_i-\sum_{i=1}^{n}k_i^{\ 2}$$

$$=\sum_{i=1}^{n}\left[\frac{c_i(X_i-\bar{X})}{\sum_{i=1}^{n}(X_i-\bar{X})^2}\right]-\frac{1}{\sum_{i=1}^{n}(X_i-\bar{X})^2}$$

$$=\frac{\sum_{i=1}^{n}(c_iX_i-c_i\bar{X})}{\sum_{i=1}^{n}(X_i-\bar{X})^2}-\frac{1}{\sum_{i=1}^{n}(X_i-\bar{X})^2}=0$$

故(7.6.10)成为(其中用到(7.6.4)式)

$$Var(\tilde{\beta}_1)=\sum_{i=1}^{n}(c_i-k_i)^2\sigma^2+\sum_{i=1}^{n}k_i^{\ 2}\sigma^2$$

$$=\sum_{i=1}^{n}(c_i-k_i)^2\sigma^2+Var(\hat{\beta}_1)$$

由于

$$\sum_{i=1}^{n}(c_i-k_i)^2\geqslant 0$$

显然有

$$Var(\hat{\beta}_1) \leqslant Var(\tilde{\beta}_1)$$

$Var(\hat{\beta}_0) \leqslant Var(\tilde{\beta}_0)$ 的情形证明类似。这样，我们就在假定 1 至假定 5(高斯-马尔可夫假定)下，证明了 OLS 估计量是最优线性无偏估计量(best linear unbiased estimator，BLUE)，这就是著名的高斯-马尔可夫定理(Gauss-Markov theorem)。这个定理的重要意义在于，今后我们不需要再去寻找其他的线性无偏估计量，因为它们的方差都不会小于 OLS 估计量的方差。唯一要强调的是，如果高斯-马尔可夫假定这一组假定中有一个不成立，那么这个定理就不再成立。

7.6.3　误差方差的估计

在 OLS 估计量的方差公式中，分子上都有误差方差 σ^2，但回归模型中误差项的方差实际上是未知的(误差项不可观测)，这样估计量的方差就还是未知的，因此就需要用样本数据来估计误差方差。在 7.1 节中我们曾提到，残差 e_i 实际上包含两部分“误差”：一是估计回归函数的误差，二是误差项 ε_i。因此，如果回归模型是正确的，那么以拟合值 $\hat{Y}_i$ 预测 Y_i，其精度就取决于误差方差。换个说法，误差方差越大，那么预测就越不精确，残差就越大。这样，残差就可用来估计误差方差，以下我们推导误差方差 σ^2 的一个无偏估计量。

由(7.3.12)残差定义，以及模型(7.2.6)和回归方程(7.2.8)得

$$\begin{aligned} e_i &= Y_i - \hat{Y}_i = \beta_0 + \beta_1 X_i + \varepsilon_i - \hat{\beta}_0 - \hat{\beta}_1 X_i \\ &= \varepsilon_i - (\hat{\beta}_0 - \beta_0) - (\hat{\beta}_1 - \beta_1) X_i \end{aligned} \tag{7.6.11}$$

(7.6.11)对 i 求平均

$$\bar{e} = \bar{\varepsilon} - (\hat{\beta}_0 - \beta_0) - (\hat{\beta}_1 - \beta_1)\bar{X} \tag{7.6.12}$$

以(7.6.11)减(7.6.12)，且 $\bar{e}=\sum_{i=1}^{n}e_i=0$，有

$$e_i=(\varepsilon_i-\bar{\varepsilon})-(\hat{\beta}_1-\beta_1)(X_i-\bar{X})$$

因此，

$$\begin{aligned}\sum_{i=1}^{n}e_i^{\,2}&=\sum_{i=1}^{n}\left[(\varepsilon_i-\bar{\varepsilon})-(\hat{\beta}_1-\beta_1)(X_i-\bar{X})\right]^2\\&=\sum_{i=1}^{n}(\varepsilon_i-\bar{\varepsilon})^2+(\hat{\beta}_1-\beta_1)^2\sum_{i=1}^{n}(X_i-\bar{X})^2-\\&\quad 2(\hat{\beta}_1-\beta_1)\sum_{i=1}^{n}\varepsilon_i(X_i-\bar{X})\end{aligned}\tag{7.6.13}$$

其中用到 $\sum_{i=1}^{n}(\varepsilon_i-\bar{\varepsilon})(X_i-\bar{X})=\sum_{i=1}^{n}\varepsilon_i(X_i-\bar{X})$。由于

$$E(\bar{\varepsilon})=E\left(\frac{1}{n}\sum_{i=1}^{n}\varepsilon_i\right)=\frac{1}{n}\sum_{i=1}^{n}E(\varepsilon_i)=0$$

故有

$$\begin{aligned}E\left[\sum_{i=1}^{n}(\varepsilon_i-\bar{\varepsilon})^2\right]&=E\left(\sum_{i=1}^{n}\varepsilon_i^{\,2}-n\bar{\varepsilon}^2\right)=\sum_{i=1}^{n}E(\varepsilon_i^{\,2})-nE(\bar{\varepsilon}^2)\\&=n\sigma^2-nVar(\bar{\varepsilon})=n\sigma^2-\sigma^2\end{aligned}\tag{7.6.14}$$

其中

$$\begin{aligned}E(\bar{\varepsilon}^2)&=E(\bar{\varepsilon}^2)-[E(\bar{\varepsilon})]^2=Var(\bar{\varepsilon})=Var\left(\frac{1}{n}\sum_{i=1}^{n}\varepsilon_i\right)\\&=n^{-2}\sum_{i=1}^{n}Var(\varepsilon_i)=n^{-1}\sigma^2\end{aligned}$$

又由 $Var(\hat{\beta}_1)=E(\hat{\beta}_1-\beta_1)^2$，以及式(7.6.6)，有

$$E\left[(\hat{\beta}_1-\beta_1)^2\sum_{i=1}^{n}(X_i-\bar{X})^2\right]=Var(\hat{\beta}_1)\sum_{i=1}^{n}(X_i-\bar{X})^2=\sigma^2\tag{7.6.15}$$

且,由(7.6.2) $\hat{\beta}_1 = \beta_1 + \sum_{i=1}^{n} k_i\varepsilon_i$,有

$$\hat{\beta}_1 - \beta_1 = \sum_{i=1}^{n} k_i\varepsilon_i = \frac{\sum_{i=1}^{n}(X_i - \bar{X})\varepsilon_i}{\sum_{i=1}^{n}(X_i - \bar{X})^2}$$

则

$$E\Big[2(\hat{\beta}_1 - \beta_1)\sum_{i=1}^{n}\varepsilon_i(X_i - \bar{X})\Big] = E\Big[2(\hat{\beta}_1 - \beta_1)^2\sum_{i=1}^{n}(X_i - \bar{X})^2\Big] = 2\sigma^2 \quad (7.6.16)$$

这样,对(7.6.13)求期望,且由于(7.6.14)、(7.6.15)和(7.6.16),就有

$$E(\sum_{i=1}^{n} e_i^2) = n\sigma^2 - \sigma^2 + \sigma^2 - 2\sigma^2 = (n-2)\sigma^2$$

记

$$\hat{\sigma}^2 = \frac{1}{n-2}\sum_{i=1}^{n} e_i^2 \quad (7.6.17)$$

有

$$E(\hat{\sigma}^2) = \sigma^2$$

这就是说,$\hat{\sigma}^2$ 是误差方差 σ^2 的一个无偏估计。由式(7.6.6),并用 $\hat{\sigma}^2$ 替代 σ^2,我们就得到估计量 $\hat{\beta}_1$ 的抽样方差的无偏估计量:$\hat{\sigma}^2 \Big/ \sum_{i=1}^{n}(X_i - \bar{X})^2$,而估计量 $\hat{\beta}_1$ 的标准差是其方差的正平方根,记为 $sd(\hat{\beta}_1)$,即

$$sd(\hat{\beta}_1)=\frac{\sigma}{\sqrt{\sum_{i=1}^{n}(X_i-\bar{X})^2}}$$

以 $\hat{\sigma}^2$ 的正平方根 $\hat{\sigma}$ 替代 σ($\hat{\sigma}$ 不是 σ 的无偏估计量,但它是 σ 的一致估计量),就得到 $\hat{\beta}_1$ 的标准差的估计,记为 $se(\hat{\beta}_1)$,即

$$se(\hat{\beta}_1)=\frac{\hat{\sigma}}{\sqrt{\sum_{i=1}^{n}(X_i-\bar{X})^2}} \tag{7.6.18}$$

式(7.6.18)称为 $\hat{\beta}_1$ 的标准误(standard error),它是估计量 $\hat{\beta}_1$ 的标准差的估计量,一般统计软件都会给出标准误的估计值。标准误的重要意义在于,它使我们能够对于估计量 $\hat{\beta}_1$ 有多精确加以评估(显然小的标准误是好的),而且对于以后构造假设检验的检验统计量也都有着重要的作用。类似地,由式(7.6.7),可以有 $\hat{\beta}_0$ 的标准误:

$$se(\hat{\beta}_0)=\hat{\sigma}\sqrt{\frac{\sum_{i=1}^{n}X_i^2}{\sum_{i=1}^{n}(X_i-\bar{X})^2}} \tag{7.6.19}$$

第8章　多元回归

8.1　多元回归模型

上一章已经提到,对于实际问题,简单回归模型通常很难满足假定3,即误差项与自变量不相关的假定。这是因为除了明确列入模型的一个自变量,其他影响因变量的因素都被简单地放到误差项中去了,但实际情形更可能是,多数时候其中有些因素往往与自变量是相关的,此时简单回归的参数估计就不是无偏的,因而接下来的分析就都失去了实际意义。现在我们希望把这样的一些因素从误差项中提出来,明确地把它们作为自变量放到回归模型中。稍后我们可以看到,这样做的重要意义还在于,这使得我们可以得到在其他自变量保持不变的情况下某个自变量对因变量的影响,这种"其他条件不变"情况下的解释,相当于给出了控制实验情形下使用实验数据所做研究的一个模拟。也就是说,通过统计控制,我们用观察数据也可达到类似目的,即研究一个变量对另一个变量的独立影响(偏效应或净效应)。

考虑 k 个自变量 $X_1, \cdots, X_k$,则多元线性回归模型(multiple linear regression model)为

$$Y = \beta_0 + \beta_1 X_1 + \cdots + \beta_k X_k + \varepsilon \tag{8.1.1}$$

其中,k 是自变量的个数,β_0 是截距参数,$\beta_j (j = 1, \cdots, k)$ 是斜率

参数,模型包括 $k+1$ 个待估参数。因变量 Y 和误差项 ε 总是随机变量,而一组自变量 $X_j(j=1, \cdots, k)$ 也作为随机变量,但按"条件化"来处理。这样,在给定 X 值的条件下,关键的一个假定,即零条件均值假定就是

$$E(\varepsilon|x_1, x_2, \cdots, x_k)=0 \tag{8.1.2}$$

其含义是对于自变量的任何一组给定的取值,误差项的期望都为零。如上一章所述,这意味着我们只要假定误差项均值独立,即

$$E(\varepsilon|x_1, x_2, \cdots, x_k)=E(\varepsilon) \tag{8.1.3}$$

至于要使 $E(\varepsilon)=0$,实际上总能通过重新定义截距项得到满足。由于现在模型中能够包括更多的自变量,因此与简单回归相比,满足零条件均值或均值独立假定的可能性就大大增加了(至少现在事情可操作了)。但是,总有一些影响 Y 的因素无法作为明确的自变量加到模型中,而只能留待于误差项中(例如由于变量无法测量,或者未考虑到)。模型设定的关键就在于,尽可能地把与自变量相关的因素从误差项中提出来,也就是说,尽量避免遗漏重要的相关变量在误差项中,否则就导致内生性问题。解决此类问题,并非总是轻而易举,回归分析中已经发展了诸多规范的方法可资弥补(如使用代理变量,或使用工具变量法),然而考虑模型时,哪个(些)可能是重要的相关变量(或者选择怎样的代理变量或工具变量)都取决于理论或者经验(常识),因而模型的设定并不仅是与统计有关,而更主要地是理论问题或经验(常识)问题。

在满足零条件均值假定的情况下,即由式(8.1.2),我们对总体回归模型(8.1.1)两边求期望,则总体回归函数为

$$E(Y|x_1, x_2, \cdots, x_k)=\beta_0+\beta_1 X_1+\cdots+\beta_k X_k \tag{8.1.4}$$

参数估计就是要求出 $\beta_j(j=0, 1, \cdots, k)$ 的估计值 $\hat{\beta}_j$,这样就得到样本回归函数或回归方程:

$$\hat{Y}=\hat{\beta}_0+\hat{\beta}_1X_1+\cdots+\hat{\beta}_kX_k \tag{8.1.5}$$

并以此来估计总体回归函数。$\hat{\beta}_j(j=1,\cdots,k)$ 是斜率参数的估计值,仅从样本回归函数来看,$\hat{\beta}_j$ 给出了其他自变量不变的情况下,X_j 变化一个单位,拟合值 $\hat{Y}$ 的变化量。以下为叙述方便,不妨考虑两个自变量的情形,回归方程或估计的回归平面就成为

$$\hat{Y}=\hat{\beta}_0+\hat{\beta}_1X_1+\hat{\beta}_2X_2 \tag{8.1.6}$$

则当 X_2 固定(保持不变),即 $\Delta X_2=0$,有

$$\Delta\hat{Y}=\hat{\beta}_1\Delta X_1$$

或者

$$\hat{\beta}_1=\frac{\Delta\hat{Y}}{\Delta X_1}$$

则 $\hat{\beta}_1$ 可以理解为 X_1 的单位变化下 $\hat{Y}$ 的变化量,这里重要的是作出了"其他条件不变"(X_2 不变)的解释,但应注意,现在这个说法只是纯数学上(代数上)的性质,因为回归方程只是数据的描述。显然我们的兴趣不会局限于现有数据,而是要由此对数据所来自的总体作出推断,也就是说,我们把 $\hat{\beta}_1$ 作为 β_1 的估计,这样回归方程(8.1.6)就作为以下总体回归函数的估计:

$$E(Y|x_1,x_2)=\beta_0+\beta_1X_1+\beta_2X_2 \tag{8.1.7}$$

对于回归函数来说,$\hat{\beta}_1$ 估计(注意是估计)了当 X_2 不变时,X_1 的一个单位的变化所导致 Y 的条件期望(条件均值)的变化。应当注意,条件期望变化的解释不是在个案意义上来说的,而是对满足给定 X_1 的值的个案集来说的,或者我们说是对给定 X_1 的值的一个剖面来讲的。这不同于预测问题。我们知道 $\hat{Y}$ 是由回归方程给出的拟合值,也称为预测值或估计值,其含义是我们能以 $\hat{Y}$ 来预测(估计)因变量 Y 的值(这是在个案意义上的),因此我们也可以预

测 Y 的变化，$\hat{\beta}_1$ 就解释为 X_2 不变时，一个单位的 X_1 的变化，我们可以预测的 Y 的变化为 $\hat{\beta}_1$ 之多，这就等于是以 $\Delta\hat{Y}$ 来预测 Y 的变化，即 ΔY。此时，我们所关注的是回归模型，即

$$Y = \beta_0 + \beta_1 X_1 + \beta_2 X_2 + \varepsilon \tag{8.1.8}$$

如前所述，预测问题包含两个“误差”，除了以估计值 $\hat{\beta}_j$ 来估计 β_j(回归函数问题)所包含的“误差”，还包括了把误差项估计为零所带来的误差。后者之所以值得一再提出，是因为除非误差项相当小，因而其方差也小，否则我们就不能随意忽略由此带来的预测不精确的问题。这也就是为什么当我们把 $\hat{\beta}_1$ 解释为在其他条件不变时，X_1 的单位变化导致的 Y 的均值的变化，此时我们或可较有“把握”(当回归平面较好地近似于真实的回归函数曲面)，而对于解释为“X_1 的单位变化导致的 Y 的变化”，则未必总是如此。

还可以用学习成绩研究的例子，来更为具体地加以详细说明，假设模型为

$$colGPA = \beta_0 + \beta_1 skiped + \beta_2 hsGPA + \varepsilon$$

其中 $colGPA$ 表示学生的大学成绩绩点，$hsGPA$ 表示高中成绩绩点，$skiped$ 表示缺课次数(具体怎么测量暂且不论，例如可以是上个星期缺课的次数)，则回归函数为

$$E(colGPA \mid skiped, hsGPA) = \beta_0 + \beta_1 skiped + \beta_2 hsGPA$$

一旦由数据求解出 $\hat{\beta}_j (j = 0, 1, 2)$，则有回归方程

$$\widehat{colGPA} = \hat{\beta}_0 + \hat{\beta}_1 skiped + \hat{\beta}_2 hsGPA$$

那么，$\hat{\beta}_1$ 估计了当 $hsGPA$ 不变时，即对于高中 GPA 相同的学生来说，缺课多一次，那么他们 $colGPA$ 的均值，即大学 GPA 平均变化估计为 $\hat{\beta}_1$ 这么多。这里没有涉及学生个案，也没有涉及相同高中 GPA 的学生中的学生个案，而只是涉及具有相同高中 GPA 的

学生的学生集。而只有在我们打算预测大学 GPA 的变化,我们称 $\hat{\beta}_1$ 预测了高中 GPA 不变时,缺课次数增加一次,则大学 GPA 的变化是 $\hat{\beta}_1$,即我们以 $\Delta\widehat{colGPA}$ 来预测 $\Delta colGPA$,此时涉及的是学生个案,具体说是具相同高中 GPA 的学生个案,但是,仍然并无提及具体哪个学生!顺便指出,本例只为说明回归系数的解释,并不论及模型中可能存在违反误差项与自变量不相关的假定的问题,因为如前已提到的,如果考虑"学习天赋"这个无法观测的变量,那么如果不采取"补救"措施(如设法用工具变量法),那么由这个模型带来的结论将会是误导的。此外,到目前为止,一直没有提及有关 $\hat{\beta}_0$ 的解释,因为通常情况下,截距项并没什么重要性,有时甚至并没有意义,如本例中,截距项 $\hat{\beta}_0$ 的意思是指当 $skiped = 0$ 和 $hsGPA = 0$ 时的大学 GPA,显然后者可能没有什么实际意义,因为高中所有课程不及格的话可能早退学了,或者根本不会被大学录取。

现在设 $(X_{i1}, \cdots, X_{ik}, Y_i)$, $i=1, \cdots, n$ 是来自总体 $(X_1, \cdots, X_k, Y)$ 的随机样本,也就是,对 $X_1, \cdots, X_k$ 和 Y 进行了 n 次独立观察,则 Y_i 独立且同分布于 Y, X_{ij} 也独立且同分布于 X_j,下标 i 表示第 i 次观察,下标 j 表示 k 个自变量中的第 j 个。则可写出回归模型(8.1.1)的样本形式:

$$Y_i = \beta_0 + \beta_1 X_{i1} + \cdots + \beta_k X_{ik} + \varepsilon_i \qquad (8.1.9)$$

其中, ε_i 是第 i 次观察时的误差项。以 X_{ij} 的值 $x_{i1}, \cdots, x_{ik}$ 为条件,零条件均值假定就写为

$$E(\varepsilon_i | x_{i1}, \cdots, x_{ik}) = 0 \qquad (8.1.10)$$

式(8.1.9)和(8.1.10)就给出了对回归模型进行参数估计以及进一步统计推断的依据,以 $\hat{\beta}_j$ 表示模型参数 β_j $(j=0, 1, \cdots, k)$ 的估计,则可写出回归方程:

$$\hat{Y}_i = \hat{\beta}_0 + \hat{\beta}_1 X_{i1} + \cdots + \hat{\beta}_k X_{ik} \tag{8.1.11}$$

8.2　多元回归模型的基本假定

多元回归模型的基本假定在原理上与简单回归并无不同，但由于现在有多个自变量，因而在表述上以及一些需要特别关注的地方，也还是有些不同。因此，此处系统地对多元回归模型的基本假定作一简要的叙述。

假定 1　线性假定（回归函数假定为线性）

在零条件均值假定（假定 3）的前提下，对回归函数所做的线性假定与模型的线性假定，可以把它们看作是等价的。多个自变量的情况下，回归函数被假定为

$$E(Y|x_1, x_2, \cdots, x_k) = \beta_0 + \beta_1 X_1 + \cdots + \beta_k X_k \tag{8.2.1}$$

就是说，回归函数 $f(x_1, x_2, \cdots, x_k) = E(Y|x_1, x_2, \cdots, x_k) = \beta_0 + \beta_1 X_1 + \cdots + \beta_k X_k$ 所表示的是，因变量 Y 的条件期望是自变量 $X_1, \cdots, X_k$ 的取值 $x_1, \cdots, x_k$ 的一个线性组合（上式中自变量的表示未严格区分大小写，这不致误解），它是一个确定性的函数关系。而回归模型则为

$$Y = \beta_0 + \beta_1 X_1 + \cdots + \beta_k X_k + \varepsilon \tag{8.2.2}$$

式中因变量 Y、误差项 ε 总是随机变量，k 个自变量 $X_1, \cdots, X_k$ 也看作随机变量，并以后作条件化处理。回归函数之所以重要，是因为它使我们在概率意义上研究或处理模型变得简单——无须了解随机变量 Y 的分布形式，而仅考虑其条件期望。线性假定更是保证了模型在数学处理上足够简单，同时又具备扩展的灵活性，因为因变量 Y 和自变量 X_j 都可以是所讨论变量的某个函数。

假定 2　随机样本假定(样本来自于随机抽样)

假定有来自总体 $X_1, \cdots, X_k, Y$ 的包含 n 个观察的随机样本 $(X_{i1}, \cdots, X_{ik}, Y_i)$, $i = 1, \cdots, n$,总是不可少的。它在样本数据(以及其随机性)与总体间建立起概率上的联系,使我们可以就模型等价地写下:

$$Y_i = \beta_0 + \beta_1 X_{i1} + \cdots + \beta_k X_{ik} + \varepsilon_i \tag{8.2.3}$$

其中下标 i 是 n 次观察中的第 i 次,也意味着我们随机抽取了某个容量为 n 的样本。当然地,Y_i 和 ε_i 都是第 i 次观察下的随机变量,X_{ij} 亦如此。有了上式,再加上假定 3,就可以求解未知参数 $\beta_j (j = 0, 1, \cdots, k)$ 的估计值 $\hat{\beta}_j$。假定 3 之所以必要,或者之所以我们认为在以最小二乘法求解 $\hat{\beta}_j$ 时已经用到假定 3,是因为求解得到的 $\hat{\beta}_j$ 要能作为 β_j 的估计值,并由此估计回归函数,以及对 $\hat{\beta}_j$ 作这样的解释——在其他条件不变的情况下,X_j 单位变化带来的 Y 的平均变化。更重要的还在于,随机样本假定还使我们能够把 $\hat{\beta}_j$ 看成估计量(一个随机变量),这就可推导其统计性质,而且估计量的分布也可在误差项的正态分布假定(假定 6)下推导出来。

假定 3　零条件均值假定(误差项的条件期望为零)

提出误差项的零条件均值假定的一个特别的意义是,它使我们不必在随机样本假定下,把自变量视作非随机,并提出误差项独立于自变量的假定——一个隐藏的,目前来说还过强的假定。此外,把自变量先看作随机变量,再作给定其值的条件化处理,颇符合社会科学中使用观察数据的这一实际情况。现在零条件均值假定表述为:给定 $X_1, \cdots, X_k$ 的取值,误差项 ε 的条件期望为零,即

$$E(\varepsilon | x_1, \cdots, x_k) = 0 \tag{8.2.4}$$

和简单回归时一样,很容易根据期望迭代定理得到

$$E(\varepsilon | x_1, \cdots, x_k) = E(\varepsilon) = 0 \tag{8.2.5}$$

以及

$$Cov(\varepsilon, X_j) = E(\varepsilon X_j) = 0 \tag{8.2.6}$$

其中，$j = 1, \cdots, k$。对于随机样本$(X_{i1}, \cdots, X_{ik}, Y_i)$，$i = 1, \cdots, n$，则有

$$E(\varepsilon_i | x_{i1}, \cdots, x_{ik}) = 0 \tag{8.2.7}$$

和

$$E(\varepsilon_i | x_{i1}, \cdots, x_{ik}) = E(\varepsilon_i) = 0 \tag{8.2.8}$$

以及

$$Cov(\varepsilon_i, X_{ij}) = E(\varepsilon_i X_{ij}) = 0 \tag{8.2.9}$$

式(8.2.8)和(8.2.9)包含 $k+1$ 个一阶总体矩条件，而且普通最小二乘法(OLS)的 $k+1$ 个一阶条件也与此相同。

值得注意的是，多元回归模型中由于可以包括许多自变量，而使得误差项中包含的其他因素与模型中自变量相关的可能性较简单回归时大为减少，但这不意味着导致假定 3 不成立的情形不值得重视，事实上正好相反，由于一些变量的不可观测或未加考虑，或者说，“数据总是没有那么完美”，因此总会有一些因素不能引入模型，遗漏与任何一个自变量相关的重要变量的可能性总是存在的，换言之，内生性问题总是值得警惕。更不用说，误设模型、测量误差等都会导致违反假定 3，而这些也都是较为“高深”的回归分析所要讨论的内容。也许还值得记住的是，我们希望自变量都是外生性的，但无法观测的因素与自变量是否不相关，总是一个理论问题或经验(常识)问题，也取决于问题的实际情况。

有了误差项条件均值为零的假定，估计量 $\hat{\beta}_j$ 的无偏性就可以在假定 1 至假定 3 下得以证明。当然这还需要一个显然的前提，就是 $\hat{\beta}_j$ 能够求解出来，这就需要假定 4(仍然是一个比较容易满足但必要的假定)，与简单回归情形下自变量的样本变异假定有所不

同，现在假定 4 的情况要复杂一些。

假定 4　线性无关假定（自变量之间不存在严格的线性相关）

简单回归分析中要求自变量有样本变异，这时满足 $\sum_{i=1}^{n}(X_i - \bar{X})^2 > 0$，否则就不能求解 $\hat{\beta}_0$ 和 $\hat{\beta}_1$。多元回归模型中由于有 k 个自变量，$\hat{\beta}_j(j = 0, 1, \cdots, k)$ 能否有唯一解集，就取决于自变量之间的关系，以矩阵代数的术语来表述，这需要假定：矩阵 $\mathbf{X}$ 的秩为 $k+1$（$\mathbf{X}$ 表示自变量观测数据的 $n\times(k+1)$ 矩阵，第一列假定为 1）。此即“列满秩”假定，换句话说，矩阵 $\mathbf{X}$ 各列无线性相关（或称线性独立）。满足这一假定时，$\mathbf{X}'\mathbf{X}$ 是非奇异的，这样就可得到估计量的解为 $\hat{\boldsymbol{\beta}} = (\mathbf{X}'\mathbf{X})^{-1}\mathbf{X}'\mathbf{Y}$。满秩假定意味着来自总体的样本中，自变量间不存在严格的线性关系（或称不完全相关，或者，不存在完全共线性），由于模型中含有常数项，因此满秩也意味着 k 个自变量都要有样本变异。当模型中任何一个自变量可以表示为其他一个或多个自变量的线性函数，这称为出现了完全共线性，此时无法求得估计量。这提示设定模型时需要小心从事，例如，当把度量单位不同的自变量当成两个自变量一起投入回归模型时，其中一个自变量不过是另一个的倍数。当我们作变量的线性变换时，如果不小心也会导致同样问题。设想一个模型：

$$Y = \beta_0 + \beta_1 \log X + \beta_2 \log X^2 + \varepsilon$$

如果令 $X_1 = \log X$, $X_2 = \log X^2$ 将其转化为线性模型

$$Y = \beta_0 + \beta_1 X_1 + \beta_2 X_2 + \varepsilon$$

就无法求得估计量的解，因为 $\log X^2 = 2\log X$，故 $X_2 = 2X_1$，两个自变量完全相关（严格的线性相关）。我们再考虑一个模型，以说明一个自变量表示为其他自变量线性组合的情况，简单的一般性例子是：

$$Y = \beta_0 + \beta_1 X_1 + \beta_2 X_2 + \beta_3 X_3 + \varepsilon$$

其中,如果 $X_1 = aX_2 + bX_3$(a 和 b 为常数),即 X_1 是 X_2 和 X_3 的一个线性组合,这就存在完全共线性。

需要注意的是,不应把假定 4 中的无严格线性相关理解为自变量不相关,假定 4 要求变量间无(严格的)线性相关(通俗地称不完全相关,但看起来这是一个容易混淆的说法),当然不意味着要求变量间不存在相关,如果要求自变量间不存在任何相关关系,那么多元线性回归中“其他条件不变”的分析也就没有什么特别的意义了,或者说,我们也就没有必要做多元回归分析了。

另一点还需要说明的是,假定 4 也是关于模型的假定,它使我们能够希望排除样本中自变量之间的线性相关关系,但如果样本数据中自变量间仍存在严格的线性相关,那或许说明我们碰巧抽到了一个“不幸”的样本。

假定 5　同方差假定(误差项的条件方差为常数)

增加一个同方差假定,就可以推导出计算估计量 $\hat{\beta}_j$ 的方差的简化公式,并进而证明 OLS 估计量的有效性。多元回归情况下,同方差假定可以表述为:以自变量 $X_1, \cdots, X_k$ 的任何一组取值 $x_1, \cdots, x_k$ 为条件,误差项 ε 的条件方差为常数,即

$$Var(\varepsilon | x_1, \cdots, x_k) = \sigma^2 \tag{8.2.10}$$

在零条件均值假定下,即由(8.2.4)和(8.2.5),并利用期望迭代定理很容易可以证明,这个误差项的条件方差,也是它的(无条件)方差。以 $\mathbf{x}$ 表示 $x_1, \cdots, x_k$,则由于

$$Var(\varepsilon | \mathbf{x}) = E(\varepsilon^2 | \mathbf{x}) - [E(\varepsilon | \mathbf{x})]^2 = E(\varepsilon^2 | \mathbf{x}) = \sigma^2$$

而

$$Var(\varepsilon) = E(\varepsilon^2) - [E(\varepsilon)]^2 = E(\varepsilon^2) = E[E(\varepsilon^2 | \mathbf{x})] = \sigma^2$$

故有

$$Var(\varepsilon | x_1, \cdots, x_k) = Var(\varepsilon) = \sigma^2 \tag{8.2.11}$$

对(8.2.2)求条件方差,还可得

$$Var(Y|x_1, \cdots, x_k) = Var(\varepsilon|x_1, \cdots, x_k) = \sigma^2 \tag{8.2.12}$$

即以 $X_1, \cdots, X_k$ 的任何取值为条件,因变量 Y 的条件方差是常数 σ^2,即它不随自变量的取值而变化,这可为判断异方差的出现提供另一种方法。对于随机样本 $(X_{i1}, \cdots, X_{ik}, Y_i)$, $i = 1, \cdots, n$, 式(8.2.11)和(8.2.12)可写为

$$Var(\varepsilon_i|x_{i1}, \cdots, x_{ik}) = Var(\varepsilon_i) = \sigma^2 \tag{8.2.13}$$

和

$$Var(Y_i|x_{i1}, \cdots, x_{ik}) = Var(\varepsilon_i|x_{i1}, \cdots, x_{ik}) = \sigma^2 \tag{8.2.14}$$

假定 6　正态分布假定(误差项服从正态分布)

证明 OLS 估计量 $\hat{\beta}_j$ 的无偏性和有效性并不需要知道误差项的分布形式,因为这涉及的只是估计量分布的两个数字特征,即期望和方差。证明估计量的无偏性和有效性,或者说,证明 OLS 估计量是线性无偏估计量且方差最小,这有助于给出一个保证,即用从样本数据求解得到的 $\hat{\beta}_j$ 去估计(推断)总体模型参数 β_j,是最精确的(概率意义上的,因此称为统计性质)。统计推断的另一类问题,是假设检验问题,即对模型参数进行假设检验,这就需要知道估计量 $\hat{\beta}_j$ 的确切分布,并在这个基础上推导出检验统计量的抽样分布。估计量分布的确切形式可由误差项的分布来决定,假定误差项 ε 服从正态分布,则在以自变量取值为条件(自变量固定或非随机)的情况下,Y 的分布一样也是正态的。最小二乘估计量是最优线性无偏估计量,由于它是因变量 Y 的线性函数,因此也是正态分布的,这样为进行假设检验所构造的检验统计量的抽样分布,就可以推导出来,如 t 分布或 F 分布。

正态分布假定可以一般地表述为，以自变量 X_1，…，X_k 的值为条件，误差项 ε 服从均值为 0，方差为 σ^2 的正态分布，即

$$\varepsilon \sim N(0,\ \sigma^2) \tag{8.2.15}$$

或更准确地，

$$\varepsilon \mid \mathbf{x} \sim N(0,\ \sigma^2) \tag{8.2.16}$$

其中 $\mathbf{x}$ 表示自变量 X_1，…，X_k 的取值 x_1，…，x_k。显然，正态分布假定的这一个描述中，实际上包括了假定 3 和假定 5，即误差项的条件均值为零，方差为常数 σ^2，否则，我们就只能称误差项服从正态分布，而不指明此分布的两个参数。或者换个角度来说，在假定 3 和假定 5 下，误差项服从正态分布，则其参数是均值为 0 和方差为 σ^2。如果式(8.2.16)进一步写成下式，则又意味着样本是来自随机抽样的(假定 2)：

$$\varepsilon_i \mid \mathbf{x}_i \sim N(0,\ \sigma^2) \tag{8.2.17}$$

假定 1 至假定 6 逐条叙述的好处是，可以清楚地描述例如证明无偏性需要假定 1 到 4，证明有效性需要增加假定 5，进行假设检验则需要再增加假定 6。而且以后我们也可以方便地“放松”假定 6，从而可以去掉它。放松或去掉假定的依据是，误差项中包括了许多因素，如果认为它们是独立且可加的，则根据中心极限定理，无论其中的各个因素是不是正态的，它们和的分布都是渐近正态的。因此，在样本很大时，通常认为就可以不需要假定 6。当然，需要注意的是，样本要多大算大，这取决于和的极限分布的收敛速度。另一方面的问题是，“独立且可加”是一个假定，这未必总能成立。至于假定 6 是否能成立，实际上又是一个理论问题或经验(常识)问题。由于以自变量的取值为条件(自变量就作为常数看待)，因变量 Y 的分布在假定 6 下，也是正态的：

$$Y \mid \mathbf{x} \sim N(E(Y \mid x),\ \sigma^2)$$

或

$$Y|\mathbf{x} \sim N(\beta_0 + \beta_1 X_1 + \cdots + \beta_k X_k, \sigma^2)$$

因此通过因变量的分布可以判断误差项为正态是否成立。有些时候,可以很明显看到,误差项的正态分布假定是不成立的,例如在教育回报研究中,收入(*income*)这个因变量就不认为是正态分布的,它通常取对数,即 log(*income*),后者更接近于正态分布。有时因变量 Y 的取值只有很少几个,那么它也不太可能是正态分布。

假定 1 至假定 6,这六个假定通常称为经典线性模型假定(classical linear model assumptions, CLMA),在此假定下的模型就称为经典线性模型(classical linear model, CLM)。而如我们所知,前 5 个假定,就称为高斯-马尔可夫假定。

8.3 多元回归模型的参数估计

设 $(X_{i1}, \cdots, X_{ik}, Y_i)$, $i=1, \cdots, n$ 是来自总体 $(X_1, \cdots, X_k, Y)$ 的随机样本,对于模型

$$Y_i = \beta_0 + \beta_1 X_{i1} + \cdots + \beta_k X_{ik} + \varepsilon_i$$

参数 $\beta_j (j=0, 1, \cdots, k)$ 的估计值为 $\hat{\beta}_j (j=0, 1, \cdots, k)$,则回归方程为

$$\hat{Y}_i = \hat{\beta}_0 + \hat{\beta}_1 X_{i1} + \cdots + \hat{\beta}_k X_{ik} \qquad (8.3.1)$$

其中,$\hat{\beta}_j$ 以 OLS 求解。残差平方和记为 $Q(\hat{\beta}_0, \hat{\beta}_1, \cdots, \hat{\beta}_k)$,则

$$\begin{aligned} Q(\hat{\beta}_0, \hat{\beta}_1, \cdots, \hat{\beta}_k) &= \sum_{i=1}^{n} e_i^2 = \sum_{i=1}^{n} (Y_i - \hat{Y}_i)^2 \\ &= \sum_{i=1}^{n} (Y_i - \hat{\beta}_0 - \hat{\beta}_1 X_{i1} - \cdots - \hat{\beta}_k X_{ik})^2 \end{aligned} \qquad (8.3.2)$$

最小二乘法选择使残差平方和最小的估计值 $\hat{\beta}_0, \hat{\beta}_1, \cdots, \hat{\beta}_k$，根据微积分的极值原理，令 $Q(\hat{\beta}_0, \hat{\beta}_1, \cdots, \hat{\beta}_k)$ 对 $\hat{\beta}_0, \hat{\beta}_1, \cdots, \hat{\beta}_k$ 的偏导数等于0，即

$$\frac{\partial Q(\hat{\beta}_0, \hat{\beta}_1, \cdots, \hat{\beta}_k)}{\partial \hat{\beta}_0} = \frac{\partial}{\partial \hat{\beta}_0} \sum_{i=1}^{n} (Y_i - \hat{\beta}_0 - \hat{\beta}_1 X_{i1} - \cdots - \hat{\beta}_k X_{ik})^2 = 0$$

$$\frac{\partial Q(\hat{\beta}_0, \hat{\beta}_1, \cdots, \hat{\beta}_k)}{\partial \hat{\beta}_1} = \frac{\partial}{\partial \hat{\beta}_1} \sum_{i=1}^{n} (Y_i - \hat{\beta}_0 - \hat{\beta}_1 X_{i1} - \cdots - \hat{\beta}_k X_{ik})^2 = 0$$

$$\vdots$$

$$\frac{\partial Q(\hat{\beta}_0, \hat{\beta}_1, \cdots, \hat{\beta}_k)}{\partial \hat{\beta}_k} = \frac{\partial}{\partial \hat{\beta}_k} \sum_{i=1}^{n} (Y_i - \hat{\beta}_0 - \hat{\beta}_1 X_{i1} - \cdots - \hat{\beta}_k X_{ik})^2 = 0$$

加以整理，可得 $k+1$ 个线性方程：

$$\begin{aligned} &\sum_{i=1}^{n} (Y_i - \hat{\beta}_0 - \hat{\beta}_1 X_{i1} - \cdots - \hat{\beta}_k X_{ik}) = 0 \\ &\sum_{i=1}^{n} X_{i1}(Y_i - \hat{\beta}_0 - \hat{\beta}_1 X_{i1} - \cdots - \hat{\beta}_k X_{ik}) = 0 \\ &\vdots \\ &\sum_{i=1}^{n} X_{ik}(Y_i - \hat{\beta}_0 - \hat{\beta}_1 X_{i1} - \cdots - \hat{\beta}_k X_{ik}) = 0 \end{aligned} \tag{8.3.3}$$

这个线性方程组称为正规方程组，或称OLS一阶条件。式(8.3.3)中的 $k+1$ 个OLS一阶条件，和简单回归时类似，也可以由矩法得到，将式(8.2.8)和(8.2.9)即 $E(\varepsilon_i)=0$ 和 $E(\varepsilon_i X_{ij})=0$ 中，$k+1$ 个总体矩用样本矩替代，并消去 $\frac{1}{n}$，即得上述 $k+1$ 个方程。线性方程组(8.3.3)在上一节假定4成立时，有 $\hat{\beta}_0, \hat{\beta}_1, \cdots, \hat{\beta}_k$ 的唯一解，利

用标准统计软件可以很方便地求解线性方程组。$\hat{\beta}_0$，$\hat{\beta}_1$，…，$\hat{\beta}_k$的表达式可用矩阵形式来简洁地表示，一般地，多元线性回归模型是以矩阵形式来表述的，但这需要以矩阵代数为基础。

OLS 估计的一些代数性质，基本上是简单回归情形时的直接推广，只不过现在拟合值是

$$\hat{Y}_i = \hat{\beta}_0 + \hat{\beta}_1 X_{i1} + \cdots + \hat{\beta}_k X_{ik}$$

第 i 次观察的残差和简单回归中的定义一样：

$$e_i = Y_i - \hat{Y}_i$$

由正规方程组的第一式和第一式以外的其他 k 个方程，可得残差的两个性质：

$$\sum_{i=1}^{n} e_i = 0,\ \sum_{i=1}^{n} e_i X_{ij} = 0,\quad j = 1, \cdots, k \qquad (8.3.4)$$

即 1）残差和为零，因此，残差的样本均值也为零。2）自变量 X_{ij}（$j = 1, \cdots, k$）与残差 e_i 的样本协方差为零。利用这两个性质，进一步还可证明，3）预测值 $\hat{Y}_i$ 与残差 e_i 的样本协方差也为零：

$$\begin{aligned}\sum_{i=1}^{n}(\hat{Y}_i - \bar{Y})(e_i - \bar{e}) &= \sum_{i=1}^{n}(\hat{Y}_i - \bar{Y})e_i = \sum_{i=1}^{n}\hat{Y}_i e_i \\ &= \sum_{i=1}^{n}(\hat{\beta}_0 + \hat{\beta}_1 X_{i1} + \cdots + \hat{\beta}_k X_{ik})e_i \\ &= 0\end{aligned} \qquad (8.3.5)$$

由 $Y_i = \hat{Y}_i + e_i$，对 i 求平均，并利用性质 1），可得 4）观察值 Y_i 的样本均值与预测值 $\hat{Y}_i$ 的样本均值相等：

$$\bar{Y} = \bar{\hat{Y}}$$

和简单回归中一样，定义总平方和 TSS、回归平方和（或解释平方

和）ESS、残差平方和（或剩余平方和）RSS：

$$TSS = \sum_{i=1}^{n} (Y_i - \bar{Y})^2$$

$$ESS = \sum_{i=1}^{n} (\hat{Y}_i - \bar{Y})^2$$

$$RSS = \sum_{i=1}^{n} e_i^{\ 2}$$

则有

$$TSS = RSS + ESS$$

即因变量的样本变异被分解为回归平方和与残差平方和两部分。R^2 仍定义为总平方和中已解释的样本变异的比例：

$$R^2 = \frac{ESS}{TSS} = \frac{\sum_{i=1}^{n} (\hat{Y}_i - \bar{Y})^2}{\sum_{i=1}^{n} (Y_i - \bar{Y})^2}$$

或者

$$R^2 = 1 - \frac{RSS}{TSS} = 1 - \frac{\sum_{i=1}^{n} (Y_i - \hat{Y}_i)^2}{\sum_{i=1}^{n} (Y_i - \bar{Y})^2}$$

其中 RSS/TSS 是总平方和中未被解释的样本变异的比例。现在可注意到，由于在模型中增加一个自变量，残差平方和总不会比之前大，因此 R^2 总不会比之前小，就是说 R^2 将有所提高。但这不等于说，在模型中增加更多的自变量是一个好的选择，以后我们将证明，在模型中增加无关变量，将导致估计量的方差增加，也就是将减少估计的精确度。

现在我们不妨推导一个非矩阵形式的估计量 $\hat{\beta}_j$ 的表达式。在简单回归中，用 OLS 或矩法得到的 $\hat{\beta}_j$ 可表示成 Y_i 的线性组合，它们是线性估计量(linear estimator)。从式(7.3.10)和(7.3.11)可以看到：

$$\hat{\beta}_1=\sum_{i=1}^{n}k_iY_i,\ \hat{\beta}_0=\sum_{i=1}^{n}w_iY_i$$

其中 k_i 和 w_i 都是常数，具体说来，

$$k_i=\frac{(X_i-\bar{X})}{\sum_{i=1}^{n}(X_i-\bar{X})^2},\ w_i=\frac{1}{n}-\bar{X}k_i$$

而且由于

$$\sum_{i=1}^{n}k_i=0,\ \sum_{i=1}^{n}k_iX_i=1$$

我们很容易证明了斜率估计量 $\hat{\beta}_1$ 是线性无偏估计量，由

$$\sum_{i=1}^{n}w_i=1,\ \sum_{i=1}^{n}w_iX_i=0$$

则证明了截距估计量 $\hat{\beta}_0$ 的无偏性。问题在于，在多元回归情况下，我们怎样得到一个线性无偏估计量呢？为叙述的方便，不妨先看两个自变量的模型，并只考虑 $\hat{\beta}_1$ 的情况：

$$Y=\beta_0+\beta_1X_1+\beta_2X_2+\varepsilon \qquad (8.3.6)$$

其样本形式：

$$Y_i=\beta_0+\beta_1X_{i1}+\beta_2X_{i2}+\varepsilon_i \qquad (8.3.7)$$

回归方程：

$$\hat{Y}_i=\hat{\beta}_0+\hat{\beta}_1X_{i1}+\hat{\beta}_2X_{i2} \qquad (8.3.8)$$

我们知道，β_1 可以解释为在其他条件不变的情况下，X_1 对 Y 的均值的影响，即 X_1 对 Y 均值的偏效应或净影响。换句话说，这是在控制 X_2 后（X_2 保持不变），即在 X_1 中排除了 X_2 的影响后，X_1 的剩余部分对 Y 的均值的影响。这里 X_1 的剩余部分，就是以 X_1 对 X_2 作回归后的残差，也就是 X_1 未被 X_2 解释的部分。因此，如果用 Y 对此残差作回归，就等同于用 Y 对 X_1 和 X_2 作回归，求解得到回归系数的结果将是一样的。这样，多元线性回归就转化为一个简单回归。以 X_1 对 X_2 作回归，设模型为

$$X_{i1} = \gamma_0 + \gamma_1 X_{i2} + \delta_i$$

回归方程为

$$\hat{X}_{i1} = \hat{\gamma}_0 + \hat{\gamma}_1 X_{i2} \tag{8.3.9}$$

则残差为

$$e_{i1} = X_{i1} - \hat{X}_{i1} = X_{i1} - \hat{\gamma}_0 - \hat{\gamma}_1 X_{i2} \tag{8.3.10}$$

显然，e_{i1} 是自变量的线性函数，在以自变量的值为条件的情况下，它是非随机的（就按常数看待）。再以 Y 对 e_{i1} 作回归，回归方程为

$$\hat{Y}_i = \hat{\beta}_0 + \hat{\beta}_1 e_{i1}$$

其中 $\hat{\beta}_1$ 将与式(7.3.8)有一样的解释。和所有简单回归一样，上式 OLS 求解结果为

$$\hat{\beta}_1 = \frac{\sum_{i=1}^{n}(e_{i1} - \bar{e}_{i1})Y_i}{\sum_{i=1}^{n}(e_{i1} - \bar{e}_{i1})^2} = \frac{\sum_{i=1}^{n} e_{i1} Y_i}{\sum_{i=1}^{n} e_{i1}{}^2} \tag{8.3.11}$$

其中用到残差均值为零的性质（即$\bar{e}_{i1} = 0$），令

$$k_{i1} = \frac{e_{i1}}{\sum_{i=1}^{n} e_{i1}^{2}} \quad (8.3.12)$$

则(8.3.11)可写成

$$\hat{\beta}_1 = \sum_{i=1}^{n} k_{i1} Y_i \quad (8.3.13)$$

现在我们来证明式(8.3.13)就是回归方程(8.3.8)中 $\hat{\beta}_1$ 的表达式。为了求解(8.3.8)中的 $\hat{\beta}_1$,写出其中一个 OLS 一阶条件:

$$\sum_{i=1}^{n} X_{i1}(Y_i - \hat{\beta}_0 - \hat{\beta}_1 X_{i1} - \hat{\beta}_2 X_{i2}) = 0 \quad (8.3.14)$$

将(8.3.10)即 $X_{i1} = \hat{X}_{i1} + e_{i1}$ 代入(8.3.14):

$$\sum_{i=1}^{n} (\hat{X}_{i1} + e_{i1})(Y_i - \hat{\beta}_0 - \hat{\beta}_1 X_{i1} - \hat{\beta}_2 X_{i2}) = 0 \quad (8.3.15)$$

由(8.3.9)即 $\hat{X}_{i1} = \hat{\gamma}_0 + \hat{\gamma}_1 X_{i2}$,并利用残差性质(8.3.4),有

$$\sum_{i=1}^{n} \hat{X}_{i1} e_i = \sum_{i=1}^{n} (\hat{\gamma}_0 + \hat{\gamma}_1 X_{i2}) e_i = \hat{\gamma}_1 \sum_{i=1}^{n} X_{i2} e_i = 0$$

式(8.3.15)就成为

$$\sum_{i=1}^{n} e_{i1}(Y_i - \hat{\beta}_0 - \hat{\beta}_1 X_{i1} - \hat{\beta}_2 X_{i2}) = 0 \quad (8.3.16)$$

利用残差性质(8.3.4)可知

$$\begin{aligned} \sum_{i=1}^{n} e_{i1} \hat{\beta}_0 &= \hat{\beta}_0 \sum_{i=1}^{n} e_{i1} = 0 \\ \sum_{i=1}^{n} e_{i1} \hat{\beta}_2 X_{i2} &= \hat{\beta}_2 \sum_{i=1}^{n} e_{i1} X_{i2} = 0 \end{aligned} \quad (8.3.17)$$

故(8.3.16)成为

$$\sum_{i=1}^{n} e_{i1}(Y_i - \hat{\beta}_1 X_{i1}) = 0 \tag{8.3.18}$$

以(8.3.10)即 $X_{i1} = \hat{X}_{i1} + e_{i1}$ 代入上式,有

$$\sum_{i=1}^{n} e_{i1}[Y_i - \hat{\beta}_1(\hat{X}_{i1} + e_{i1})] = 0$$

利用残差性质(8.3.5)可知

$$\sum_{i=1}^{n} e_{i1}\hat{\beta}_1\hat{X}_{i1} = \hat{\beta}_1\sum_{i=1}^{n} e_{i1}\hat{X}_{i1} = 0 \tag{8.3.19}$$

故有

$$\sum_{i=1}^{n} e_{i1}(Y_i - \hat{\beta}_1 e_{i1}) = 0$$

$$\sum_{i=1}^{n} e_{i1}Y_i = \hat{\beta}_1\sum_{i=1}^{n} e_{i1}{}^2$$

由假定 4 可知

$$\sum_{i=1}^{n} e_{i1}{}^2 > 0$$

故得

$$\hat{\beta}_1 = \frac{\sum_{i=1}^{n} e_{i1}Y_i}{\sum_{i=1}^{n} e_{i1}{}^2} \tag{8.3.20}$$

令

$$k_{i1} = \frac{e_{i1}}{\sum_{i=1}^{n} e_{i1}{}^2} \tag{8.3.21}$$

有

$$\hat{\beta}_1 = \sum_{i=1}^{n} k_{i1} Y_i \tag{8.3.22}$$

推导过程虽不属简洁，但概念上相当简单，而且考虑 k 个自变量，上式显然也成立，只须注意式(8.3.17)将改为 $j = 2, \cdots, k$ 的情形，因为此时 e_{i1} 是 X_1 对其他所有自变量 $X_j(j = 2, \cdots, k)$ 求回归的残差：

$$\sum_{i=1}^{n} e_{i1} \hat{\beta}_j X_{ij} = \hat{\beta}_j \sum_{i=1}^{n} e_{i1} X_{ij} = 0 \tag{8.3.23}$$

一般地，可以类似地推导 $\hat{\beta}_j(j = 2, \cdots, k)$，从而有

$$\hat{\beta}_j = \sum_{i=1}^{n} k_{ij} Y_i, \quad j = 1, 2, \cdots, k \tag{8.3.24}$$

8.4　最小二乘估计的统计性质

8.4.1　OLS 估计量的无偏性

对于 k 个自变量的模型，证明 $\hat{\beta}_1$ 的无偏性，不失一般性，由式(8.3.22)有

$$\hat{\beta}_1 = \sum_{i=1}^{n} k_{i1} Y_i = \sum_{i=1}^{n} k_{i1} (\beta_0 + \beta_1 X_{i1} + \beta_2 X_{i2} + \cdots + \beta_k X_{ik} + \varepsilon_i) \tag{8.4.1}$$

由式(8.3.21)容易得到

$$\sum_{i=1}^{n} k_{i1} = \frac{1}{\sum_{i=1}^{n} e_{i1}{}^2} \sum_{i=1}^{n} e_{i1} = 0$$

$$\sum_{i=1}^{n} k_{i1} X_{i1} = \frac{1}{\sum_{i=1}^{n} e_{i1}{}^2} \sum_{i=1}^{n} e_{i1} X_{i1}$$

$$= \frac{1}{\sum_{i=1}^{n} e_{i1}{}^2} \sum_{i=1}^{n} e_{i1} (\hat{X}_{i1} + e_{i1})$$

$$= \frac{1}{\sum_{i=1}^{n} e_{i1}{}^2} \sum_{i=1}^{n} e_{i1}{}^2 = 1$$

以及,当 $j = 2, \cdots, k$,有

$$\sum_{i=1}^{n} k_{i1} X_{ij} = \frac{1}{\sum_{i=1}^{n} e_{i1}{}^2} \sum_{i=1}^{n} e_{i1} X_{ij} = 0$$

式(8.4.1)就成为

$$\hat{\beta}_1 = \beta_1 + \sum_{i=1}^{n} k_{i1} \varepsilon_i \tag{8.4.2}$$

故有

$$E(\hat{\beta}_1) = \beta_1$$

式(8.4.2)显然容易扩展到 $\hat{\beta}_j$ 的一般情形(证明类似),因此有

$$\hat{\beta}_j = \beta_j + \sum_{i=1}^{n} k_{ij} \varepsilon_i \tag{8.4.3}$$

上式中,$j = 1, \cdots, k$,并同样可证:

$$E(\hat{\beta}_j) = \beta_j$$

8.4.2　OLS 估计量的有效性

先对 $j = 1$ 推导 $\hat{\beta}_1$ 的方差,同样不失一般性。由式(8.4.2)求

方差:

$$Var(\hat{\beta}_1) = Var(\beta_1 + \sum_{i=1}^{n} k_{i1}\varepsilon_i)$$

则形式上和简单回归时的推导一样,显然有

$$Var(\hat{\beta}_1) = \sigma^2 \sum_{i=1}^{n} k_{i1}{}^2 \tag{8.4.4}$$

而

$$\sum_{i=1}^{n} k_{i1}{}^2 = \sum_{i=1}^{n}\left(\frac{e_{i1}}{\sum_{i=1}^{n} e_{i1}{}^2}\right)^2 = \left(\frac{1}{\sum_{i=1}^{n} e_{i1}{}^2}\right)^2 \sum_{i=1}^{n} e_{i1}{}^2 = \frac{1}{\sum_{i=1}^{n} e_{i1}{}^2}$$

因此,

$$Var(\hat{\beta}_1) = \frac{\sigma^2}{\sum_{i=1}^{n} e_{i1}{}^2} \tag{8.4.5}$$

由于

$$\sum_{i=1}^{n} e_{i1}{}^2 = RSS_1 = TSS_1 - ESS_1 = TSS_1\left(1 - \frac{ESS_1}{TSS_1}\right)$$
$$= TSS_1(1-R_1^2)$$

因此,

$$Var(\hat{\beta}_1) = \frac{\sigma^2}{TSS_1(1-R_1^2)} \tag{8.4.6}$$

一般情形时,$j = 2, \cdots, k$,类似地可证明

$$Var(\hat{\beta}_j) = \frac{\sigma^2}{\sum_{i=1}^{n} e_{ij}{}^2} \tag{8.4.7}$$

及

$$Var(\hat{\beta}_j) = \frac{\sigma^2}{TSS_j(1-R_j^2)} \tag{8.4.8}$$

有效性的证明，也与简单回归时类似，考虑 $j=1$ 仍不失一般性，设 $\tilde{\beta}_1$ 是 β_1 的线性无偏估计量，$\hat{\beta}_1$ 是 OLS 估计量，则要证明：

$$Var(\hat{\beta}_1) \leqslant Var(\tilde{\beta}_1)$$

由于 $\tilde{\beta}_1$ 是线性无偏估计量，有

$$\begin{aligned}\tilde{\beta}_1 &= \sum_{i=1}^{n} c_{i1} Y_i = \sum_{i=1}^{n} c_{i1}(\beta_0 + \beta_1 X_{i1} + \beta_2 X_{i2} + \cdots + \beta_k X_{ik} + \varepsilon_i)\\ &= \beta_0 \sum_{i=1}^{n} c_{i1} + \beta_1 \sum_{i=1}^{n} c_{i1} X_{i1} + \beta_2 \sum_{i=1}^{n} c_{i1} X_{i2} + \cdots +\\ &\quad \beta_k \sum_{i=1}^{n} c_{i1} X_{ik} + \sum_{i=1}^{n} c_{i1} \varepsilon_i\end{aligned}$$

其中 c_{i1} 是常数。对上式求期望，有

$$\begin{aligned}E(\tilde{\beta}_1) &= \beta_0 \sum_{i=1}^{n} c_{i1} + \beta_1 \sum_{i=1}^{n} c_{i1} X_{i1} + \beta_2 \sum_{i=1}^{n} c_{i1} X_{i2} + \cdots + \beta_k \sum_{i=1}^{n} c_{i1} X_{ik}\\ &= \beta_1\end{aligned}$$

要使上式成立，必须使

$$\sum_{i=1}^{n} c_{i1} = 0,\ \sum_{i=1}^{n} c_{i1} X_{i1} = 1,\ \sum_{i=1}^{n} c_{i1} X_{ij} = 0,\quad j = 2, \cdots, k \tag{8.4.9}$$

从而

$$\tilde{\beta}_1 = \beta_1 + \sum_{i=1}^{n} c_{i1} \varepsilon_i$$

上式求方差:

$$Var(\widetilde{\beta}_1)=\sum_{i=1}^{n}c_{i1}{}^2Var(\varepsilon_i)=\sum_{i=1}^{n}c_{i1}{}^2\sigma^2=\sum_{i=1}^{n}(c_{i1}-k_{i1}+k_{i1})^2\sigma^2$$

$$=\sum_{i=1}^{n}(c_{i1}-k_{i1})^2\sigma^2+\sum_{i=1}^{n}k_{i1}{}^2\sigma^2+2\sum_{i=1}^{n}(c_{i1}-k_{i1})k_{i1}\sigma^2 \tag{8.4.10}$$

其中 $k_{i1}=e_{i1}\Big/\sum_{i=1}^{n}e_{i1}{}^2$,因此可知:

$$\sum_{i=1}^{n}(c_{i1}-k_{i1})k_{i1}=\sum_{i=1}^{n}(c_{i1}k_{i1}-k_{i1}{}^2)=\sum_{i=1}^{n}c_{i1}k_{i1}-\sum_{i=1}^{n}k_{i1}{}^2$$

$$=\frac{1}{\sum_{i=1}^{n}e_{i1}{}^2}\sum_{i=1}^{n}c_{i1}e_{i1}-\frac{1}{\sum_{i=1}^{n}e_{i1}{}^2}$$

$$=\frac{1}{\sum_{i=1}^{n}e_{i1}{}^2}\sum_{i=1}^{n}c_{i1}(X_{i1}-\hat{X}_{i1})-\frac{1}{\sum_{i=1}^{n}e_{i1}{}^2}=0$$

其中用到(8.4.9)中 $\sum_{i=1}^{n}c_{i1}X_{i1}=1$,以及由于 $\hat{X}_{i1}$ 是 X_1 对其他 $k-1$ 个自变量 X_2, …, X_k 作回归的拟合值,即 $\hat{X}_{i1}=\hat{\gamma}_0+\hat{\gamma}_1X_{i2}+\cdots+\hat{\gamma}_kX_{ik}$,利用(8.4.9) 中 $\sum_{i=1}^{n}c_{i1}X_{ij}=0(j=2,\cdots,k)$,就有 $\sum_{i=1}^{n}c_{i1}\hat{X}_{i1}=0$。式(8.4.10)就成为

$$Var(\widetilde{\beta}_1)=\sum_{i=1}^{n}(c_{i1}-k_{i1})^2\sigma^2+\sum_{i=1}^{n}k_{i1}{}^2\sigma^2$$

$$=\sum_{i=1}^{n}(c_{i1}-k_{i1})^2\sigma^2+Var(\hat{\beta}_1)$$

其中用到式(8.4.4)。由于

$$\sum_{i=1}^{n}(c_{i1}-k_{i1})^2 \geqslant 0$$

显然有

$$Var(\hat{\beta}_1) \leqslant Var(\tilde{\beta}_1)$$

和简单回归时一样,估计量 $\hat{\beta}_j$ 的方差公式中,分子上的误差方差 σ^2 也是未知的,需要用样本数据来估计。在多元回归情形中,σ^2 的一个无偏估计量是

$$\hat{\sigma}^2 = \frac{1}{n-k-1}\sum_{i=1}^{n} e_i^2 \tag{8.4.11}$$

其中 $e_i = Y_i - \hat{Y}_i$ 是残差,$n-k-1$ 是自由度,这是由于模型中有 $k+1$ 个待估参数。(8.4.11)式的证明需要用到矩阵代数(可参见潘文卿 等,2010)。式(8.4.8)中以 $\hat{\sigma}^2$ 代替 σ^2,就得到估计量 $\hat{\beta}_j$ 的方差的无偏估计量:$\hat{\sigma}^2/TSS_j(1-R_j^2)$,$\hat{\beta}_j$ 的标准差的估计($\hat{\beta}_j$ 的标准误)则是

$$se(\hat{\beta}_j) = \frac{\hat{\sigma}}{\sqrt{TSS_j(1-R_j^2)}} \tag{8.4.12}$$

8.5　多元回归模型的假设检验

8.5.1　单个回归系数的假设检验

在 8.2 节中我们引进并讨论了误差项的正态分布假定(假定 6),即

$$\varepsilon_i \mid \mathbf{x}_i \sim N(0, \sigma^2)$$

由于 OLS 估计量是线性估计量,即 $\hat{\beta}_j$ 可以表示为误差项 ε_i 的线

性组合(参见(8.4.3)式):

$$\hat{\beta}_j = \beta_j + \sum_{i=1}^{n} k_{ij}\varepsilon_i$$

而

$$k_{ij} = \frac{e_{ij}}{\sum_{i=1}^{n} e_{ij}^{\ 2}}$$

其中 e_{ij} 是自变量 X_j 对模型中其他自变量做回归的第 i 个残差,因此 k_{ij} 看成是非随机的,即当常数看待。ε_i 是独立同分布的随机变量,根据独立正态随机变量的线性组合仍是正态分布这个结论,因此 $\hat{\beta}_j$ 服从正态分布:

$$\hat{\beta}_j \sim N(E(\hat{\beta}_j), Var(\hat{\beta}_j)) \tag{8.5.1}$$

我们已经推导出

$$E(\hat{\beta}_j) = \beta_j, Var(\hat{\beta}_j) = \frac{\sigma^2}{TSS_j(1-R_j^2)}$$

因此 $\hat{\beta}_j$ 的分布可写为

$$\hat{\beta}_j \sim N(\beta_j, \sigma^2/TSS_j(1-R_j^2))$$

将其标准化,就有

$$\frac{\hat{\beta}_j - \beta_j}{sd(\hat{\beta}_j)} \sim N(0, 1) \tag{8.5.2}$$

其中 $sd(\hat{\beta}_j)$ 是 $\hat{\beta}_j$ 的标准差,即 $\sigma/[TSS_j(1-R_j^2)]^{1/2}$。由于误差方差 σ^2 未知,因此需要用$\hat{\sigma}^2$ 来估计,$sd(\hat{\beta}_j)$ 中用 $\hat{\sigma}$ 估计 σ,就得到估计量标准差$sd(\hat{\beta}_j)$ 的估计$se(\hat{\beta}_j)$,即 $\hat{\sigma}/[TSS_j(1-R_j^2)]^{1/2}$,称为估计量 $\hat{\beta}_j$ 的标准误。式(8.5.2)中$sd(\hat{\beta}_j)$用$se(\hat{\beta}_j)$替换后,

分布就变成自由度为 $n-k-1$ 的 t 分布，即

$$\frac{\hat{\beta}_j-\beta_j}{se(\hat{\beta}_j)}\sim t_{n-k-1} \tag{8.5.3}$$

其中 $k+1$ 是 k 个自变量的总体模型中参数的个数（包括截距 β_0）。(8.5.3)式的证明是利用以下两个性质（证明可参阅陈家鼎 等，2006），即残差平方和 $\sum_{i=1}^{n}e_i^2$ 与 $\hat{\beta}_j$ 相互独立，且

$$\frac{\sum_{i=1}^{n}e_i^2}{\sigma^2}\sim\chi^2_{n-k-1}$$

即

$$\frac{(n-k-1)\hat{\sigma}^2}{\sigma^2}\sim\chi^2_{n-k-1}$$

然后就根据 t 分布定义：

$$\frac{\hat{\beta}_j-\beta_j}{sd(\hat{\beta}_j)}\Big/\sqrt{\frac{(n-k-1)\hat{\sigma}^2}{\sigma^2}/(n-k-1)}\sim t_{n-k-1}$$

整理即得。有了(8.5.3)，对模型参数 β_j 的显著性检验就和总体均值的 t 检验（参见 6.6 节）没有什么不同（实际上更为简单一些），对于模型

$$Y=\beta_0+\beta_1X_1+\cdots+\beta_kX_k+\varepsilon$$

多数时候主要感兴趣的是检验原假设（null hypothesis，零假设）

$$H_0:\beta_j=0$$

需要强调，原假设是关于总体参数的假设，β_j 是总体模型中自变量 X_j 对因变量 Y 的期望（均值）的偏效应，因此 H_0 等于说，在“其他条

件不变”的情况下(其他自变量保持不变)，X_j 对 Y(的期望)没有影响。H_0 的对立假设就是研究中希望支持或证明的假设，就是说，研究假设是作为备择假设 H_1，一般是双侧对立假设，即 $H_1:\beta_j \neq 0$，意思是 X_j 对 Y 有影响但尚不清楚影响的方向，因此，

$$H_0:\beta_j = 0 \text{ 对 } H_1:\beta_j \neq 0 \tag{8.5.4}$$

即针对 H_1 检验 H_0，是双侧检验问题。如果根据理论或常识认为 X_j 对 Y 的影响是正的，或者是负的，即 $\beta_j > 0$ 或 $\beta_j < 0$，这称为单侧对立假设。因此，单侧检验问题就是

$$H_0:\beta_j = 0 \text{ 对 } H_1:\beta_j > 0 \tag{8.5.5}$$

以及

$$H_0:\beta_j = 0 \text{ 对 } H_1:\beta_j < 0 \tag{8.5.6}$$

现在抽取一个随机样本，要以 $\hat{\beta}_j$ 对原假设 H_0 是否成立作出决策，对于(8.5.4)，直观上一个合理的检验法则是 $\hat{\beta}_j$ 离 β_j 足够远，即 $\hat{\beta}_j$ 与 0 相差足够大时，拒绝 H_0。如果取定如下检验 ψ:

$$\psi\text{: 当 } |\hat{\beta}_j| > C \text{ 时拒绝 } H_0$$

则“拒绝 H_0”是一个随机事件，其发生与否视样本 $X_1, \cdots, X_n$ 而定(也就是视 $\hat{\beta}_j$ 的值而定，$\hat{\beta}_j$ 是随机的)，拒绝 H_0 的概率(也就是功效函数)为

$$P(|\hat{\beta}_j| > C)$$

如果 H_0 是正确的，则拒绝 H_0 的概率就是犯第一类错误的概率，控制这概率为很小的数 α（常取 0.05，0.01 或更小 0.001），则

$$P(|\hat{\beta}_j| > C) = P\left(\left|\frac{\hat{\beta}_j}{se(\hat{\beta}_j)}\right| > \frac{C}{se(\hat{\beta}_j)}\right) = \alpha$$

由(8.5.3)知，当 H_0 正确，即 $\beta_j = 0$ 时，有

$$T=\frac{\hat{\beta}_j}{se(\hat{\beta}_j)}\sim t_{n-k-1}$$

T 称为 $\hat{\beta}_j$ 的 t 统计量，它是 $\hat{\beta}_j$ 的一个标准化检验统计量，常记为 $t_{\hat{\beta}_j}$。以 ψ 记 T 的分布函数，因此有

$$\psi\left(\frac{C}{se(\hat{\beta}_j)}\right)=1-\alpha/2$$

由 t_{n-k-1} 分布的上 $\alpha/2$ 分位点定义，得

$$\frac{C}{se(\hat{\beta}_j)}=t_{n-k-1,\,\alpha/2}$$

即

$$C=se(\hat{\beta}_j)t_{n-k-1,\,\alpha/2}$$

因此拒绝域为

$$|\hat{\beta}_j|>se(\hat{\beta}_j)t_{n-k-1,\,\alpha/2}$$

或(应用中更常用)

$$|t_{\hat{\beta}_j}|=\left|\frac{\hat{\beta}_j}{se(\hat{\beta}_j)}\right|>t_{n-k-1,\,\alpha/2} \tag{8.5.7}$$

这就构造了一个水平为 α 的显著性检验，其中 $t_{n-k-1,\,\alpha/2}$ 是 t 统计量的分布 t_{n-k-1} 的上 $\alpha/2$ 分位点。类似地，可求出检验(8.5.5)和(8.5.6)的显著性水平为 α 的拒绝域为

$$t_{\hat{\beta}_j}=\frac{\hat{\beta}_j}{se(\hat{\beta}_j)}>t_{n-k-1,\,\alpha} \tag{8.5.8}$$

和

$$t_{\hat{\beta}_j}=\frac{\hat{\beta}_j}{se(\hat{\beta}_j)}<-t_{n-k-1,\alpha} \tag{8.5.9}$$

如果把显著性水平 α 取为 0.05,则查 t 分布表可知,一个自由度为 30 的 t 分布的上 $\alpha/2$ 分位点是 2.042,上 α 分位点是 1.679(有时也把它们称为临界值)。对于双侧检验,如果由样本计算出 $t_{\hat{\beta}_j}$(统计软件中通常标为 t 值),$|t_{\hat{\beta}_j}|>2.042$,则在 0.05 的显著性水平上拒绝原假设,接受备择假设(即研究假设成立),就称 β_j 在 0.05 水平上显著异于 0,或称在 0.05 水平上 X_j 对 Y 的影响是(统计)显著的,或在 0.05 水平上 X_j 对 Y 均值的偏效应是显著的,也简称变量 X_j 是显著的。对于单侧检验,如果 $t_{\hat{\beta}_j}>1.679$,则称 $\beta_j>0$ 是在 0.05 水平上(统计)显著的,或者称 β_j 在 0.05 水平上显著大于 0(但这稍不小心常引起误解,以至于认为 β_j 比 0 大很多,或者 β_j 明显大于 0,或者 X_j 对 Y 有很大的影响,诸如此类),这意思是说 X_j 对 Y 有正的影响,是在 0.05 水平上统计显著的。这里值得注意的是,不能称 $\hat{\beta}_j$(不论作为估计量还是估计值)是显著的,因为原假设和对立假设是关于总体参数的假设。应把这里"显著"一词看成是一个统计上的专业术语,其含义是,例如说在 0.05 水平上 X_j 对 Y 均值的正的偏效应是"显著"的,意思是:说总体模型中 X_j 对 Y 的均值有正的偏效应,犯错误(第一类错误)的概率是 0.05,其频率解释是,100 次中有 5 次这样说是说错了。一个水平为 α 的显著性检验中,(统计)显著是说犯(第一类)错误的最大概率是 α,也就是我们有 $100(1-\alpha)\%$ 的信心说得到关于模型参数的什么结论:自变量 X_j 对因变量 Y 有影响、有正的影响或负的影响——但不是影响有多大!自变量对因变量的影响有多大,常被称为"实际显著性"。区分统计显著性和实际显著性这两种不同的概念,显然十分重要。

实际应用中,得益于现代统计软件(计算检验统计量密度曲线下的面积不是难事了)，报告显著性检验结果广泛使用的另一种方法是报告 p 值。使用 p 值检验假设，单个回归系数的 t 检验(以及下一小节多重约束的 F 检验)，与正态总体均值的 t 检验没有实质上的不同(参见 6.6 节)。需注意的是，统计软件大多默认针对双侧对立假设计算 p 值，如果研究假设是单侧的，那么 p 值就要除以 2。

8.5.2　多重约束的联合检验

我们已经讨论了如何用 $\hat{\beta}_j$ 的 t 统计量来对关于单个参数 β_j 的假设进行检验(t 检验)，但检验有关多个参数的假设，其情形有所不同。为叙述方便，考虑一个 $k=5$ 的回归模型：

$$Y=\beta_0+\beta_1X_1+\beta_2X_2+\beta_3X_3+\beta_4X_4+\beta_5X_5+\varepsilon \tag{8.5.10}$$

要检验的原假设是：

$$H_0:\beta_3=\beta_4=\beta_5=0 \tag{8.5.11}$$

可以注意到，H_0 不是 $\beta_3=0$ 或 $\beta_4=0$ 或 $\beta_5=0$，而是 β_3，β_4，β_5 均为 0，或同时为 0，这意味着需要同时检验 $\beta_3=0$，$\beta_4=0$，$\beta_5=0$，这称为 H_0 的联合假设检验(joint hypotheses test)。如果 H_0 正确，则模型(8.5.10)就“缩小”成为

$$Y=\beta_0+\beta_1X_1+\beta_2X_2+\varepsilon \tag{8.5.12}$$

这意味着 H_0 对模型(8.5.10)加上了三个限制(或约束)，即 $\beta_3=0$，$\beta_4=0$，$\beta_5=0$，这被称为多重约束(multiple restriction)，因此，联合假设检验也就是对多重约束的联合检验，也称为多重假设检验(multiple hypotheses test)。我们不妨以具体的例子来看这检验的含义。假如(8.5.10)是一个高校教师的收入模型，其中因变量 Y 是年总收入，自变量 X_1，X_2 是性别和年龄，X_3，X_4，X_5 是职

称、最高学历和学术成就(假如按“科研绩点”,或“科研分值”来测量),容易看到,X_3, X_4, X_5 这一组变量测量了教师的学术地位,或者说,职称、学历和学术成就是学术地位的三个因子。因此,H_0 就是,在控制了性别和年龄后,教师的学术地位对收入没有影响。如果拒绝 H_0,则接受其对立假设(备择假设),即学术地位对收入有影响,这就是我们感兴趣的研究假设。因此,这检验了一组自变量即职称、学历和学术成就对因变量收入的联合效应。还可注意到,职称、学历和学术成就这三个变量往往是高度相关的,因此设想以 t 检验对单个变量进行检验,则对于其中任一变量,在控制其他两个变量后,检验结果大有可能是每个变量都不显著,如果由此认为学术地位对收入没有影响,那么就可能得到一个错误的结论,因为联合检验的结果很可能是显著的。这从一个方面说明了对单个参数进行检验然后把结果“合”起来,对于需要联合检验的 H_0 是行不通的,更不用说,如果检验结果是假如 X_3, X_4 不显著而 X_5 显著或任何其他组合,那么就“合”不出什么结果来。

现在来看如何检验 H_0,这问题就是要找一个检验统计量,且其分布不依赖于参数。对于一般情形,含有 k 个自变量的模型为

$$Y = \beta_0 + \beta_1 X_1 + \cdots + \beta_k X_k + \varepsilon \qquad (8.5.13)$$

如果要检验 q 个自变量,不妨设为 k 个自变量中的最后 q 个,即 X_{k-q+1}, $\cdots$, X_k,则原假设是

$$H_0: \beta_{k-q+1} = \cdots = \beta_k = 0 \qquad (8.5.14)$$

在 H_0 下,模型(8.5.13)受到 q 个约束,因此有受约束模型

$$Y = \beta_0 + \beta_1 X_1 + \cdots + \beta_{k-q} X_{k-q} + \varepsilon \qquad (8.5.15)$$

在模型(8.5.13)下,我们曾引进残差平方和,即

$$RSS = \sum_{i=1}^{n} e_i^2 = \sum_{i=1}^{n} (Y_i - \hat{Y}_i)^2$$

它是 Y_i 的样本变异中未被解释的变异，可用来估计模型的解释能力，残差平方和大则模型的解释能力差。因此，受约束模型的残差平方和（记为 RSS_R），至少不会比不受约束模型(8.5.13)的残差平方和（记为 RSS_U）小。如果 H_0 是正确的，则不受约束模型和受约束模型实际上就是同一个模型，则解释能力应相同。这表明，当 H_0 成立时，RSS_R-RSS_U 应倾向于小，反过来，RSS_R-RSS_U 足够大时，则可拒绝 H_0。当然，RSS_R-RSS_U 的大小要在相对比较下才有意义，也就是，应当根据统计量 $(RSS_R-RSS_U)/RSS_U$ 来决定是否拒绝 H_0。这个统计量 $(RSS_R-RSS_U)/RSS_U$ 乘上一个常数因子，就是 F 统计量，即

$$F=\frac{(RSS_R-RSS_U)/q}{RSS_U/(n-k-1)}\sim F_{q,\,n-k-1} \tag{8.5.16}$$

式(8.5.16)的证明基于以下几个结论（误差项的正态性假定下）：1) RSS_R-RSS_U 和 RSS_U 独立，2) $RSS_U/\sigma^2\sim\chi^2_{n-k-1}$，以及 $(RSS_R-RSS_U)/\sigma^2\sim\chi^2_q$（证明可参阅陈希孺 等，1987）。其中最后一个结论是在原假设成立时得以证明。这样在式(8.5.14)即原假设 H_0 成立时，根据 F 分布的定义，有统计量(8.5.16)的 F 分布。由(8.5.16)，则 F 充分大时，拒绝 H_0。水平为 α 的拒绝域为

$$F>F_{q,\,n-k-1,\,\alpha}$$

其中 $F_{q,\,n-k-1,\,\alpha}$ 是 H_0 成立时 $F_{q,\,n-k-1}$ 分布的上 α 分位点。

由于 $R^2=1-RSS/TSS$（见8.3节），即 $RSS=(1-R^2)TSS$，因此 $RSS_R=(1-R_R^2)TSS$，$RSS_U=(1-R_U^2)TSS$，代入(8.5.16)就有

$$F=\frac{(R_U^2-R_R^2)/q}{(1-R_U^2)/(n-k-1)} \tag{8.5.17}$$

其中 R_U^2 和 R_R^2 分别是不受约束模型和受约束模型的 R^2，式

(8.5.17)称为R^2型F统计量。如果对于模型(8.5.13)检验所有k个自变量,则原假设是

$$H_0:\beta_1=\beta_2=\cdots=\beta_k=0$$

其对立假设是至少有一个β_j不为零,这被称为回归整体显著性检验,显然这是多重约束联合检验的一个特例。由于有k个约束,因此受约束模型就成为

$$Y=\beta_0+\varepsilon$$

这个模型没有自变量,故其R^2为零,因此由(8.5.17),有

$$F=\frac{R^2/q}{(1-R^2)/(n-k-1)} \tag{8.5.18}$$

其中R^2是不受约束模型(8.5.13)也即通常含k个自变量的模型的R^2。如果不能拒绝原假设H_0,就没有证据可以说,模型中至少有一个自变量可解释Y,这意味着我们设定的这个模型没有用处。

参 考 文 献

贝利,1986.现代社会研究方法[M].许真,译.上海:上海人民出版社:7-8.

陈希孺,王松桂,1987.近代回归分析——原理方法与应用[M].合肥:安徽教育出版社.

陈希孺,2000.概率论与数理统计[M].北京:科学出版社.

陈希孺,2002.数理统计学简史[M].长沙:湖南教育出版社.

陈希孺,2009.数理统计学教程[M].合肥:中国科学技术大学出版社.

查尔默斯,2002.科学究竟是什么[M].邱仁忠,译.石家庄:河北科学技术出版社.

陈家鼎,孙山泽,李东风,等,2006.数理统计学讲义[M].2版.北京:高等教育出版社:224-225.

冯士雍,施锡铨,1996.抽样调查——理论、方法与实践[M].上海:上海科学技术出版社.

风笑天,2001.社会调查中的问卷设计[M].2版.天津:天津人民出版社:41.

郭志刚,郝虹生,杜来军,等,1989.社会调查研究的量化方法[M].北京:中国人民大学出版社:83.

格罗夫斯,福勒,库珀,等,2016.调查方法[M].邱泽奇,译.重庆:重庆大学出版社.

霍尔姆斯,1958.测度论[M].王建华,译.北京:科学出版社:198.

基什,1997.抽样调查[M].倪加勋,译.北京:中国统计出版社.
柯尔莫哥洛夫,1953.概率论基本概念[M].丁寿田,译.上海:商务印书馆.
卡尔顿,2003.抽样调查导论[M].郝虹生,译.北京:中国统计出版社.
卡塞拉,贝耶,2009.统计推断[M].2版.张忠占,傅莺莺,译.北京:机械工业出版社:366-367.
莱斯勒,卡尔斯贝克,1997.调查中的非抽样误差[M].金勇进,译.北京:中国统计出版社:270.
拉弗拉卡斯,2005.电话调查方法[M].2版.沈崇麟,译.重庆:重庆大学出版社.
茆诗松,程依明,濮晓龙,2004.概率论与数理统计教程[M].北京:高等教育出版社:159-160.
波普诺,1999.社会学[M].10版.李强,译.北京:中国人民大学出版社:173.
潘文卿,李子奈,2010.计量经济学学习指南与练习[M].北京:高等教育出版社:37.
盛骤,谢式千,潘承毅,2008.概率论与数理统计[M].4版.北京:高等教育出版社:143.
王梓坤,1976.概率论基础及其应用[M].北京:科学出版社:18.
伍德里奇,2010.计量经济学导论[M].4版.费剑平,译.北京:中国人民大学出版社.
谢宇,2006.社会学方法与定量研究[M].北京:社会科学文献出版社:15-21.
袁方,1997.社会研究方法教程[M].北京:北京大学出版社:152.
扎加,布莱尔,2007.抽样调查设计导论[M].沈崇麟,译.重庆:重庆大学出版社:5.
BRADBURN N M, SUDMAN S, WANSINK B, 2004. Asking

questions: the definitive guide to questionnaire design—for market research, political polls, and social and health questionnaires[M]. Rev. ed. San Francisco: Jossey-Bass: 11.

BABBIE E, 2010. The practice of social research[M]. 12th ed. Belmont, CA: Wadsworth: 98.

CHALMERS A F, 1999. What is this thing called science? [M]. 3rd ed. Indianapolis: Hackett Publishing Company, Inc.

DEGROOT M H, 1975. Probability and statistics[M]. 2nd ed. Reading, MA: Addison-Wesley Publishing Company: 4.

DE LEEUW J, 2002. Series editor's introduction to hierarchical linear models[M]//RAUDENBUSH S W, BRYK A S. Hierarchical linear models: applications and data analysis methods. 2nd ed. Thousand Oaks, California: Sage Publications: xx.

FOWLER F J, Jr, 1995. Improving survey questions: design and evaluation[M]. Thousand Oaks: SAGE Publications: 2.

FRANKFORT-NACHMIAS C, NACHMIAS D, 2000. Research methods in the social sciences[M]. 6th ed. New York: Worth Publishers: 47.

FOWLER F J, Jr, 2009. Survey research methods[M]. 4th ed. Thousand Oaks: SAGE Publications:59.

KUHN T S, 1970. The structure of scientific revolutions [M]. 2nd ed. Chicago: The University of Chicago Press.

LIKERT R, 1932. A technique for the measurement of attitudes [J]. Archives of Psychology, 140: 1-55.

RAND Corporation, 2001. A million random digits with 100,000 normal deviates[M]. Santa Monica, CA: RAND: ix.

WOOLDRIDGE J M, 2009. Introductory econometrics: a modern approach[M]. 4th ed. Mason, OH: South-Western: 5.

